城市轨道交通网络通信基础

主　编　李晓林　方振龙
副主编　李　巍　李金明
参　编　孙晓梅　王　刚

北京理工大学出版社
BEIJING INSTITUTE OF TECHNOLOGY PRESS

内 容 简 介

本书全面地介绍了城市轨道交通网络与通信的基础知识和基本技术，全书共分8章，内容包括数据通信和网络技术基础与应用、通信传输介质和组网方式、局域网、无线网、TCP/IP 与因特网、网络管理与网络安全等最新技术和实例，强调了局域网、TCP/IP、城轨通信组网等网络技术，同时兼顾了计算机网络技术的新发展。书中附有部分插图和实例，使读者能够在掌握网络与通信基本知识的前提下，学习当今计算机网络的组网、使用和维护方法。每章都有不同类型的习题，供读者练习巩固。

本书注重体现知识的实用性、前沿性、技能性、系统性以及计算机网络和通信技术的融合性。本书特别适用于高等职业教育城市轨道交通通信与信号专业的学生，也可供从事计算机网络与通信的学生、教师、网络工程技术人员参考。

版权专有　侵权必究

图书在版编目（CIP）数据

城市轨道交通网络通信基础/李晓林，方振龙主编. —北京：北京理工大学出版社，2018.12
2023.8重印
ISBN 978 – 7 – 5682 – 6550 – 8

Ⅰ. ①城… Ⅱ. ①李… ②方… Ⅲ. ①城市铁路 – 轨道交通 – 网络通信 – 基本知识 Ⅳ.
①U239.5②TN915

中国版本图书馆 CIP 数据核字（2018）第 290718 号

出版发行 / 北京理工大学出版社有限责任公司
社　　址 / 北京市海淀区中关村南大街5号
邮　　编 / 100081
电　　话 /（010）68914775（总编室）
　　　　　（010）82562903（教材售后服务热线）
　　　　　（010）68944723（其他图书服务热线）
网　　址 / http：//www.bitpress.com.cn
经　　销 / 全国各地新华书店
印　　刷 / 廊坊市印艺阁数字科技有限公司
开　　本 / 787毫米×1092毫米　1/16
印　　张 / 12.25　　　　　　　　　　　　　　　　责任编辑 / 封　雪
字　　数 / 273千字　　　　　　　　　　　　　　　文案编辑 / 封　雪
版　　次 / 2018年12月第1版　2023年8月第3次印刷　责任校对 / 周瑞红
定　　价 / 39.00元　　　　　　　　　　　　　　　责任印制 / 李志强

图书出现印装质量问题，请拨打售后服务热线，本社负责调换

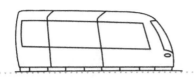 

前言

随着电子技术、计算机技术和通信技术的迅速发展与相互融合，网络通信技术成为当今最重要的技术之一。21世纪，计算机网络通信对各行各业乃至整个社会都产生了巨大的影响。因此，国内外几乎所有的高等院校都将计算机网络与通信技术列为通信类专业本科生、专科生的必修课程。

在轨道交通行业，伴随着中国经济的腾飞，中国城市轨道交通产业也步入高速发展时期，通信系统作为城市轨道交通系统中的重要环节，用以保障运营的安全和高效。为此，我们针对城市轨道交通通信系统所需技能人才的岗位能力需求，以培养基础知识牢固、技能水平强的通信岗位技能型人才为目标，编写了本教材。

本书注重结合高职高专院校的特点，做到基础理论适当，相应拓宽知识范围，突出技能培养，引导学生自主学习和创新，让学生喜欢这门课程，使这门课程对学生今后的就业和创业有较大帮助。本书可作为高等职业教育通信专业教材，也可供从事计算机网络通信的工程技术人员参考使用。

全书内容安排如下：第1章介绍通信技术和数据通信系统等内容；第2章介绍信号编码和同步方式、复用技术、数据交换技术以及差错控制技术等内容；第3章介绍计算机网络发展、分类及拓扑结构等内容；第4章介绍计算机网络体系结构及网络操作系统；第5章介绍通信传输介质和网络组网常用的设备及网络互连相关知识；第6章介绍以太网和交换式以太网、虚拟局域网和无线局域网；第7章介绍TCP/IP和Internet的基本概念与Internet提供的服务及应用等内容；第8章介绍有关网络管理基本知识和网络安全方面的内容。

本书由李晓林、方振龙任主编；李巍、李金明任副主编；孙晓梅、王刚参编。其中，李晓林编写了第6~8章，方振龙编写了第1、2章，李巍编写了第3章，李金明编写了第4章，孙晓梅、王刚编写了第5章和全书习题。全书由李晓林、方振龙统稿。

本书在编写过程中参阅了近年来多位专家学者的专著、文献、论文等资料，在此我们向提供帮助的专家学者及学校在轨道交通通信段工作的毕业生表示衷心的感谢。鉴于计算机网络和通信技术发展迅速，编者的水平有限，书中难免有不妥之处，敬请读者及时批评指正，我们将十分感谢。

编　者

2018年7月

目 录
CONTENTS

第1章 数据通信概述 ·· (001)

    1.1 通信技术概述 ·· (001)

        1.1.1 通信基本概念 ·· (001)

        1.1.2 通信技术发展 ·· (001)

        1.1.3 现代通信技术的特征 ·· (002)

    1.2 数据通信系统 ·· (003)

        1.2.1 数据通信的基本概念 ·· (003)

        1.2.2 通信方式 ·· (005)

        1.2.3 数据通信系统的主要技术指标 ·· (006)

    1.3 现代数据通信网概述 ·· (008)

        1.3.1 现代通信网的分层结构 ·· (008)

        1.3.2 信息应用概述 ·· (009)

        1.3.3 业务网概述 ·· (012)

    小结 ·· (013)

    习题 ·· (013)

第2章 数据通信技术 ·· (015)

    2.1 数据传输和编码技术 ·· (015)

        2.1.1 数字数据的数字传输 ·· (015)

        2.1.2 模拟数据的数字传输 ·· (017)

    2.2 数据同步方式 ·· (019)

    2.3 多路复用技术 ·· (021)

    2.4 数据交换技术 ·· (024)

        2.4.1 电路交换 ·· (024)

        2.4.2 报文交换 ·· (025)

        2.4.3 报文分组交换 ·· (026)

        2.4.4 三种数据交换技术的比较 ·· (027)

    2.5 差错产生原因及其控制方法 ·· (027)

    小结 ·· (028)

习题 ………………………………………………………………………… (029)

第3章 计算机网络技术基础 ………………………………………… (031)

3.1 计算机网络概述 ……………………………………………………… (031)
    3.1.1 计算机网络的定义 ……………………………………………… (031)
    3.1.2 计算机网络的产生及发展 ……………………………………… (031)
    3.1.3 计算机网络功能 ………………………………………………… (035)
3.2 计算机网络的组成和分类 …………………………………………… (036)
    3.2.1 逻辑组成 ………………………………………………………… (036)
    3.2.2 硬件组成 ………………………………………………………… (037)
    3.2.3 计算机网络的分类 ……………………………………………… (038)
3.3 计算机网络的拓扑结构 ……………………………………………… (039)
3.4 计算机网络的主要性能指标 ………………………………………… (042)
    3.4.1 带宽 ……………………………………………………………… (042)
    3.4.2 时延 ……………………………………………………………… (042)
小结 …………………………………………………………………………… (043)
习题 …………………………………………………………………………… (043)

第4章 网络体系结构与操作系统 ………………………………………… (046)

4.1 网络体系结构 ………………………………………………………… (046)
    4.1.1 网络体系结构的概念及层次化 ………………………………… (046)
    4.1.2 开放系统互连参考模型 ………………………………………… (049)
    4.1.3 TCP/IP体系结构 ………………………………………………… (052)
4.2 网络操作系统 ………………………………………………………… (054)
    4.2.1 网络操作系统概述 ……………………………………………… (054)
    4.2.2 网络操作系统分类 ……………………………………………… (055)
    4.2.3 典型的网络操作系统 …………………………………………… (060)
小结 …………………………………………………………………………… (065)
习题 …………………………………………………………………………… (065)

第5章 传输介质与组网设备 ……………………………………………… (068)

5.1 通信传输介质 ………………………………………………………… (068)
    5.1.1 有线传输介质 …………………………………………………… (068)
    5.1.2 无线传输介质 …………………………………………………… (071)
5.2 组网与通信设备 ……………………………………………………… (072)
    5.2.1 网络接口 ………………………………………………………… (072)
    5.2.2 网络通信设备 …………………………………………………… (076)
    5.2.3 网络数据存储和处理设备 ……………………………………… (078)
5.3 网络互连 ……………………………………………………………… (079)
    5.3.1 网络互连概念 …………………………………………………… (079)
    5.3.2 网络互连的目的和要求 ………………………………………… (080)

5.3.3　网络互连类型 ················ (081)
　小结 ································ (082)
　习题 ································ (082)

第6章　局域网 ························ (085)

　6.1　局域网概述 ······················ (085)
　　6.1.1　局域网的主要特点 ············ (085)
　　6.1.2　局域网的关键技术 ············ (086)
　6.2　局域网协议 ······················ (087)
　　6.2.1　IEEE 802 标准 ··············· (087)
　　6.2.2　介质访问控制方法 ············ (088)
　6.3　以太网与交换以太网 ·············· (091)
　　6.3.1　以太网 ······················ (091)
　　6.3.2　以太网组网 ·················· (094)
　　6.3.3　交换式以太网 ················ (097)
　6.4　虚拟局域网 ······················ (098)
　　6.4.1　虚拟局域网的概念和作用 ······ (099)
　　6.4.2　虚拟局域网的划分方法 ········ (100)
　　6.4.3　虚拟局域网的优点 ············ (101)
　6.5　无线局域网 ······················ (102)
　6.6　城轨通信网络组网 ················ (106)
　　6.6.1　城轨通信网络方案设计内容 ···· (106)
　　6.6.2　城轨通信网络的详细设计 ······ (107)
　　6.6.3　网络工程实施 ················ (110)
　小结 ································ (113)
　习题 ································ (114)

第7章　TCP/IP 与因特网 ··············· (117)

　7.1　TCP/IP 概述 ····················· (117)
　7.2　网络访问层 ······················ (118)
　7.3　网际互联层 ······················ (118)
　　7.3.1　IP 协议 ······················ (119)
　　7.3.2　IP 地址 ······················ (121)
　　7.3.3　子网划分技术 ················ (124)
　　7.3.4　网际控制报文协议 ············ (131)
　　7.3.5　地址解析协议和反向地址解析协议 ·· (132)
　　7.3.6　主机组管理协议 ·············· (132)
　7.4　传输层 ·························· (133)
　　7.4.1　传输控制协议 ················ (133)
　　7.4.2　用户数据报协议 ·············· (136)
　7.5　应用层 ·························· (137)

    7.5.1　WWW 与 HTTP ……………………………………………………………（137）
    7.5.2　DNS ……………………………………………………………………………（139）
    7.5.3　DHCP …………………………………………………………………………（140）
    7.5.4　FTP ……………………………………………………………………………（141）
  7.6　因特网的基本概述 ………………………………………………………………………（142）
    7.6.1　因特网的定义 …………………………………………………………………（142）
    7.6.2　因特网的发展历史 ……………………………………………………………（142）
    7.6.3　因特网的结构特点 ……………………………………………………………（143）
    7.6.4　因特网的关键技术 ……………………………………………………………（143）
    7.6.5　因特网的体系结构 ……………………………………………………………（144）
  7.7　物联网 ……………………………………………………………………………………（146）
    7.7.1　物联网概述 ……………………………………………………………………（146）
    7.7.2　物联网的定义与内涵 …………………………………………………………（150）
  7.8　云计算概述 ………………………………………………………………………………（153）
    7.8.1　云计算的定义 …………………………………………………………………（153）
    7.8.2　云计算与物联网的关系 ………………………………………………………（155）
  小结 ………………………………………………………………………………………………（155）
  习题 ………………………………………………………………………………………………（156）

第8章　网络管理与安全 ……………………………………………………………………（160）

  8.1　计算机网络管理技术 ……………………………………………………………………（160）
    8.1.1　网络管理概述 …………………………………………………………………（160）
    8.1.2　网络管理功能 …………………………………………………………………（161）
    8.1.3　网络管理结构 …………………………………………………………………（162）
    8.1.4　简单网络管理协议 ……………………………………………………………（163）
  8.2　网络安全 …………………………………………………………………………………（164）
    8.2.1　网络安全基本概念 ……………………………………………………………（165）
    8.2.2　网络安全存在的威胁 …………………………………………………………（165）
  8.3　防火墙技术 ………………………………………………………………………………（167）
    8.3.1　防火墙的作用与局限性 ………………………………………………………（167）
    8.3.2　防火墙的类型及体系结构 ……………………………………………………（169）
    8.3.3　防火墙产品及选购 ……………………………………………………………（172）
  8.4　防病毒技术 ………………………………………………………………………………（173）
    8.4.1　计算机病毒的定义 ……………………………………………………………（173）
    8.4.2　计算机病毒的分类 ……………………………………………………………（174）
    8.4.3　计算机病毒原理 ………………………………………………………………（176）
  小结 ………………………………………………………………………………………………（183）
  习题 ………………………………………………………………………………………………（183）

参考文献 ……………………………………………………………………………………………（186）

第1章
数据通信概述

数据通信技术是计算机网络技术发展的基础。本章主要介绍通信基本概念、通信技术的发展和特征,并从数据通信系统的模型入手,介绍数据通信的基本概念、通信方式、通信技术指标等。简单介绍了现代数据通信网的结构、服务和支持信息服务的业务网。

1.1 通信技术概述

1.1.1 通信基本概念

通信技术由来已久,自古以来人们都在用自己的智慧来解决远距离通信、快速通信等问题,而衡量人类历史进步的尺度之一就是人与人之间传递信息的能力,尤其是远距离传递信息的能力。随着社会生产力的发展和现代科学技术的进步,人们对通信的要求也越来越高,电子通信、数字通信、光通信等通信方式迅速发展,并获得广泛应用。

一般来说,通信是由一地向另一地进行消息的有效传递。在各种各样的通信方式中,利用"电"来传递消息的通信方法称为电信,这种通信方式具有迅速、准确、可靠等特点,而且几乎不受时间、地点、空间、距离的限制,因而得到了飞速发展和广泛应用。如今在自然科学中,"通信"和"电信"几乎是同义词了,通信从本质上讲就是实现信息传递功能的一门科学技术,它要将大量有用的信息无失真、高效率地进行传输,同时还要在传输过程中将无用信息和有害信息过滤掉。

1.1.2 通信技术发展

电子技术、计算机技术、通信技术和计算机网络等技术是交叉融合、互相支持、相互促进的。自 1837 年莫尔斯发明了电报、1876 年贝尔发明了电话以来,通信技术经历了一个多世纪的发展,已经走进千家万户,成为人们交流信息不可缺少的重要工具。通信技术的发展非常迅猛,如传输媒体从有线电缆、无线短波、微波、卫星到光纤。通信网络由单一的业务网向综合方向发展。纵观通信技术发展的过程,可分为三次技术革命。

第一次通信技术革命是电话的问世。现代通信的起源可以说是从电话开始的,最早的电话通信形式只是两部电话中间用导线连接起来进行通话,现已发展为数字程控交换电话网。

第二次通信技术革命是电视和有线电视网的出现。电视的出现改变了电话网只能传输语音的缺点，特别是有线电视网的出现，使视频信号的传输质量和带宽得到了很大的改善，也使基于广播电视的通信技术进入快速发展阶段。

第三次通信技术革命是因特网的迅速崛起所引发的 IP（网际协议）通信技术。IP 通信技术现已成为通信舞台上的主角，并与语音通信、视频通信形成新的产业汇聚。从技术上看，新的变革实际上就是从基于电路交换技术转变为分组交换技术；从模式上看，IP 通信是一种全新模式，数据正迅速取代语音成为主要的网络流量类型；从业务上看，传统的电信业务就是电话业务，但现在一批因特网服务商迅速崛起，其服务范围越来越广，这其中包括多媒体数据业务的实现，如 IP 语音、IP 图像、IP 电视会议等。

1.1.3 现代通信技术的特征

现代通信技术的基本特征为数字化。通信技术的数字化是融入计算机技术和数字信号处理技术的基础，它的优越性较明显，如抗干扰性能强、失真和噪声不累积、兼容多种信息类型、易于集成存储、便于交换、处理和加密等。由于大量采用计算机技术和信号处理技术，并有大规模集成电路等技术的支撑，通信技术的数字化在通信领域取得了很多突破性的进展，为信息化社会提供了物理技术基础。

1960 年第一台脉冲编码调制（PCM）数字电话在市话网中应用，标志着数字制进入应用领域。通信技术融入计算机技术和数字信号处理技术后发生了革命性的变化，它和计算机技术、数字信号处理技术相结合是现代通信技术的标志。

现代通信中传递的信息基本上都是数字化的，如数字程控交换机、数字传输设备、数字光纤通信、数字卫星通信、综合业务数字网、数字电视系统、数字光盘以及获得广泛应用的通信技术与设备等，信息技术与信息产品无不在前面加上"数字"二字。现代通信技术的基本特征即为数字化，即在通信中采用了数字技术。简单地讲，数字技术就是数字信号的采集、加工、处理、运算、传递、交换、存储等所采用的技术的总称。数字通信技术具有以下几个特点。

1. 抗干扰性强，抗噪声性能好

由于信号在通信中传输一段距离后，信号能量会有损失，噪声的干扰会使波形失真，因此需要及时对"变形"的信号进行处理。在数字通信系统中，信号的取值只有两个（"1"和"0"），这样发送端传输与接收端需要接收和判决的电平也只有两个值。在接收端恢复信号时，首先对其进行抽样判决，才能确定是"1"码还是"0"码，并再生"1""0"码的波形，因此，只要不影响判决的正确性，即使波形有失真也不会影响再生后的信号波形。而模拟信号叠加上噪声后，即使噪声很小，也很难消除。

2. 数字信号便于存储、处理、交换和传输

数字通信传输质量高、时延小，通信速率还可以根据用户需要任意选择，还可利用数据压缩技术，大大减少传输流量，节省存储空间。计算机与电话交换技术结合，出现了数字程控交换技术；光电器件的采用使数字信号较容易转变为脉冲信号，便于传输。

3. 数字通信设备便于集成化和微型化

由于数字通信设备中大部分电路都采用数字逻辑电路，因此可用大规模和超大规模集成电路实现。现在芯片的集成度可包含几十亿甚至上百亿个元器件，这使通信设备和产品便于集成化和微型化，功耗也较低。

4. 差错可控

数字信号在传输过程中出现的差错，可通过纠错编码技术来控制。

5. 便于组成数字网

采用数字传输方式可以实现传输和交换的综合，电话业务和非电话业务都可以实现数字化，以便组成综合业务数字网（ISDN）、计算机网络及因特网等，还可支持数据、图像、语音等多媒体业务，用户可根据需要选择不同的业务。

6. 占用信道频带宽

例如，一路数字语音数码率是 64 kbit/s，而一个模拟话路所占频带宽度是它的 1/16。虽然占用信道频带宽度是数字通信的一个缺点，但采用编码技术和频带压缩技术，可以减少数字信号带宽；另外，随着大容量卫星和光缆信号的利用，数字信道占用频带较宽的矛盾会逐步缩小。

1.2 数据通信系统

1.2.1 数据通信的基本概念

1. 数据通信的一般概念

通信的目的是在信源与信宿之间传递信息。如果信息的自然形态是模拟的，如语音、图像，经数字化处理后，用数字信号的形式进行传送，称为"数字通信"，如果信息的自然形态是数字的（离散的），如计算机数据，则不管用哪种形式的信号进行传送，都叫"数据通信"。如今所谓的"数据通信"更多的是指计算机数据的通信。图 1.1 所示为数据通信的最基本模型。

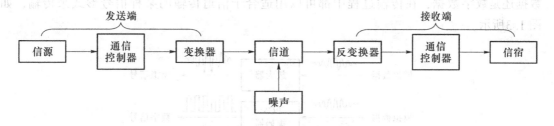

图 1.1 数据通信的最基本模型

该系统包括四类部件：计算机（或终端）、通信控制器、信号变换器和通信线路，其中，计算机（或终端）为信源或信宿；通信控制器负责数据传输控制，以减轻主机负担，在计算机侧它的功能一般由计算机承担；信号变换器完成数据与电信号之间的变换，以匹配通信线路的信道特性，依据通信线路的不同，信号变换器又称"波形变换器"或"调制解调器"；通信线路泛指各种实用的传输介质，是传输信号的通路。

2. 几个术语的解释

（1）信息：对客观事实进行描述与记载的表现形式，如数字、文字、声音、图像等，是数据的内容和解释。

（2）数据：计算机网络中传送的东西都是数据，如二进制数、字符等。数据可分为模拟数据和数字数据。模拟数据是在某区间内连续变化的值，数字数据是离散的值。

（3）信号：是数据的电子或电磁编码，是具体的物理体现。信号可分为模拟信号和数字信号。模拟信号是随时间连续变化的电流、电压或电磁波；数字信号则是一系列离散的电脉冲，可选择适当的参量来表示要传输的数据。

（4）信源：是通信过程中产生和发送信息的设备或计算机。

（5）信宿：是通信过程中接收和处理信息的设备或计算机。

（6）信道：是信源和信宿之间的通信路径。

3. 模拟信号和数字信号的表示

模拟信号和数字信号可通过参量（幅度）来表示，如图 1.2 所示。

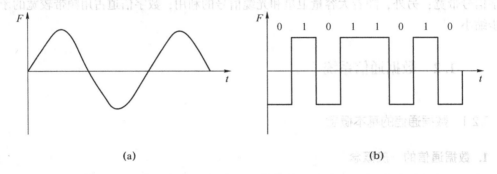

图 1.2　模拟信号和数字信号
(a) 模拟信号；(b) 数字信号

4. 模拟数据和数字数据的表示

模拟数据和数字数据都可以用模拟信号或数字信号来表示，因而无论信源产生的是模拟数据还是数字数据，在传输过程中都可以用适合于信道传输的某种信号形式来传输，如图 1.3 所示。

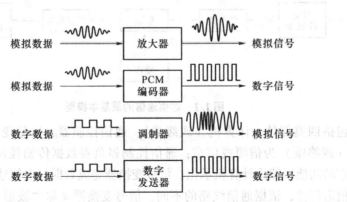

图 1.3　模拟数据、数字数据的信号表示

（1）模拟数据可以用模拟信号来表示。模拟数据是时间的函数，并占有一定的频率范围，即频带。这种数据可以直接用占有相同频带的电信号，即对应的模拟信号来表示。模拟

电话通信是它的一个应用实例。

（2）数字数据可以用模拟信号来表示。如 Modem（调制解调器）可以把数字数据调制成模拟信号，也可以把模拟信号解调成数字数据。用 Modem（调制解调器）拨号上网是它的一个应用实例。

（3）模拟数据也可以用数字信号来表示。对于声音数据来说，完成模拟数据和数字信号转换功能的设备是编码解码器（CODEC）。它直接将表示声音数据的模拟信号编码转换成用二进制码流近似表示的数字信号。而在线路另一端的 CODEC，则将二进制码流恢复成原来的模拟数据。数字电话通信是它的一个应用实例。

（4）数字数据也可以用数字信号来表示。数字数据可直接用二进制数字脉冲信号来表示，但为了改善其传输特性，一般先要对二进制数据进行编码，称为信道编码。数字数据专线网（DDN 网络）通信是它的一个应用实例。

5. 数据通信的长距离传输及信号衰减的克服

（1）模拟信号和数字信号都可以在适宜的传输媒体上进行传输。

（2）模拟信号无论表示模拟数据还是数字数据，在传输一定距离后都会衰减。克服的办法是用放大器来增强信号的能量，但噪声分量也会增强，以致引起信号畸变。

（3）数字信号长距离传输也会衰减，克服的办法是使用中继器，把数字信号恢复为"0、1"的标准电平后继续传输。

1.2.2 通信方式

1. 并行通信方式

并行通信传输中有多个数据位，这些数据在两个设备之间同时进行传输，如图 1.4 所示。发送设备将这些数据位通过对应的数据线传送给接收设备，同时还可附加一位数据校验位。接收设备可同时接收到这些数据，不需要做任何变换就可直接使用。并行通信方式主要用于近距离通信。计算机内的总线结构就是并行通信的例子。这种通信方式的优点是传输速度快，处理简单。

2. 串行通信方式

串行数据传输时，数据是一位一位地在通信线路上传输的，先由具有几位总线的计算机内的发送设备将几位并行数据经并—串转换硬件转换成串行方式，再逐位经传输线到达接收端的设备中，并在接收端将数据从串行方式重新转换成并行方式，以供接收方使用，如图 1.5 所示。串行数据传输的速度要比并行传输慢得多，但对于覆盖面极其广阔的公用电话系统来说具有更大的现实意义。

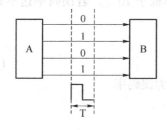

图 1.4 并行通信

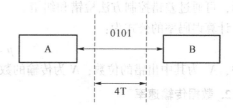

图 1.5 串行通信

3. 串行通信的方向性结构

串行数据通信的方向性结构有三种,即单工通信、半双工通信和全双工通信,如图1.6所示。

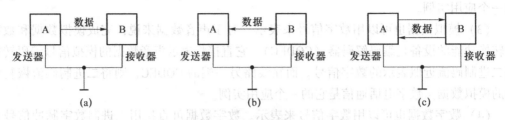

图1.6　串行通信的方向性结构
(a) 单工通信;(b) 半双工通信;(c) 全双工通信

(1) 单工通信:只有一个方向的通信而没有反方向的交互。像无线电广播或者计算机与打印机、键盘之间的数据传输均属单工通信。单工通信只需要一条单向信道。

(2) 半双工通信:通信双方都可以发送(接收)信息,但不能同时双向发送(接收)。这种方式得到广泛应用,因为它具有控制简单、可靠、通信成本低等优点。显然,半双工通信需要一条双向信道。

(3) 全双工通信:通信双方可以同时发送和接收信息。这要求通信双方具有同时运作的发送和接收机构,且要求有两条性能对称的传输信道。全双工通信的效率最高,但控制相对复杂一些,系统造价也较高。随着通信技术及大规模集成电路的发展,这种方式正越来越广泛地应用于计算机通信。

1.2.3　数据通信系统的主要技术指标

1. 信道与误码率

1) 信道

信道是通信双方之间以传输介质为基础传递信号的通路,由传输介质及其两端的信道设备共同组成。任何信道都具有有限带宽,所以从抽象的角度看,信道实质上是指定的一段频带,它允许信号通过,但又给信号限制和损害。

模拟信道的质量特性用信号在传输过程中的失真及输出信噪比来衡量,数字信道的质量特性则是用误码率及差错序列的统计特性来描述。

2) 误码率

误码率是指二进制数据位传输时出错的概率。它是衡量数据通信系统在正常工作情况下的传输可靠性的指标。在计算机网络中,一般要求误码率低于 10^{-6}。若误码率达不到这个指标,可通过差错控制方法检错和纠错。

计算误码率的公式为:

$$p = N_e / N \tag{1-1}$$

式中,N_e 为其中出错的位数;N 为传输的数据总位数;p 为误码率。

2. 数据传输速率

数据传输速率有两种度量单位:比特率和波特率。

(1) 比特率。比特率是指数字信号的传输速率,也叫信息速率,反映一个数据通信系统每秒传输二进制信息的位数。单位为位/秒，记作 bps 或 b/s。计算公式为：

$$S = 1/T \times \log_2 N \qquad (1-2)$$

式中，T 为一个数字脉冲信号的宽度或重复周期，s；N 为一个波形代表的有效状态数，是 2 的整数倍。例如，二进制的一个波形可以表示 0、1 两种状态，故 $N = 2^k$，k 通常为一个波形能表示的二进制信息位数，$k = \log_2 N$。当 $N = 2$ 时，$S = 1/T$，表示数据传输速率等于码元脉冲的重复频率。

（2）波特率。波特率是一种调制速率，又称码元速率或波形速率，指单位时间内通过信道传输的码元数，单位为波特，记作 Baud。计算公式为：

$$B = 1/T \qquad (1-3)$$

式中，T 为信号码元的宽度，s。由式（1-1）和式（1-2）得：$S = B \times \log_2 N$ 或 $B = S/\log_2 N$。

波特率和比特率是两个容易混淆的概念，尤其采用二进制波形时 $S = B$，但意义不同。比特率能反映真实的信息传输速度，但波特率不能。

【例 1.1】采用八相调制方式，即 $N = 8$，且 $T = 8.33 \times 10^{-4}$ s，则

$$S = 1/T \times \log_2 N = 1/(8.33 \times 10^{-4}) \times \log_2 8 \approx 3\,600(\text{bps})$$

$$B = 1/T = 1/(8.33 \times 10^{-4}) \approx 1\,200(\text{Baud})$$

3. 信道容量

在实际的数据通信中，没有任何信道能毫无损耗地通过信号的所有频率分量，这是由于支持信道的物理实体（传输介质）都存在固有的传输特性，即对信号的不同频率分量存在着不同程度的衰减。也就是说，信道也具有一定的振幅频率特性，因而导致传输的信号发生畸变。

（1）信道截止频率与带宽。

通常把信号在信道传输过程中某个分量的振幅衰减到原来的 0.707（即输出信号的功率降低了一半）时所对应的那个频率称为信道的截止频率，如图 1-7（a）所示。频率在 0～f_c 范围内的谐波在信道传输过程中不发生衰减，而频率大于 f_c 的所有谐波在传输过程中衰减都很大。

截止频率反映了信道固有的物理特性。在数据传输中，人们还经常提到信道的带宽。所谓"信道带宽"，是指信道中能够传送信号的最大频率范围，如图 1-7（b）所示。

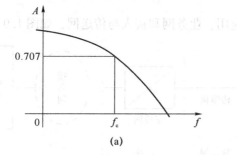
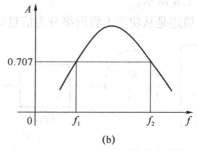

图 1.7　截止频率与带宽
（a）截止频率；（b）带宽

如果信号的带宽小于信道的带宽，则输入信号的全部频率分量都能通过信道，由此得到的输出信号将不会失真。如果信号的带宽大于信道的带宽，则输入信号的部分频率分

量将不能通过信道,从而造成输出的信号发生畸变或失真。为了保证数据传输的正确性,在确定的信道带宽下,必须限制信号的带宽。由此可见,信道的带宽不仅影响着信号传输的质量,而且也限定了信号的传输速率。即使对于理想信道,有限的带宽也限制了数据的传输速率。

(2)信道容量。信道容量表示一个信道的最大数据传输速率,单位为位/秒(bps)。

信道容量与数据传输速率的区别是,前者表示信道的最大数据传输速率,是信道传输数据能力的极限,而后者是实际的数据传输速率,就像公路上的最大限速与汽车实际速度的关系一样。

(3)离散信道的容量。奈奎斯特(Nyquist)无噪声下的码元速率极限值 B 与信道带宽 H 的关系如下:

$$B = 2 \times H \tag{1-4}$$

离散无噪信道的容量计算公式(奈奎斯特公式)为:

$$C = 2 \times H \times \log_2 N \tag{1-5}$$

式中,H 为信道的带宽,即信道传输上、下限频率的差值,H_z;N 为一个码元所取的离散值个数;C 为信道容量。

1.3 现代数据通信网概述

传统通信网络由传输、交换、终端三部分组成。其中传输与交换部分组成通信网络,传输部分为网络的链路,交换部分为网络的节点。随着通信技术的发展与用户需求的日益多样化,现代通信网正处在变革与发展之中,网络类型及所提供的业务种类不断增加和更新,形成了复杂的通信网络体系。

1.3.1 现代通信网的分层结构

从不同的角度看,对通信网有不同的理解和描述。

水平描述基于用户接入网络实际的物理连接来划分,可分为用户驻地网、接入网和核心网,如图 1.8 所示。

垂直描述是从功能上将网络分为信息应用、业务网和接入与传送网,如图 1.9 所示。

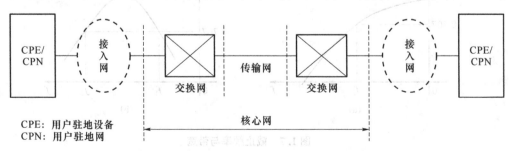

CPE:用户驻地设备
CPN:用户驻地网

图 1.8 水平描述的网络结构

在垂直分层网结构中,信息应用表示各种信息应用与服务总类,业务网表示支持各种信息服务的业务提供手段与装备,接入与传送网表示支持业务网的各种接入与传送的手段和基础设施。这使得各种通信技术与通信网络有机融合，并能清晰地显现各种通信技术在网络中的位置和作用。支撑网用以支撑全部三个层面的工作，提供保证通信网正常运行的各种控制与管理能力，传统的支撑网包括信令网、同步网与管理网。

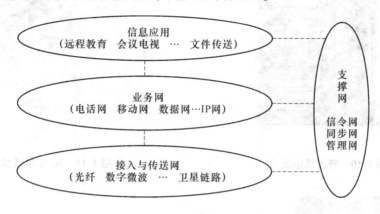

图 1.9　垂直描述的网络结构

1.3.2　信息应用概述

在现代通信系统中，不管采用什么样的传送网结构以及什么样的业务网承载，最后真正的目的都是为用户提供他们所需的各类通信业务，满足他们对不同业务服务质量的需求。因此信息应用中的各种业务是直接面向用户的。

根据通信网络的分层结构，可以从信息应用的角度理解应用层面所涉及的各种通信业务。通信业务主要包括模拟与数字视音频业务（包括普通电话、IP 电话、移动电话、数字电话、广播电视、数字视频广播、点播电视、智能网等各种视音频业务）、数据业务（如文件传输、电子邮件、电子商务等）、多媒体通信业务（如远程教学、可视电话、会议电视）等。

1. 视音频业务及终端

1）视音频业务

音频信息主要指由自然界中各种音源发出的可闻声和由计算机通过专门设备合成的语音或音乐。音频信号是随时间变化的连续媒体，对音频信号的处理要求有比较强的时序性，即较小的延时和时延抖动。

视频信息即活动或运动的图像信息，它由一系列周期呈现的画面所组成，每幅画面称为一帧，帧是构成视频信息的最基本单元。视频信息具有直观、准确、具体、生动、高效、应用广泛、信息容量大等特点。

2）视音频终端

音频通信终端是通信系统中应用最广泛的一类终端，它可以是公共电话交换网络（PSTN）的普通模拟电话机、IC（集成电路）卡电话机，也可以是 ISDN 网络的数字话机，以及移动通信网的移动手机。

视频通信终端，如各种电视摄像头、多媒体计算机用摄像头、视频监视器以及计算机显示器、电视接收机等，如图 1.10～图 1.15 所示。

图 1.10　普通模拟话机

图 1.11　IC 卡电话机

图 1.12　移动手机

图 1.13　电视摄像头

图 1.14　多媒体计算机用摄像头

图 1.15　视频监视显示屏

2．数据通信业务及终端

1）数据通信业务

数据指能够被计算机或数字设备进行处理的，以某种方式编码的数字、字母和符号。利用电信号或光信号的形式把数据从一端传送到另一端的过程称为数据传输。相对于其他信息内容的数字通信，数据通信比其他通信业务拥有更为复杂、严格的通信协议；对于视音频业务的实时性要求较低，可采用存储转发方式工作；对于视音频业务的差错率要求较高，必须采用严格的差错控制措施。

2）数据终端

数据终端即数据通信终端，是指置于数据通信系统的源点和终点的数据信息的发送与接收装置，如电传打字机与打印机、个人计算机、专用终端[如POS（销售终端）机、信用卡确认设备、自动柜员机（ATM）、计算机辅助设计（CAD）终端设备]，如图1.16～图1.19所示。

图 1.16 个人计算机

图 1.17 打印机

图 1.18 POS 机

图 1.19 ATM 机

3. 多媒体业务及终端

1）多媒体通信业务

多媒体技术是一种能同时综合处理多种信息，并在这些信息之间建立逻辑关系，使其集成为一个交互式系统的技术。多媒体的关键特性在于信息载体的多样性、交互性和集成性。

多媒体技术主要用于实时地处理声音、文字、图形、图像和视频等信息，将这些多种媒体信息用计算机集成在一起同时进行综合处理，并把它们融合在一起。

多媒体通信业务的信息媒体多种多样，数据量十分巨大，这就要求多媒体通信系统传输带宽或传输速率要高，必要时还要采用有效的信息压缩技术。

多媒体通信的实时性要求很严格。在实际应用中影响多媒体通信实时性的因素包括网络速率、通信协议和语音处理（包括采样、编码、打包、传输、缓冲、拆包、译码等）。对于多媒体通信，由于媒体之间特性不一致，必须采用不同的传输策略。例如，采用服务质量（QoS）进行描述，对语音利用短延迟且延迟变化小的策略，对数据则采用可靠保序的传输策略。

2) 多媒体终端

（1）多媒体计算机终端。多媒体终端要求能处理不同速率的多种媒体，能灵活地完成各种媒体的输入输出、人机界面接口等功能。目前微型计算机已成为多媒体终端的主要开发和应用平台。以微机为核心，向外延伸出多媒体信息处理、输入输出、通信接口等部分的终端设备可作为实现视频、音频、文本的通信终端，如进行不同的配置就可实现可视电话、会议电视、可视图文、因特网浏览等终端的功能，如图 1.20 和图 1.21 所示。

图 1.20　可视电话

图 1.21　网络电视机顶盒

（2）机顶盒。开展交互视音频业务所用的多媒体终端多为机顶盒终端。

（3）可视电话终端。可视电话终端可实时传输视频、音频和数据等多媒体内容。

（4）电视会议系统。利用数字视频技术，通过传输信道使不同地点的多个用户以电视方式举行面对面的远程会议。

（5）多媒体智能手机。多媒体智能手机具备媒体信息处理能力，可以完成音乐及电影播放、拍照及摄录视频短片等多媒体应用。结合 4G 通信网络支持，智能手机发展成为功能强大，集通话、短信、网络接入、影视娱乐为一体的综合性个人手持终端设备。

1.3.3　业务网概述

业务网表示支持各种信息服务的业务提供网络。业务是指向用户提供基本的话音、数据、多媒体业务，在传送网的节点上安装不同类型的节点设备，则形成不同类型的业务网。

业务网包括电话网、数据网、智能网、移动网、IP 网等，可分别提供不同的业务，如表 1.1 所示。其中交换设备是构成业务网的核心要素，它的基本功能是完成接入交换节点链路的汇集、转接接续和分配，实现一个用户和它所要求的另一个用户或多个用户之间的路由选择的连接。交换设备的交换方式可以分为两大类：电路交换方式和分组交换方式。

表 1.1　业务网的分类

业务网	主要提供业务	节点交换设备	节点交换技术
公用电话交换网（PSTN）	普通电话业务	数字电话程控交换机	电路交换
分组交换网（CHINAPAC）	X.25 低速数据业务 <64 Kbit/s	分组 X.25 交换机	分组交换
帧中继网（CHINAFRM）	租用虚拟电路（局域网互连等）	帧中继交换机	分组交换
数字数据网（DDN）	数据专线业务	数字交叉连接复用设备	电路交换
计算机 IP 网（CHINANET）	数据、IPTV、IP 电路	路电器	分组交换
智能网（IN）	智能业务	业务控制点（SCP） 业务交换点（SSP）	电路交换
移动通信网	移动话音 移动数据	移动交换机	电路交换 分组交换

小 结

随着计算机与通信系统构成的信息网络普及使用并逐步渗透到社会的各个领域，可以说通信与计算机的结合创造了信息时代的奇迹。

通信技术的发展非常迅速，其发展过程可分为三次技术革命：第一次通信技术革命是电话的问世，第二次通信技术革命是电视和有线电视网的出现，第三次通信技术革命是因特网的迅速崛起所引发的 IP 通信技术。

无论是计算机与计算机，还是计算机与终端，它们之间要进行信息交换，都必须借助数据通信技术，尤其是数字通信技术。数据通信方式有并行通信方式和串行通信方式两种。串行通信方式的方向性结构有单工、半双工和全双工三种。其中半双工和全双工方式在现代通信系统中使用更为广泛。为了表示数据在传输时的速度，可采用两种不同的单位来度量，分别是波特率和比特率。

在本章的最后，对现代数据通信网进行了简单的介绍，包括现代通信网的分层结构、信息应用概述及业务网概述，现代通信网正处在蓬勃的变革与发展之中，网络类型及所提供的业务种类不断增加和更新，本部分内容有助于读者快速了解数据通信与网络技术的最新发展。

习 题

一、填空题

1. 通信技术的发展非常迅速，其发展过程可分为三次技术革命：第一次是_____的问世，第二次通信技术革命是_____的出现，第三次通信技术革命是_____的迅速崛起所引发的 IP 通信技术。

2. 模拟信号无论表示模拟数据还是数字数据，在传输一定距离后都会_____，克服的办法是用_____来增强信号的能量，但_____也会增强，以致引起信号畸变。

3. 数字信号长距离传输会衰减，克服的办法是使用_____，把数字信号恢复为 "0" "1" 的标准再继续传输。

4. 串行数据通信的方向性结构有三种，即_____、_____和_____。
5. 比特率是指数字信号的_____，也叫信息速率，反映一个数据通信系统每秒传输二进制信息的_____，单位为_____。
6. 波特率是一种调制速率，又称码元速率或波形速率，指_____，单位为_____。
7. 信道容量表示一个信道的_____，单位为_____。
8. 通信网的水平描述基于用户接入网络实际的物理连接来划分，可分为_____、接入网和_____。
9. 业务网包括_____、_____、_____、_____、_____等，可分别提供不同的业务。

二、选择题

1. 误码率是衡量数据传输在（　　）状态下传输可靠性的参数。
   A. 正常　　　　B. 不正常　　　　C. 测试　　　　D. 出现故障
2. 数据只能沿一个固定的方向传输的通信方式是（　　）。
   A. 单工　　　　B. 半双工　　　　C. 全双工　　　　D. 混合
3. 信号的截止频率为信号在信道传输过程中某个分量的振幅衰减到原来的（　　）时所对应的频率。
   A. 0.101　　　　B. 0.700　　　　C. 0.707
4. 信道的带宽为信道中能够传送信号的（　　）。
   A. 最小频率范围　　B. 频率范围均值　　C. 最大频率范围
5. 在垂直分层网结构中，（　　）表示各种信息应用与服务总类。
   A. 可信计算　　　B. 信息应用　　　C. 信息传输　　　D. 数据应用

三、判断题（正确的打√，错误的打×）

1. 模拟数据只能用模拟信号来表示。（　　）
2. 模拟信号可以转换为数字信号传输，同样数字信号也可以转换为模拟信号传输。（　　）
3. 数据通信方式只有串行通信/并行通信、单工通信/半双工通信/双工通信。（　　）
4. 波特率是数字信号的传输速率。（　　）

第 2 章 数据通信技术

本章主要介绍几种主要的数据通信技术,包括数字数据的传输和模拟数据的传输,位同步、异步传输及同步传输的基本原理,多路复用技术和数据交换技术的原理,以及差错的产生和控制方法等。

2.1 数据传输和编码技术

数据与数据传输所采用的信号是两个完全不同的概念。数字数据可采用数字信号传输,也可以采用模拟信号传输;同理,模拟数据也可以采用数字信号传输或模拟信号传输。这样就构成了数据的四种传输方式:数字数据的数字传输方式、数字数据的模拟传输方式、模拟数据的数字传输方式和模拟数据的模拟传输方式。

在数据通信系统中,无论采用哪种数据传输方式,均应解决如下问题:数据信息的表示,即信息的编码问题;信息的传输,即选用哪种数据传输方式的问题;信息正确无误地传输,即发送和接收的同步问题及差错的发现与纠错问题。

2.1.1 数字数据的数字传输

目前用于传输数字数据的线路有两类:一类是数字通信线路,可以直接传输数字数据;另一类是模拟通信线路,采用这种线路时要想传输数字数据,必须经过调制。

1. 基带传输

数字数据以原来的 0 或 1 的形式原封不动地在信道上传送,称为基带传输。在基带传输中,传输信号的频率可以从零到几兆赫,要求信道有较高的频率特性。一般的电话通信线路满足不了这个要求,需要根据传输信号的特性选择专用的传输线路。

基带传输是一种最简单的传输方式,近距离通信的局域网都采用基带传输。在基带传输时,需要解决的问题是数字数据的数字信号表示。

(1) 数字数据的数字信号表示。对于传输数字信号来说,最常用的编码方法是用不同的电平来表示两个二进制数字 1 和 0,即数字信号由矩形脉冲组成,如图 2.1 所示。

① 单极性不归零编码。只使用一种极性的电压脉冲,无电压脉冲表示"0",有电压脉冲表示"1",每个码元时间的中间点是采样时间,判决门限为半幅电平。例如,将数字数据 01101001 进行单极性编码,结果如图 2.1 (a) 所示。图中 1 码元由正电压表示,0 码元

由零电压表示。它通常用在近距离的传输上，接口电路十分简单。它的缺点是：当出现连续"0"和连续"1"时，不利于接收端同步信号的提取。由于电压不归零和电压的单极性，造成这种编码有直流分量，不利于判决电路的工作。

② 双极性不归零编码。采用两种极性的电压脉冲，一种极性的电压脉冲表示"1"，另一种极性的电压脉冲表示"0"，正和负的幅度相等，判决门限为零电平。在图 2.1（b）中，用正电压表示"1"，负电压表示"0"。

③ 单极性归零编码。也只使用一种极性的电压脉冲，当发"1"码时，发出正电压，但持续时间短于一个码元的时间宽度，即发出一个窄脉冲；当发"0"码时，仍然无电压脉冲。例如，将数字数据 01101001 进行单极性归零编码，结果如图 2.1（c）所示。

④ 双极性归零编码。采用两种极性的电压脉冲，其中"1"码发正的窄脉冲，"0"码发负的窄脉冲，两个码元的时间间隔大于每一个窄脉冲的宽度，取样时间是对准脉冲的中心。例如，将数字数据 01101001 进行双极性归零编码，结果如图 2.1（d）所示。

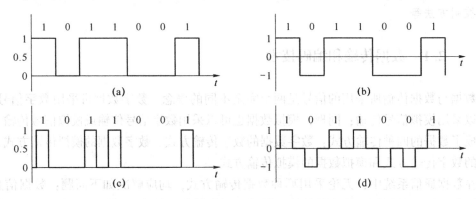

图 2.1　矩形脉冲编码方案

（a）单极性不归零编码；（b）双极性不归零编码；（c）单极性归零编码；（d）双极性归零编码

（2）归零码和不归零码、单极性码和双极性码的特点。不归零码在传输中难以确定一位的结束和另一位的开始，需要用某种方法使发送端和接收端之间进行定时或同步；归零码的脉冲较窄，根据脉冲宽度与传输频带宽度成反比的关系，因而归零码在信道上占用的频带较宽。单极性码会积累直流分量，这样就不能使变压器在数据通信设备和所处环境之间提供良好绝缘的交流耦合，直流分量还会损坏连接点的表面电镀层；双极性码的直流分量大大减少，这对数据传输是很有利的。

2. 频带传输

为了利用廉价的公共电话交换网实现计算机之间的远程通信，必须将发送端的数字信号变换成能够在公共电话交换网上传输的音频信号，经传输后再在接收端将音频信号逆变换成对应的数字信号，如图 2.2 所示。实现数字信号与模拟信号相互转换的设备称作调制解调器（MODEM）。

数字信号的调制实际上是用基带信号对载波波形的某些参数进行控制，而模拟信号传输的基础是载波。载波具有三大要素：幅度、频率和相位。数字数据可以针对载波的不同要素或它们的组合进行调制。

图 2.2 远程通信系统中的调制解调器

（1）数字调制的基本形式。根据调制所控制的载波参数的不同，有三种调制方式，如图 2.3 所示。

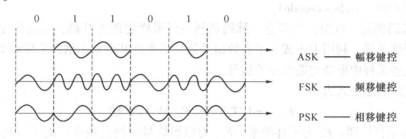

图 2.3 数字调制的三种基本形式

① 幅移键控法（Amplitude – Shift Keying，ASK）。载波中三个波形参数中频率和相位固定为常量，幅值定义为数字数据的变量。

在 ASK 方式下，用载波的两种不同幅度来表示二进制的两种状态。ASK 方式容易受增益变化的影响，是一种低效的调制技术。在电话线路上，通常只能达到 1 200 bps 的速率。

② 频移键控法（Frequency – Shift Keying，FSK）。将幅值和相位固定为常量，信号的控制以频率 w_1 表示数字信号"1"，频率 w_2 表示数字信号"0"。

在 FSK 方式下，用载波频率附近的两种不同频率来表示二进制的两种状态。在电话线路上，使用 FSK 可以实现全双工操作，通常可达到 1 200 bps 的速率。

③ 相移键控法（Phase – Shift Keying，PSK）。将幅值和频率固定为常量，相位受数字信号控制。PSK 包括绝对调相和相对调相两种类型。

绝对调相使用相位的绝对值，相位为 0 表示数字信号"1"，相位为 π 表示数字信号"0"。相对调相使用相位的相对偏移量，当数字信号为"0"时，相位不变化，而数字信号为"1"时，相位要偏移 π。

在 PSK 方式下，用载波信号相位移动来表示数据。PSK 可以使用两相或多于两相的相移，利用这种技术，可以使传输速率加倍。由 PSK 和 ASK 结合的相位脉幅调制（PAM），是解决相移数已达到上限但还要提高传输速率的有效方法。

（2）公共电话交换网中使用调制解调器的必要性。公共电话交换网是一种频带模拟信道，音频信号频带范围为 300 ~ 3 400 Hz，而数字信号频带范围为零赫兹到几千兆赫兹。若不采取任何措施就利用模拟信道来传输数字信号，必定出现极大的失真和差错，所以，要在公共电话交换网上传输数字数据，必须将数字信号变换成电话网所允许的音频频带范围（300 ~ 3 400 Hz）内的模拟信号，这一变换过程需要调制解调器来完成。

2.1.2 模拟数据的数字传输

1. 模拟数据的模拟传输

模拟数据的模拟传输方式最典型的例子是语音在话路系统中的传输。语音是连续变化的模拟量，而话路系统中传输的是模拟量电信号。

2. 模拟数据的数字传输

模拟数据的数字传输是利用数字信号传输系统传输模拟信号。这就需要在发送端将模拟数据转换成数字信号，即需要进行模/数（A/D）转换；在接收端再将数字信号转换成模拟信号，即要进行数据数字化，即需要进行数/模（D/A）转换。通常把 A/D 转换器称为编码器，把 D/A 转换器称为解码器，和调制解调器一样，编码器和解码器也常在一个设备中实现，称为编码解码器 CODEC（code–decode）。

（1）脉码调制（PCM）的概念。脉码调制是以采样定理为基础，对连续变化的模拟信号进行周期性采样，利用大于或等于有效信号最高频率或其带宽 2 倍的采样频率，通过低通滤波器从这些采样中重新构造出原始信号。

采样定理表达公式为

$$F_S\ (=1/T_S)\ \geq 2F_{max} \text{ 或 } F_S \geq 2B_S \tag{2-1}$$

式中，T_S 为采样周期；F_S 为采样频率；F_{max} 为原始信号的最高频率；B_S（$=F_{max}-F_{min}$）为原始信号的带宽。

（2）脉码调制（PCM）的步骤。模拟信号数字化的过程包括三个阶段，即采样、量化和编码，如图 2.4 所示。

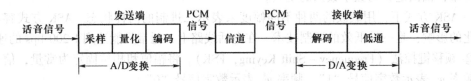

图 2.4 PCM 通信的简单模型

① 采样。每隔一段时间对模拟信号取样，取样所得到的数值代表原始信号值。采样频率越高，根据采样值恢复原始信号的精度就越高，以采样频率 F_S 将模拟信号的值采出，图 2.5 所示为话音信号抽样。

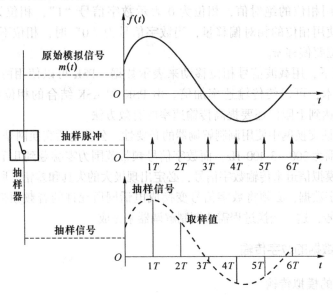

图 2.5 话音信号抽样

② 量化。将采样所得到的信号幅度按 A/D 转换器的量级分级并取整，使连续模拟信号变为时间上和幅度上都离散的离散值，如图 2.6 所示。

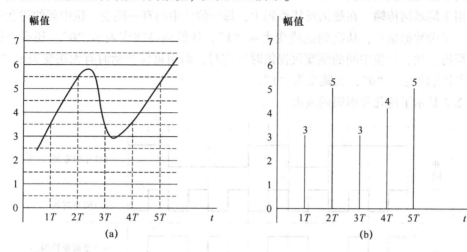

图 2.6 抽样值量化
（a）取样；（b）量化

③ 编码。用若干位二进制组合表示已取整得到的信号幅值，将离散值变成一定位数的二进制编码。代码的种类很多，采用二进制代码是通信技术中比较常见的。图 2.6（a）中分 8 个量化级 = (2^3)，可用三位二进制代码表示。二进制代码的位数代表了采样值的量化精度。

2.2 数据同步方式

数据在传输线路上传输时，为了保证发送端发送的信号能够被接收端正确无误地接收，接收端必须与发送端同步。也就是说，接收端不但要知道一组二进制位的开始与结束，还需要知道每位的持续时间，这样才能做到用合适的采样频率对所接收到的数据进行采样。通常接收端在每位的中心进行采样，如果发送端和接收端不同步，即使只有较小的误差，也会导致信息传输错误，因此必须采取一定的同步手段。实际上，同步技术直接影响着通信质量，质量不好的同步将会使通信系统不能正常工作。

本节介绍几种常用的同步方式。

1. 位同步

位同步是接收端接收的每一位数据都要和发送端保持同步。实现位同步的方法可分为外同步法和自同步法两种。

在外同步法中，接收端的同步信号事先由发送端发送过来，而不是自己产生也不是从信号中提取出来，即在发送数据之前，发送端先向接收端发出一串同步时钟脉冲，接收端按照这串时钟脉冲频率和时序锁定接收端的接收频率，以便在接收数据的过程中始终与发送端保持同步。外同步法中典型的例子是非归零码（NRZ），用正电压表示"1"，用负电压表示"0"，一个二进制位的宽度的电压保持不变，即每一位中间没有跳变。NRZ 码是最容易实现的，但缺点是接收端和发送端不能保持正确的定时关系，且当信号中包含连续的"1"或"0"时，存在直流分量。

自同步法是指从数据信号波形中提取同步信号的方法。典型例子就是著名的曼彻斯特编码，常用于局域网传输。在曼彻斯特编码中，每一位的中间有一跳变，位中间的跳变既做时钟信号，又做数据信号；从高到低跳变表示"1"，从低到高跳变表示"0"。还有一种是差分曼彻斯特编码，每位中间的跳变仅提供时钟定时，而用每位开始时有无跳变表示"1"或"0"，其中有跳变为"0"，无跳变为"1"。

图2.7显示了这几种编码的波形。

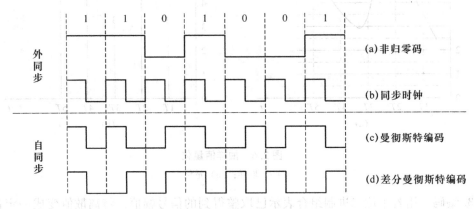

图2.7 数字信号的同步编码方法

两种曼彻斯特编码是将时钟和数据都包含在数据流中，在传输代码信息的同时，也将时钟同步信号一起传输到对方，每位编码中有一跳变，不存在直流分量，因此具有自同步能力和良好的抗干扰性能。

2. 异步传输

异步传输也叫字符同步，每次传送一个字符。具体做法是，每个字符的首末分别设1位起始位和1位或1.5位或2位结束位，分别表示字符的开始和结束。起始位是0，结束位是1，字符可以是5位或8位，一般5位字符的结束位是1.5位，8位字符的结束位是2位。图2.8所示为异步传输方式。

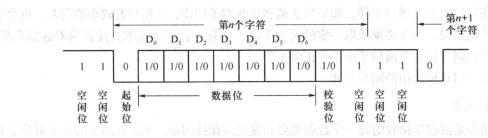

图2.8 异步传输方式

平时不传输字符时，传输线一直处于停止位状态，即高电平状态。一旦检测到传输线上有"1"到"0"的跳变，说明发送端开始发送字符，接收端立即应用这个电平的变化启动定时机构，按发送端的发送顺序接收字符。待发送字符结束，发送端又使传输线处于高电平，直至下一个字符。这种方式接收时钟仍应与发送时钟同步，但由于每次只接收一个字符，对接收时钟的精度要求降低了，除非时钟偏差超过50%（这是不太可能的），否则时钟偏差不会引起采样出错。

异步传输简单、容易实现，但传输效率低，因为每个字符都要附加起始位和结束位，辅助开销很大。因此，一般用于低速线路中，像计算机与终端、计算机与调制解调器、计算机与复用器等通信设备的连接。

3. 同步传输

同步传输也叫帧同步，是以字符块为单位进行传输，一个字符块一般有几千个数据位。为了防止发送端和接收端失步，发送时钟和接收时钟必须同步，目前一般采用自同步法，即从所接收的数据中提取时钟信号。前面提到的曼彻斯特编码和差分曼彻斯特编码具有自同步能力，传输数据中包含着发送时钟信号。接收端从发送数据中提取出与发送时钟一致的时钟信号作为接收时钟信号，接收时钟和发送时钟就自动同步了。

为使接收端和发送端同步，除了使双方时钟同步外，还必须使接收端能准确判断出数据的开始和结束，一般的做法是在数据块前加一个一定长度的位模式，一般称为同步信号（前文），数据结束后加上后同步信号（后文），如图2.9所示。

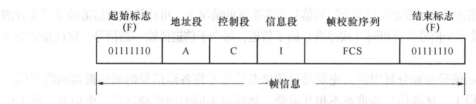

图2.9 同步传输方式

前文、后文加上所传输的数据信息构成了一个完整的同步传输方式下的数据单位，称为帧。帧是数据链路层的数据传输单位。简单说来，帧的传输过程是这样的：接收端检测到前文后，说明发送端已开始发送数据，接收端利用从数据中提取出的时钟信号作为接收时钟，按顺序接收前文之后的数据信息，直到碰上后文为止。

同步传输因为以块为单位（几千比特），额外开销小，因此传输效率高，在数据通信中得到了广泛应用。但这种方式的缺点是发送端和接收端的控制复杂，且对线路要求也较高。

2.3 多路复用技术

多路复用技术就是多个单个信号在一个信道上同时传输的技术。多路复用系统可以将来自多个信息源的信息进行合并，然后将这一合成的信息群经单一的线路和传输设备进行传输。在接收端，则设有能将信息群分离成单个信息的设备。因此只用一套发送装置和接收装置就能替代多个设备。

复用技术包括复合、传输和分离三个过程，由于复合与分离是互逆过程，其装置通常放在一起，做成所谓的"复用器"（MUX），多路信号在一对MUX之间的一条复用线上传输，如图2.10所示。

常用的多路复用技术主要有四种形式：频分多路复用（Frequency Division Multiplexing，FDM）、时分多路复用（Time Division Multiplexing，TDM）、波分多路复用（Wavelength Division Multiplexing，WDM）和码分多路复用（Code Division Multiplexing，CDM）。

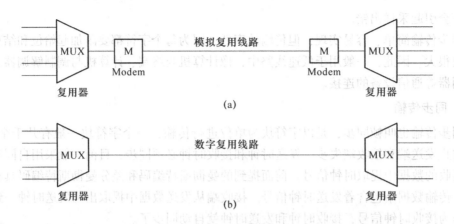

图 2.10 信道的多路复用
(a) 模拟线路复用传输;(b) 数字线路复用传输

1. 频分多路复用（FDM 技术）

在物理信道的可用带宽超过单个原始信号所需带宽的情况下，可将该物理信道的总带宽分割成若干个传输单个信号带宽相同（或略宽）的子信道，每个子信道传输一路信号，这就是频分多路复用。

多路原始信号在频分复用前，先要通过频谱搬移技术将各路信号的频谱搬移到物理信道频谱的不同段上，使各信号的带宽不相互重叠，然后用不同的频率调制每一个信号，每个信号都需要一个以它的载波频率为中心的一定带宽的通道。为了防止互相干扰，使用保护带来隔离每一个通道。图 2.11 所示是一个频分多路复用的例子，图中包含三路信号，它们分别被调制到频段 f_1、f_2 和 f_3，然后再将调制后的信号复合成一个信号，通过传输介质发送到接收端，由解调器恢复成原来的波形。

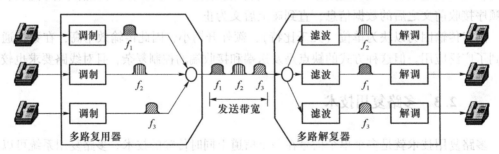

图 2.11 频分多路复用

FDM 技术是公用电话交换网中传输语音信息时常用的电话线复用技术，它也常用在宽带计算机网络中，载波电话通信系统就是频分多路复用技术应用的典型例子。

2. 时分多路复用（TDM 技术）

若信道能达到的位传输速率超过传输数据所需的数据传输速率，可采用时分多路复用技术，即将一条物理信道按时间分成若干个时间片轮流地分配给多个信号使用，每一时间片由复用的一个信号占用。这样，利用每个信号在时间上的交叉，就可以在一条物理信道上传输多个数字信号。

时分多路复用不仅仅局限于传输数字信号，也可同时交叉传输模拟信号。时分多路复用又分为同步时分多路复用（Synchronous Time Division Multiplexing，STDM）和异步时分多路复用（Asynchronous Time Division Multiplexing，ATDM）。

（1）同步时分多路复用。同步时分多路复用采用固定时间片分配方式，即将传输信号的时间按特定长度连续地划分成特定时间段（一个周期），再将每个时间段划分成等长度的多个时隙，每个时隙以固定的方式分配给各路信号，各路信号在每一个时间段都按顺序分配到一个时隙，如图2.12所示。

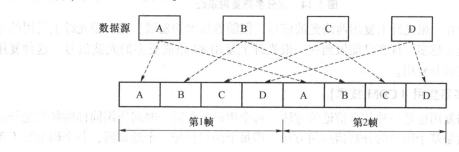

图2.12　同步时分多路复用

由于在同步时分多路复用方式中，时隙预先分配且固定不变，无论时隙拥有者是否传输数据都有一定时隙，这就造成时隙浪费，时隙的利用率很低。为了克服同步时分多路复用的缺点，引入了异步时分多路复用技术。

（2）异步时分多路复用。异步时分多路复用又称统计时分多路复用，它能动态地按需分配时隙，以避免每个时间段中出现空闲时隙。异步时分多路复用就是只有当某一路用户有数据要发送时才把时隙分配给它；当用户暂停发送数据时，则不给它分配时隙。电路的空闲可用于其他用户的数据传输，如图2.13所示。

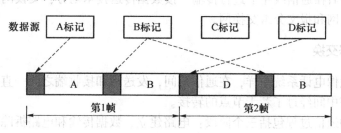

图2.13　异步时分多路复用

异步时分多路复用采用按需分配时间片的方法，提高了信道的利用率。为此，发送端需在数据中加入用户标记，以便接收端区别信号的来源。

3. 波分多路复用（WDM技术）

波分多路复用在概念上与频分多路复用相似，因此也称其为光的频分复用。所不同的是波分多路复用技术应用于全光纤组成的网络中，传输的是光信号，并按照光的波长区分信号。波分多路复用技术的工作原理如图2.14所示。由图2.14可见，通过光纤1和光纤2传输的两束光的频率是不同的，当这两束光进入光栅（或棱镜）后，经处理、合成以后，就可以使用一条共享光纤进行传输。合成光束到达目的地后，经过接收光栅的处理，重新分离为两束光，并通过光纤3和光纤4传送给用户。在图2.14所示的波分多路复用系统中，由光纤 1 进入的光波信号被传送到光纤 3，而从光纤 2 进入的光波信号被传送到光纤 4。

图 2.14 波分多路复用系统

最初只能在一根光纤上复用两路光波信号。但随着技术的发展，在一根光纤上复用的光波信号路数越来越多。现在已能做到在一根光纤上复用 80 路或更多的光波信号。这种复用技术就是密集波分复用。

4. 码分多路复用（CDM 技术）

码分多路复用也是一种共享信道的方法，每个用户可在同一时间使用同样的频带进行通信，但使用的是基于码型的分割信道的方法，即每个用户分配一个地址码，各个码型互不重叠，通信各方之间不会互相干扰，且抗干扰能力强。

码分多路复用技术主要用于无线通信系统，特别是移动通信系统。它不仅可以提高通信的语音质量和数据传输的可靠性，减少干扰对通信的影响，而且增大了通信系统的容量。笔记本电脑或个人数字助理（Personal Data Assistant，PDA）以及掌上电脑（Handed Personal Computer，HPC）等移动性计算机的连网通信就是使用了这种技术。

2.4 数据交换技术

数据经编码后在通信线路上进行传输，按数据传送技术划分，交换网络又可分为电路交换网、报文交换网和报文分组交换网。

2.4.1 电路交换

电路交换就像电话系统一样，在通信期间，发送端和接收端之间一直保持一条专用的物理通路，而通路中间经过了若干节点的转接。

电路交换的通信过程包括三个阶段：电路建立、数据传输和电路拆除。

（1）电路建立。在传输任何数据之前，要先经过呼叫过程建立一条专用的物理通路。在图 2.15 所示的网络拓扑结构中，1~6 为网络的交换节点，而 A~F 为通信站点，若站点 A 要与站点 D 传输数据，需要在站点 A 与站点 D 之间建立一条物理连接。具体的方法是：站点 A 向节点 1 发出欲与站点 D 连接的请求，由于站点 A 与节点 1 已有直接连接，因此不必再建立连接。需要做的是在节点 1 到节点 4 之间建立一条专用线路。在图 2.15 中我们可以看到，从节点 1 到节点 4 的通路有多条，如 1-2-3-4、1-6-5-4、1-6-7-4 和 1-2-7-4，这时就需要根据一定的路由选择算法，从中选择一条，如 1-2-7-4。节点 4 再利用直接连接与站点 D 连通。至此就完成了站点 A 与站点 D 之间的线路建立。

（2）数据传输。电路 1-2-7-4 建立以后，数据就可以从站点 A 传输到站点 D。数据既可以是数字数据，也可以是模拟数据，在整个数据传输过程中，所建立的电路必须始终保持连接状态。

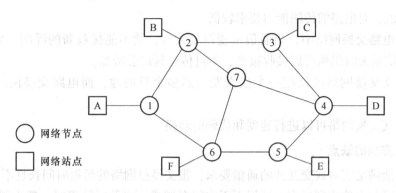

图 2.15 电路交换

（3）电路拆除。数据传输结束后，由某一方（站点 A 或站点 D）发出拆除请求，然后逐节拆除到对方节点，就像电话系统中，通话双方的任何一方都可以先挂机。

电路交换技术的优点、缺点及其特点如下：

① 优点：数据传输可靠、迅速，数据不会丢失且保持原来的顺序。

② 缺点：在某些情况下，电路空闲时的信道容易被浪费，在短时间数据传输时电路建立和拆除所用的时间得不偿失。因此，它适用于系统间要求高质量传输大量数据的情况。

③ 特点：在数据传输开始之前必须先设置一条专用的通路。在线路释放之前，该通路由一对用户完全占用。对于猝发式的通信，电路交换效率不高。

2.4.2 报文交换

当端点间交换的数据具有随机性和突发性时，采用电路交换方法会造成信道容量和有效时间的浪费。采用报文交换则不存在这种问题。

1. 报文交换的原理

报文交换方式的数据传输单位是报文，报文就是站点一次性要发送的数据块，其长度不限且可变。当一个站点要发送报文时，它将一个目的地址附加到报文上，网络节点根据报文上的目的地址信息，把报文发送到下一个节点，逐个节点地转送到目的节点。

每个节点在收到整个报文并检查无误后，就暂存这个报文，然后利用路由信息找出下一个节点的地址，再把整个报文传送给下个节点。因此，端与端之间无须先通过呼叫建立连接。

一个报文在每个节点的延迟时间，等于接收报文所需的时间加上向下一个节点转发所需的排队延迟时间之和。

2. 报文交换的特点

（1）报文从源点传送到目的地采用存储转发的方式，在传送报文时，一个时刻仅占用一段通道。

（2）在交换节点中需要缓冲存储，报文需要排队，故报文交换不能满足实时通信的要求。

3. 报文交换的优点

（1）电路利用率高。由于许多报文可以分时共享两个节点之间的通道，所以对于同样的通信量来说,对电路的传输能力要求较低。

(2) 在电路交换网络中,当通信量变得很大时,就不能接收新的呼叫。而在报文交换网络上,通信量大时仍然可以接收报文,不过传送延迟会增加。

(3) 报文交换网络可以把一个报文发送到多个目的地,而电路交换网络很难做到这一点。

(4) 报文交换网络可以进行速度和代码的转换。

4. 报文交换的缺点

(1) 不能满足实时或交互式的通信要求,报文经过网络的延迟时间长且不定。

(2) 有时节点接收到过多的数据而无空间存储或不能及时转发时,就不得不丢弃报文,而且发出的报文不按顺序到达目的地。

2.4.3 报文分组交换

报文分组交换是报文交换的一种改进,它将报文分成若干个分组,每个分组的长度有一个上限,有限长度的分组使得每个节点所需的存储能力降低了,分组可以存储到内存中,提高了交换速度。它适用于交互式通信,如终端与主机通信。报文分组交换有虚电路分组交换和数据报分组交换两种。报文分组交换是计算机网络中使用最广泛的一种交换技术。

(1) 虚电路分组交换。在虚电路分组交换中,为了进行数据传输,网络的源节点和目的节点之间要先建一条逻辑通路。每个分组除了包含数据之外还包含一个虚电路标识符。在预先建好的路径上的每个节点都知道把这些分组引导到哪里去,不再需要路由选择判定。最后,由某一个站点用清除请求分组来结束这次连接。它之所以是虚的,是因为这条电路不是专用的。图 2.16 显示了虚电路分组交换方式的传输过程。例如,站点 A 要向站点 D 传送一个报文,报文在交换节点 1 被分割成 3 个数据报,数据报 1、2 和 3,沿一条逻辑通路 1 – 2 – 7 – 4,按顺序发送。

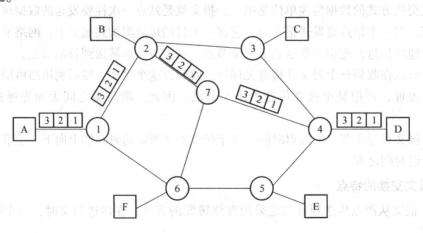

图 2.16 虚电路分组交换方式

虚电路分组交换的主要特点是:在数据传送之前必须通过虚呼叫设置一条虚电路,但并不像电路交换那样有一条专用通路,分组在每个节点上仍然需要缓冲,并在线路上进行排队等待输出。

(2) 数据报分组交换。在数据报分组交换中，每个分组的传送都是被单独处理的。每个分组称为一个数据报，每个数据报自身携带足够的地址信息。一个节点收到一个数据报后，根据数据报中的地址信息和节点所存储的路由信息，找出一个合适的出路，把数据报原样地发送到下一个节点。由于各数据报所走的路径不一定相同，因此不能保证各个数据报按顺序到达目的地，有的数据报甚至会中途丢失。整个过程中，没有虚电路建立，但要为每个数据报做路由选择。图 2.17 显示了数据报分组交换方式的传输过程。例如，站点 A 要向站点 D 传送一个报文，报文在交换节点 1 被分割成 3 个数据报，它们分别经过不同的路径到达站点 D，数据报 1 的传送路径是 1－6－5－4，数据报 2 的传送路径是 1－2－7－4，数据报 3 的传送路径是 1－2－3－4。由于 3 个数据报传送的路径不同，从而导致它们的到达失去了顺序（2、3、1）。

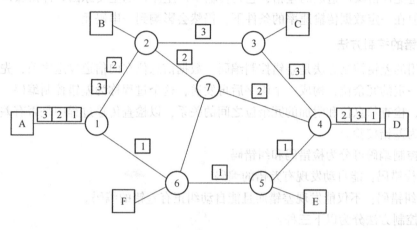

图 2.17　数据报分组交换方式

2.4.4　三种数据交换技术的比较

三种数据交换技术的比较主要有以下几点：

（1）电路交换。在数据传输之前必须先设置一条专用的通路。在线路拆除（释放）之前，该通路由一对用户完全占用。电路交换效率不高。

（2）报文交换。报文从源点传送到目的地采用存储转发的方式，报文需要排队。因此，报文交换不适合于交互式通信，不能满足实时通信的要求。

（3）分组交换。分组交换方式和报文交换方式类似，但报文被分成分组传送，并规定了最大长度。在数据网中广泛使用的一种交换技术是分组交换技术，它适用于中等或大量数据交换的情况。

2.5　差错产生原因及其控制方法

差错控制是在数据通信过程中能发现或纠正差错，把差错控制在尽可能小的允许范围内的技术和方法。

信号在物理信道中传输时，线路本身电气特性造成的随机噪声、信号幅度的衰减、频率和相位的畸变、信号在线路上产生反射造成的回音效应、相邻线路间的串扰以及各种外界因素（如大气中的闪电、开关的跳火、外界强磁场的变化、电源的波动等）都会造成信号的失真。在数据通信中，信号失真将会使接收端收到的二进制数位和发送端实际发送的二进制数位不一致，从而造成由"0"变成"1"或由"1"变成"0"的差错。

1. 热噪声和冲击噪声

传输中的差错都是由噪声引起的。噪声有两大类：一类是信道固有的、持续存在的随机热噪声，另一类是由外界特定的短暂原因所造成的冲击噪声。

热噪声引起的差错称为随机差错，所引起的某位码元的差错是孤立的，与前后码元没有关系。由它导致的随机错码通常较少。

冲击噪声呈突发状，由其引起的差错称为突发错。冲击噪声幅度可能相当大，无法靠提高幅度来避免冲击噪声造成的差错，它是传输中产生差错的主要原因。冲击噪声虽然持续时间较短，但在一定数据传输速率的条件下，仍然会影响到一串码元。

2. 差错的控制方法

最常用的差错控制方法是差错控制编码。数据信息位在向信道发送之前，先按照某种关系附加上一定的冗余位，构成一个码字后再发送，这个过程称为差错控制编码。接收端收到该码字后，检查信息位和附加的冗余位之间的关系，以检查传输过程中是否有差错发生，这个过程称为差错校验。

差错控制编码可分为检错码和纠错码。

（1）检错码：能自动发现有差错的编码。

（2）纠错码：不仅能发现差错而且能自动纠正有差错的编码。

差错控制方法分为以下三种：

（1）自动请求重发（ARQ）。在ARQ方式中，发送端用编码器对发送数据单元进行差错编码，而接收端经译码器处理后只是检测有无错误，不做自动纠正。如检测到差错，则利用反向信道请求发送端重新发送有错的数据单元，直到接收端检测不到错误为止。ARQ方式只使用检错码。

（2）前向纠错（FEC）。在FEC方式中，发送端对发送数据单元进行差错编码，而接收端用译码器对接收的数据单元译码，通过按预定规则的运算，接收端不但能发现差错，而且能确定二进制码元发生错误的位置，从而加以纠正，不用反馈信道，故称为"前向纠错"。FEC方式必须使用纠错码。

（3）混合方式。混合方式吸收了ARQ系统和FEC系统的长处综合而成。它的工作原理是对在一定位数以下的差错进行前向纠错，当差错位超过一定位数时，便超出纠错能力范围，则利用反馈信道进行重发纠错。这种方案具有良好的性能。

小 结

本章主要介绍了数据通信技术的基础知识。

数据通信技术是网络技术发展的基础，计算机网络的发展及应用有赖于数据通信技术和计算机的发展。

数据通信系统中另一个常用术语是基带传输和频带传输。基带传输是指二进制信号直接在信道上传输，但要经过一定的编码；频带传输则是将离散的数字信号加载到某个频段上再传输的方法，必须借助调制解调器才能完成。调制解调器是模拟线路的数据电路终接设备（DCE），在目前及今后一段时间内模拟线路和数字线路并存的形势下，调制解调器逐渐成为一种大众化的设备。

数字传输系统具有模拟传输系统不可比拟的优点，是以后数据通信的主流。目前的数字传输系统基本上采用的都是 PCM 系统。模拟信号必须经过采样、量化及编码三大步骤后才能转换为数字信号进入数字传输系统。

数据传输系统中必须解决的另一个问题是数据的同步问题。目前常见的同步方式是位同步、异步传输和同步传输。异步传输用于低速设备之间的通信。同步传输则大量应用于高速通信系统中，是目前同步方式的主流。

多路复用技术能够把多个单个信号在一个信道上同时传输。频分多路复用（FDM）和时分多路复用（TDM）是两种最常用的多路复用技术。

数据交换技术包括电路交换、报文交换和报文分组交换，它们各有其独到之处。

信号在物理信道上传输时，由于线路本身的因素和外界因素，不可避免地引起信号在信道上传输的失真，造成发送端和接收端的二进制数据位不一致，因此必须进行差错控制。

习 题

一、填空题

1. 根据调制所控制的载波参数的不同，有三种调制方式，分别为_____、_____和_____。
2. 模拟信号数字化的过程包括三个阶段，即_____、_____和_____。
3. 电路交换的通信过程包括三个阶段：_____、_____和_____。
4. 分组交换有_____分组交换和_____分组交换两种。它是计算机网络中使用最广泛的一种交换技术。

二、选择题

1. 利用载波信号频率的不同来实现电路复用的方法有（   ）。
   A. 数据报   B. 频分多路复用
   C. 时分多路复用   D. 码分多路复用
2. 下列多路复用技术中，适合于光纤通信的是（   ）。
   A. FDM   B. TDM   C. WDM   D. CDM
3. 每发送一个字符其开头都带一位起始位，以便在每一个字符开始时接收端和发送端同步一次，这种传输方式是（   ）。
   A. 手动传输   B. 同步传输   C. 自动传输   D. 异步传输
4. 异步传输模式技术中，"异步"的含义是（   ）。
   A. 采用的是异步串行通信技术   B. 网络接口采用的是异步控制方式
   C. 周期性地插入 ATM 信元   D. 随时插入 ATM 信元
5. 在三种常用的数据交换技术中，线路利用率最低的是（   ）。
   A. 电路交换   B. 报文交换   C. 分组交换   D. 信元交换
6. 当通信子网采用（   ）方式时，我们首先要在通信方式之间建立起逻辑联系。

A. 虚电路　　　　B. 无线连接　　　　C. 线路连接　　　　D. 数据报
　7. 数据在传输过程中所出现的差错的主要类型有（　　）。
　　A. 计算错　　　　B. 译码错　　　　C. 随机错　　　　D. 校检错

三、判断题（正确的打√，错误的打×）

　1. 利用数字传输系统传输模拟器必须进行 PMC 过程。（　　）
　2. 同步通信方式中，每传送一个字符都在字符码前加一个起始位，在字符码前和检验码后面加一个停止位。（　　）
　3. 同步传输时字符间不需要间隔。（　　）
　4. 时分复用不仅仅局限于传输数字信号，也可同时交叉传输模拟信号。（　　）
　5. 在电路交换、数据报与虚电路方式中，都需要经过电路建立、数据传输与电路拆除这三个过程。（　　）

第 3 章 计算机网络技术基础

本章主要介绍计算机网络的定义、产生和发展，计算机网络的功能，计算机网络的组成和分类，计算机网络的拓扑结构以及计算机网络的主要性能指标。

3.1 计算机网络概述

3.1.1 计算机网络的定义

所谓计算机网络，就是将分散的计算机通过通信线路有机地结合在一起，达到相互通信，实现软、硬件资源共享的综合系统。

网络是计算机的一个群体，是由多台计算机组成的，这些计算机是通过一定的通信介质互连在一起的，使彼此间能够交换信息。计算机互连通常有两种方式：一是通过双绞线、同轴电缆、电话线、光纤等有线介质连接，二是通过短波、微波、地球卫星通信信道等无线介质互连。计算机之间的通信是通过通信协议实现的。

由于网络中可能存在不同公司、不同种类的计算机，在计算机上运行的操作系统也不尽相同，因此在机器字长、信息的表示方法等多方面都存在差异，这就影响了计算机之间的通信，正如使用不同语言的民族难以进行语言交流一样。为了解决这一问题，需要制定一组通信规则，虽然机器不同，但只要遵从相同的规则，就可以实现相互通信，这些规则就称为通信协议。国际标准化组织（ISO）就是制定计算机网络通信协议最主要的世界组织，其制定的开放系统互连参考模型已成为全世界公认的国际标准。

随着计算机技术的迅速发展，计算机的应用逐渐渗透到各个技术领域和社会的各个方面。社会的信息化、数据的分布处理、各种计算机资源的共享等各种应用需求都推动计算机技术朝着群体化方向发展，促使计算机技术与通信技术紧密结合。计算机网络属于多机系统的范畴，是计算机和通信这两大现代技术相结合的产物，它代表当前计算机体系结构发展的一个重要方向。

3.1.2 计算机网络的产生及发展

计算机网络的产生和发展经历了从简单到复杂、从单机系统到多机系统的发展过程，其演变过程可分为四个阶段。

1. 具有通信功能的单机系统阶段

20 世纪 50 年代初期，计算机网络与通信没有任何联系。当时的计算机体积庞大，价格昂贵，由专门的技术人员在专门的环境下进行操作与管理，一般人接触不到。当时，人们在需要用计算机时，只能亲自携带程序和数据，到机房交给计算机操作人员，等待几个小时之后，再去机房取回运行结果。如果程序有错，则需修改后再次重复这一过程。这种方式即所谓的批处理方式。批处理方式需要用户（特别是远程用户）在时间、精力上付出很大代价。20 世纪 50 年代后期，计算机主机昂贵，而通信线路和通信设备的价格相对便宜，为了共享主机资源和进行信息的采集及综合处理，同时随着分时系统的出现，产生了具有通信功能的单机系统，如图 3.1 所示。这种系统的基本思想是在计算机上增加一个通信装置，使其具备通信功能。将远程用户的输入输出装置通过通信线路与计算机的通信装置相连，这样，用户就可以在远程的终端上输入自己的程序和数据，经过主机处理后再由通信线路将结果返回用户终端。

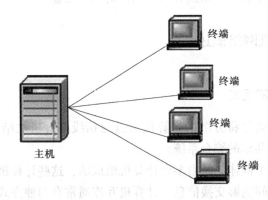

图 3.1　具有通信功能的单机系统

这种系统称为具有通信功能的单机系统，又可称为终端－计算机网络，是早期计算机网络的主要形式。在这种系统中，终端设备与计算机之间的连接可以采用多种方式。最初采用专线点到点方式，每个终端都独占一条线路，这种方式的缺点是线路利用率较低。随着计算机应用的不断发展，要求与主机系统相连的终端越来越多，这个缺点就越发明显，从而发展到利用电话网实现终端与主机的连接。

2. 具有通信功能的多机系统阶段

单机系统减轻了远程用户来往路途上的时间浪费，在当时来讲，这是一大创举。但随着计算机应用的进一步发展，新的问题又出现了，主要表现在两个方面：第一，主机的负担加重，主机既要进行数据处理，又要完成通信控制，通信控制任务的加重，势必降低数据处理的速度，对昂贵的主机资源来讲显然是一种浪费；第二，线路的利用率比较低，特别是在终端运行速率比较低时更是如此。

为了解决第一个问题，通信控制处理机（Communication Control Processor，CCP），或称前端处理机（Front End Processor，FEP）出现了。通信控制处理机分工完成全部的通信控制任务，而让主机专门进行数据处理，这样就使主机从通信控制的工作中解脱出来，提高了主机的数据处理效率。

为了解决第二个问题，通常在低速终端较集中的地区设置终端集中器（Terminal Concentrator）。低速终端通过低速线路先汇集到终端集中器，再由较高速的通信线路将终端集中器连接到通信控制处理机上，如图 3.2 所示。终端集中器的硬件配置相对简单，它主要负责从终端到主机的数据集中以及从主机到终端的数据分发。显然，采用终端集中器可提高远程高速通信线路的利用率。而通信控制处理机由小型机或微型机来承担，通信控制处理机除了具有以上功能外，还可以互相连接，并连接多个主机，具有路由选择功能，它能根据数据包的地址把数据发送到适当的主机上。

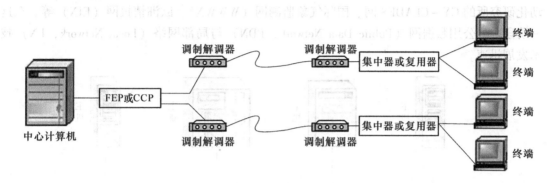

图 3.2　单主机为中心的远程多机系统

20 世纪 60 年代初期，这种面向终端的计算机通信网（多机互连系统）得到很大发展，有一些至今仍在使用，比较著名的有美国通用电气公司的信息服务网络（GE Information Services），它是世界上最大的商用数据处理分时网络，1968 年投入运行，拥有 16 个集中器、75 个远程集中器，地理范围从美国外延到加拿大、欧洲、澳大利亚和日本。由于该网络地理范围很大，可以利用时差达到对资源的充分利用。

3. 计算机网络阶段

随着计算机应用的发展，多台计算机互连的需求出现了。这种需求主要来自军事、科学研究、地区与国家经济信息分析决策、大型企业经营管理。人们希望将分布在不同地点的计算机通过通信线路互连成为计算机 - 计算机网络。网络用户可以通过计算机使用本地计算机的软件、硬件和数据资源，也可以使用连网的其他地方的计算机的软件、硬件和数据资源，以达到计算机资源共享的目的，如图 3.3 所示。在这种形势下，美国国防部高级研究计划局（Advanced Research Projects Agency，ARPA）的 ARPANET（通常称为 ARPA 网）的出现成为必然。

ARPA 网是一个分组交换网，其中接口信息处理机（IMP）负责通信处理和通信控制（包括报文分组、存储转发、信号发收等功能），主机（Host，H）负责数据处理，终端接口处理机（TIP）将终端连入网络。

1969 年美国国防部高级研究计划局提出将多个大学、公司和研究所的多台计算机互连的课题。1969 年 ARPA 网只有 4 个节点，1973 年发展到 40 个节点，1983 年已经达到 100 多个节点。ARPA 网通过有线、无线与卫星通信线路，使网络覆盖了从美国本土到欧洲与夏威夷的广阔地域。ARPA 网是计算机网络技术发展的一个重要的里程碑，它对计算机网络技术发展的主要贡献表现在以下几个方面：

（1）完成了对计算机网络的定义、分类与子课题研究内容的描述。

（2）提出了资源子网、通信子网的两级网络结构的概念。

(3) 研究了报文分组交换的数据交换方法。

(4) 采用了层次结构的网络体系结构模型与协议体系。

美国国防部高级研究计划局的网络研究成果对推动计算机网络发展的意义是深远的。在它的基础之上，20世纪70—80年代计算机网络发展十分迅速，出现了大量的计算机网络，仅美国国防部就资助建立了多个计算机网络，同时还出现了一些研究试验性网络、公共服务网络、校园网，如美国加利福尼亚大学劳伦斯原子能研究所的OCTOPUS网、法国信息与自动化研究所的CY-CLADES网、国际气象监测网（WWWN）、欧洲情报网（EIN）等。在这一阶段中，公用数据网（Public Data Network，PDN）与局部网络（Local Network，LN）技术发展迅速。

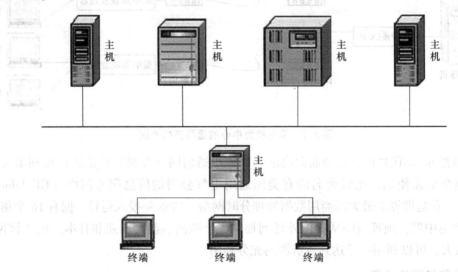

图3.3 多计算机互连的计算机网络体系

4. 网络体系结构的标准化和网络的高速发展阶段

随着网络技术的进步和各种网络产品的不断涌现，不同系统互连成为亟须解决的问题。1977年，国际标准化组织专门成立了一个委员会，提出了异种机系统互连的标准框架，即开放系统互连参考模型（Open System Interconnection/Reference Model，OSI/RM）。作为国际标准，OSI规定了可以互连的计算机系统之间的通信协议。

1983年，TCP/IP协议（传输控制协议/因特网互联协议）被批准为美国军方的网络传输协议。同年ARPE网分化为ARPA-NET和MILNET两个网络。1984年，美国国家科学基金会决定将教育科研网（NSFNET）与ARPA-NET、MILNET合并，运行TCP/IP协议，向世界范围扩展。

Internet是覆盖全球的信息基础设施之一，对于用户来说，它只是一个庞大的远程计算机网络。用户可以利用因特网实现全球范围的电子邮件、文件传输、信息查询、语音与图像通信服务功能，实际上因特网是一个用路由器（Router）实现多个远程网和局域网互连的网际信息服务功能。因特网的计算机数以亿计。它将对推动世界经济、社会、科学、文化的发展产生不可估量的作用。

20世纪90年代以后，计算机网络的发展更加迅速，目前正在向综合化、智能化、高速化方向发展,即人们所说的下一代网络(NGN),其突出特征表现为电信网、移动网与计算机网的"三网融合"。

(1) 电信网的下一代网络。下一代通信网络即 NGN (Next Generation Network),是以软交换为核心,控制、承载和业务三者分离的开放性网络。NGN 从功能上可分为四个层面:接入层、传送层、控制层和业务层。接入层包括各种接入网关、中继网关、无线接入网关、智能终端以及与处理媒体有关的媒体服务器和多点处理器(MP)。各类网关和智能终端主要实现媒体流格式的转换和媒体流传送,实现语音分组在分组网的承载和传输。终端智能化将使终端越来越多地参与业务的提供和处理,业务有以网络为主和以终端为主等不同的提供方式,终端作为业务提供的重要部分,与网络相互配合,共同提供业务,这对终端相关的存储技术、操作系统、显示方式、应用软件等提出了更高的要求。NGN 代表了通信网发展的方向,是一种能够提供包括语音、数据、视频和多媒体等多种业务的基于分组技术的综合开放的网络架构,随着各种应用的推广实施,带动了电信、信息、消费、娱乐等相关行业的发展,市场份额不断扩大,价值链不断增长。

(2) 第三代移动通信技术(3G)及第四代移动通信技术(4G)使移动电话成为能通信的掌上电脑。相对于第一代模拟制式(1G)和第二代全球移动通信系统(GSM)、时分多址(TDMA)等数字手机(2G),3G 和 4G 分别是指第三代和第四代移动通信技术。国际电联提出的"国际移动通信—2000"(IMT–2000)标准,就是将无线通信与国际互联网等多媒体通信相结合的新一代移动通信标准。3G 和 4G 能够处理图像、音乐、视频流等多种媒体形式,提供包括网页浏览、电话会议、电子商务等多种信息服务,且在不同网络间可无缝提供服务。

(3) 有线电视网与计算机网络相连后形成交互电视(IPTV),交互电视在安装了路由器和存储器后即可实现网页浏览与信息下载、视频点播和对等交互等功能。

总之,计算机网络方便了人们随时接收和传输信息,而电信网、移动网、有线电视网与计算机网络的融合,将促成计算机网络成为信息网络体系的核心。多网融合可以降低总的成本投入,方便人们的使用,提高效率,产生更多的经济效益和社会效益。世界上的大型计算机企业,如微软等公司,已经把"三网融合"作为其今后发展的业务重点而加以大力推进。

3.1.3 计算机网络功能

计算机网络既然是以共享资源为主要目标,那么它就应具备下述几个方面的功能。

1. 数据通信

计算机连网之后,便可以实现计算机与终端、计算机与计算机之间的数据传输,这是计算机网络的基本功能。随着因特网在世界各地的风行,传统的电话、电报、邮递投信方式受到很大冲击,电子邮件已为人们广泛接受,网上电话、视频会议等各种通信方式正在迅速发展。

2. 资源共享

网络上的计算机彼此之间可以实现资源共享,包括硬件、软件和数据。信息时代的到来,资源的共享具有重大的意义。首先,从投资考虑,网络用户可以共享使用网上的打印机、扫描仪等,这样就节省了资金。其次,现代的信息量越来越大,单一的计算机已经不能将其全部储存，只有分布在不同的计算机上，而网络用户可以共享这些信息资源。最后，现在计算机软件层出不穷，在这些浩如烟海的软件中，不少是免费共享的，这是网络上的宝贵财富，任何连入网络的计算机的使用者都有权使用它们。资源共享为用户使用网络提供了方便。

3. 远程传输

计算机应用的发展已经从科学计算到数据处理，从单机到网络。分布在不同地方的用户之间可以互相传输数据信息，互相交流，协同工作。

4. 集中管理

计算机网络技术的发展和应用，已使现代的办公手段、经营管理等发生了变化。目前，已经有了许多管理信息系统（MIS）、办公自动化（OA）系统等，通过这些系统可以实现日常工作的集中管理，提高工作效率，增加经济效益。

5. 实现分布式处理

网络技术的发展，使分布式计算成为可能。大型的课题可以分为许许多多的小课题，由不同的计算机分别完成，然后再集中起来，解决问题。

6. 负荷均衡

负荷均衡是指工作负荷被均匀地分配给网络上的各台计算机。网络控制中心负责分配和检测，当某台计算机负荷过重时，系统会自动转移负荷到负荷较轻的计算机上去处理。由此可见，计算机网络可以大大扩展计算机系统的功能，扩大其应用范围，提高可靠性，为用户提供方便，同时也降低了费用，提高了性价比。

综上所述，计算机网络首先是计算机的一个群体，是由多台计算机组成的，每台计算机的工作是独立的，任何一台计算机都不能干预其他计算机的工作，如启动、关机和控制其运行等；其次，这些计算机是通过一定的通信介质互连在一起的，计算机间的互连是指它们彼此间能够交换信息。网络上的设备包括微机、小型机、大型机、终端、打印机以及绘图仪、光驱等。用户可以通过网络共享设备资源和信息资源。网络处理的电子信息除了一般文字信息外，还可以包括声音和视频信息等。

3.2 计算机网络的组成和分类

计算机网络要完成数据处理与数据通信两大基本功能，那么它的结构必然可以分成两个部分：负责数据处理的计算机和终端、负责数据通信的通信控制处理机和通信线路。从计算机网络的组成角度来分，典型的计算机网络在逻辑上可以分为两个子网：资源子网和通信子网。

3.2.1 逻辑组成

在网络系统中，网络上的每个用户都可享用系统中的各种资源。系统必须对用户进行控制，否则就会造成系统混乱、信息数据的破坏和丢失。为了协调系统资源，系统需要通过软件工具对网络资源进行全面的管理、调度和分配，并采取一系列的安全保密措施，防止用户进行不合理的数据和信息访问,以防数据和信息的破坏与丢失。网络软件是实现网络功能不可缺少的软件环境。

通常网络软件包括以下几个部分:

(1) 网络协议和协议软件——实现网络协议功能,如 TCP/IP、IPX/SPX 等。

(2) 网络通信软件——用于实现网络中各种设备之间通信的软件。

(3) 网络操作系统——网络操作系统是用以实现系统资源共享、管理用户对不同资源访问的应用程序,它是最主要的网络软件。

(4) 网络管理及网络应用软件——网络管理软件是用来对网络资源进行管理和对网络进行维护的软件。网络应用软件是为网络用户提供服务并为网络用户解决实际问题的软件。

网络软件最重要的特征是网络软件所研究的重点不在于网络中互连的各个独立的计算机本身的功能,而在于如何实现网络特有的功能。

3.2.2 硬件组成

计算机网络系统是由通信子网和资源子网组成的,其构成示意图如图 3.4 所示。

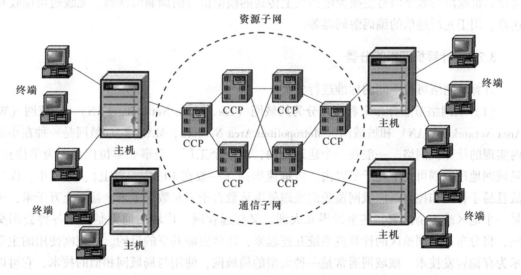

图 3.4 计算机网络构成示意图

1. 资源子网

资源子网由主机、终端、终端控制器和连网外设等组成。资源子网负责全网的数据处理业务,并向网络用户提供各种网络资源与网络服务。

(1) 主机。在计算机网络中,主机可以是大型机、中型机、小型机、工作站或微机。主机是资源子网的主要组成单元,它通过高速通信线路与通信子网的通信控制处理机(CCP)相连接。普通用户终端通过主机连入网内。主机要为本地用户访问网络的其他主机设备和资源提供服务,同时要为远程用户共享本地资源提供服务。

(2) 终端、终端控制器。终端控制器连接一组终端,负责这些终端和主机的信息通信,或直接作为网络节点。终端是直接面向用户的交互设备,可以是由键盘和显示器组成的简单的终端,也可以是微型计算机系统。

(3) 连网外设。连网外设是指网络中的一些共享设备，如大型的硬盘机、高速打印机、大型绘图仪等。

2. 通信子网

通信子网由通信控制处理机、通信线路与信号变换设备组成，完成网络数据传输、转发等通信处理任务。

(1) 通信控制处理机。通信控制处理机又被称为网络节点，一方面作为与资源子网的主机、终端连接的接口，将主机和终端连入网内；另一方面又作为通信子网中的分组存储转发节点，完成分组的接收、校验、存储、转发等功能，实现将源主机报文准确发送到目的主机的功能。

(2) 通信线路。计算机网络采用了多种通信线路，如电话线、双绞线、同轴电缆、光纤、无线通信信道、微波与卫星通信信道等。一般大型网络和相距较远的两节点之间的通信线路，都利用现有的公共数据通信线路。

(3) 信号变换设备。信号变换设备对信号进行变换以适应不同传输媒体的要求。例如，将计算机输出的数字信号变换为电话线上传送的模拟信号的调制解调器、无线通信接收和发送器、用于光纤通信的编码解码器等。

3.2.3 计算机网络的分类

计算机网络可按不同的标准进行分类。

(1) 从网络节点分布来看，可分为局域网（Local Area Network，LAN）、广域网（Wide Area Network，WAN）和城域网（Metropolitan Area Network，MAN）。局域网是一种在小范围内实现的计算机网络，一般在一个建筑物内，或一个工厂、企事业单位内部，为单位独有。局域网地理范围可在十几千米以内，传输速率高（一般在 10 Mbps 以上）、延迟小、误码率低且易于管理和控制。广域网覆盖的地理范围从数百千米至数千千米，甚至上万千米，可以是一个地区或一个国家，甚至世界几大洲，又称远程网。广域网通常是利用各种公用交换网，将分布在不同地区的计算机系统互连起来，达到资源共享的目的。广域网使用的主要技术为存储转发技术。城域网通常是一种大型的局域网，使用与局域网相似的技术，它可以覆盖一组邻近的公司或一个城市。城域网一般采用光纤作为传输介质，通常提供固定带宽的服务，可以支持数据和声音传输，并有可能涉及当地的有线电视网。

(2) 按交换方式可分为线路交换网络、报文交换网络和报文分组交换网络。线路交换最早出现在电话系统中，早期的计算机网络就是采用此方式来传输数据的，数字信号经过变换成为模拟信号后才能在线路上传输。报文交换网络是一种数字化网络。当通信开始时，源主机发出的一个报文被存储在交换机里，交换机根据报文的目的地址选择合适的路径发送报文，这种方式称作存储转发方式。分组交换也采用报文传输，但它不是以不定长的报文作为传输的基本单位，而是将一个长的报文划分为许多定长的报文分组，以分组作为传输的基本单位，这不仅大大简化了对计算机存储器的管理，而且也加速了信息在网络中的传播速度。由于分组交换具有许多优点，优于线路交换和报文交换，因此它已成为计算机网络的主流。

(3) 按网络拓扑结构可分为星型网络、环型网络、总线型网络、树型网络和网型网络。

3.3 计算机网络的拓扑结构

拓扑（Topology）是从图论演变而来的，是一种研究与大小和形状无关的点、线、面特点的方法。计算机网络拓扑结构是抛开网络电缆的物理连接来讨论网络系统的连接形式，是指网络电缆构成的几何形状，它能表示网络服务器、工作站的网络配置和相互之间的连接。网络拓扑结构按形状可分为六种类型，分别是星型拓扑结构、环型拓扑结构、总线型拓扑结构、树型拓扑结构、总线/星型拓扑结构及网型拓扑结构。网络拓扑结构对整个网络的设计、功能、可靠性、费用等方面都有着重要的影响。

1. 星型拓扑结构

星型拓扑结构是以中央节点为中心与各节点连接而组成的，各个节点间不能直接通信，节点间的通信必须经过中央节点的控制，各节点与中央节点通过点到点方式连接，中央节点执行集中式通信控制策略，因此中央节点相当复杂，负担也重。目前流行的专用分局交换机（Private Branch Exchange，PBX）就是星型拓扑结构的典型实例，如图3.5所示。

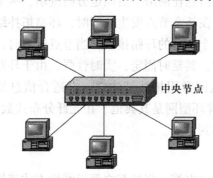

图3.5 星型网络拓扑

以星型拓扑结构组网，中央节点的主要功能包括以下几个方面：
（1）为需要通信的设备建立物理连接。
（2）在两台设备通信过程中维持物理连接。
（3）在完成通信或通信不成功时，拆除物理连接。

在文件服务器/工作站（File Servers/Workstation）局域网模式中，中央节点为文件服务器，存放共享资源。由于这种拓扑结构的中央节点与多台工作站相连，为便于集中连线，多采用集线器（Hub）。

星型拓扑结构的特点是很容易在网络中增加新的节点，数据的安全性和优先级容易控制，容易实现网络监控，但是属于集中控制，对中央节点的依赖性较大，一旦中央节点有故障就会引起整个网络瘫痪。

2. 环型拓扑结构

环型拓扑结构中各节点通过环路接口连在一条首尾相连的闭合环型通信线路中。环路上任何节点均可以请求发送信息，请求一旦被批准，就可以向环路发送信息。环型拓扑结构中的数据可以是单向传输也可以是双向传输。由于环线公用，一个节点发出的信息必须穿越环线中所有的环路接口,信息流中目的地址与环线上某节点地址相符时,信息被该节点的环路接口所接收,而后信息继续流向下一个环路接口,一直流回到发送该信息的环路接口节点为止,如图3.6所示。

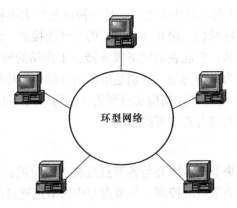

图3.6 环型网络拓扑

环型拓扑结构的特点是信息在网络中沿固定方向流动,两个节点间仅有唯一的通路,大大简化了路径选择的控制。在某个节点发生故障时,环型拓扑结构可以自动旁路,传输可靠性较高。由于信息是穿过多个节点的环路接口,当节点过多时,影响传输效率,使网络响应时间变长,但当网络确定时,其延时固定,实时性强,由于环路封闭,故扩充不方便。

环型拓扑结构也是局域网常用拓扑结构之一,适合信息处理系统和工厂自动化系统。1985年IBM公司推出的令牌环型网是其典范。在光纤分布式数字接口(FDDI)得以应用推广后,这种结构会进一步得到采用。

3. 总线型拓扑结构

用一条称为总线的中央主电缆,将相互之间以线性方式连接的工作站连接起来的布局方式称为总线型拓扑,如图3.7所示。

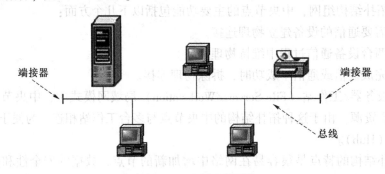

图3.7 总线型网络拓扑

在总线型拓扑结构中,所有网上计算机都通过相应的硬件接口直接连在总线上,任何一个节点的信息都可以沿着总线向两个方向传输,并且能被总线中任何一个节点所接收。由于其信息向四周传播,类似于广播电台,故总线网络也被称为广播式网络。总线有一定的负载能力,因此,总线长度有一定限制,一条总线只能连接一定数量的节点。

总线型网络拓扑的特点是结构简单灵活,非常便于扩充;可靠性高,网络响应速度快;设备量少,价格低,安装使用方便;共享资源能力强,便于广播式工作,即一个节点发送的信息所有节点都可接收。

在总线两端连接的器件称为端接器（末端阻抗匹配器或终止器），主要作用是与总线进行阻抗匹配，最大限度地吸收传送到端部的能量，避免信号反射回总线产生不必要的干扰。总线型网络拓扑结构是目前使用最广泛的结构，也是最传统的一种主流网络结构，适合于信息管理系统、办公自动化系统领域的应用。

4. 树型拓扑结构

树型拓扑结构是总线型拓扑结构的扩展，它是在总线网上加上分支形成的，其传输介质可有多条分支，但不形成闭合回路。树型网是一种分层网，如图3.8所示，其结构可以对称，联系固定，具有一定的容错能力，一般一个分支和节点的故障不影响另一分支和节点的工作，任何一个节点送出的信息都可以传遍整个传输介质，也是广播式网络。一般树型网上的链路相对具有一定的专用性，无须对原网络做任何改动就可以扩充工作站。

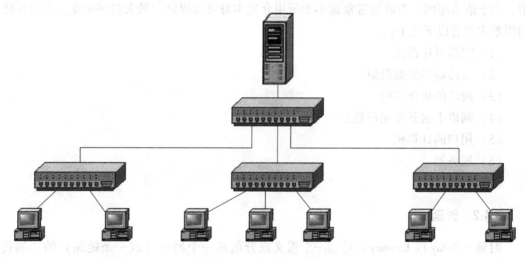

图 3.8 树型网络拓扑

5. 总线/星型拓扑结构

总线/星型拓扑结构就是用一条或多条总线把多组设备连接起来，相连的每组设备呈星型分布。采用这种拓扑结构，用户很容易配置和重新配置网络设备。总线采用同轴电缆，星型配置可采用双绞线。

6. 网型拓扑结构

将多个子网或多个局域网连接起来构成网型拓扑结构。在一个子网中，集线器、中继器将多个设备连接起来，而网桥、路由器及网关则将子网连接起来。根据组网硬件不同，主要有三种类型：

（1）网型网。在一个大的区域内，用无线电通信链路连接一个大型网络时，网型网是最好的拓扑结构。通过路由器与路由器相连，可让网络选择一条最快的路径传送数据。

（2）主干网。通过网桥与路由器把不同的子网或局域网连接起来形成单个总线或环型拓扑结构，这种网通常采用光纤做主干线。

（3）星型相连网。利用一些超级集线器（如交换机）的设备将网络连接起来，由于星型结构的特点，网络中任意一处的故障都容易被查找并修复。

应该指出的是，在实际组网中，拓扑结构不一定是单一的，通常是几种结构的混用。

3.4 计算机网络的主要性能指标

3.4.1 带宽

局域网和广域网都使用带宽（Bandwidth）来描述它们的传输容量。带宽本来是指某个信号具有的频带宽度。带宽的单位为赫兹（或千赫、兆赫等）。

在通信线路上传输模拟信号时，将通信线路允许通过的信号频带范围称为线路的带宽（或称频带）。

吞吐量是指一组特定数据在特定的时间段经过特定的路径所传输的信息量的实际测量值，由于诸多原因，吞吐量常常远小于所用介质本身可以提供的最大数字带宽。决定吞吐量的因素主要有以下几个：

(1) 网络互连设备。
(2) 所传输的数据类型。
(3) 网络的拓扑结构。
(4) 网络上的并发用户数量。
(5) 用户的计算机。
(6) 服务器。
(7) 拥塞。

3.4.2 时延

时延（Delay 或 Latency）是指一个报文或分组从一个网络（或一条链路）的一端传送到另一端所需的时间。通常来讲，时延由以下几部分组成。

1. 发送时延

发送时延是节点发送数据时数据块从节点进入传输介质所需要的时间，也就是从数据块的第一个比特开始发送算起，到最后一个比特发送完毕所需的时间，又称传输时延。它的计算公式为

$$发送时延 = \frac{数据块长度}{信道带宽}$$

信道带宽就是数据在信道上的发送速率，也常称数据在信道上的传输效率。

2. 传播时延

传播时延是电磁波在信道上需要传播一定的距离而花费的时间。传播时延的公式为

$$传播时延 = \frac{信道长度}{电磁波在信道上的传播速率}$$

电磁波在自由空间的传播速率是光速，即 3.0×10^8 m/s。电磁波在网络传输媒体中的传播速率比在自由空间要略低一些。在铜缆中的传播速率约为 2.3×10^8 m/s，在光纤中的传播速率约为 2.0×10^8 m/s。例如，1 000 km 长的光纤线路产生的传播时延大约为 5 ms。

3. 处理时延

处理时延是指数据在交换节点为存储转发而进行一些必要的处理所花费的时间。在节点缓存队列中分组排队所经历的时延是处理时延中的重要组成部分。因此，处理时延的长短往往取决于网络中当时的通信量。当网络的通信量很大时，还会发生队列溢出，使分组丢失，这相当于处理时延为无穷大。有时可用排队时延作为处理时延。

这样，数据经历的总时延就是以上三种时延之和：

$$总时延 = 传播时延 + 发送时延 + 处理时延$$

4. 时延带积和往返时延

将传播时延和带宽相乘就是传播时延带积，即

$$传播时延带积 = 传播时延 \times 带宽$$

在计算机网络中，往返时延（Round-Trip Time，RTT）表示从发送端发送数据开始到发送端收到来自接收端的确认（接收端收到数据后便立即发送确认），总共经历的时延。在互联网中，往返时延包括各中间节点的处理时延和转发数据时的发送时延。

 小 结

本章对计算机网络做了概括性的描述。

计算机网络就是将分散的计算机，通过通信线路有机地结合在一起，达到相互通信，实现软、硬件资源共享的综合系统。

计算机网络是信息时代的产物。起初与通信毫无相干的计算机经历了具有通信功能的单机系统、多机系统之后，终于发展为与通信紧密结合的计算机网络。计算机网络自诞生之日起，就不断向大而广的方向发展。

计算机网络的组成是我们讨论的另一个问题，通信子网和资源子网的划分使我们的讨论简单易行。网络软件系统和网络硬件系统是网络系统赖以存在的基础。计算机网络可按不同的标准进行分类。

本章从资源共享的角度阐述了计算机网络的功能，具有数据通信、资源共享、信息传输、信息的分布式处理等功能，主要应用于信息服务、通信与协作服务、交易服务与电子商务、休闲娱乐服务、计算服务等方面。

组建一个计算机网络需要考虑网络系统的连接形式。研究计算机网络的拓扑结构具有重要意义，它对整个网络的设计、功能、可靠性、费用等方面都有着重要的影响。

评价一个计算机网络的性能，主要指标为带宽和时延，带宽决定了网络的吞吐量，时延决定了网络报文发送的时间。

 习 题

一、填空题

1. 所谓的计算网络就是将分散的计算机通过_____有机地结合在一起，达到相互通信，实现_____的综合系统。

2. _____是制定计算机网络通信协议的最主要的世界组织，其制定的_____已成为全世界公认的国际标准。

3. 20世纪90年代后，计算机网络的发展更加迅速，目前正在向_____化、_____化和_____化发展，即人们所说的_____。

4. 从计算机网络组成角度来分，典型的计算机在逻辑上可以分为两个子网：_____子网和_____子网。

5. 从网络节点分布来看，计算机网络可分为_____网、_____网和_____网。

6. 按交换方式分，计算机网络可分为_____网络、_____网络和_____网络。

7. 计算机网络的主要性能指标包括_____和_____。

二、选择题

1. 因特网最早起源于（　　）。
   A. ARPANET　　　B. 以太网　　　C. NSFNET　　　D. 环型拓扑结构

2. 计算机网络系统是由（　　）构成的。
   A. 网络软件和网络硬件　　　　　B. 通信子网和资源子网
   C. 节点和通信链路　　　　　　　D. 网络协议和计算机

3. 计算机网络中可共享的资源包括（　　）。
   A. 硬件、软件、数据和通信信道　B. 主机、外设和通信信道
   C. 硬件、软件和数据　　　　　　D. 主机、外设、数据和通信信道

4. 通信子网为网络源节点与目的节点之间提供了多条传输路径的可能性，路由选择指的是（　　）。
   A. 建立并选择一条物理链路
   B. 建立并选择一条逻辑链路
   C. 网络中间节点收到一个分组后，确定转发的路径
   D. 选择通信介质

5. 目前人们所使用的计算机网络是根据（　　）观点来定义的。
   A. 资源共享　　　B. 广义　　　C. 狭义　　　D. 用户透明性

6. 描述网络拓扑结构的是（　　）。
   A. 网络的物理设计　　　　　　　B. 网络的逻辑设计
   C. 网络形式上的设计　　　　　　D. 网络的物理设计和逻辑设计

7. 计算机网络拓扑结构是通过网络中节点和通信线路之间的几何关系来表示的，它反映的是网络中各实体间的（　　）。
   A. 结构关系　　　B. 主从关系　　　C. 接口关系　　　D. 层次关系

8. 采用一个信道作为传输媒体，所有站点都通过相应的硬件接口直接连到这一公共传输媒体上的拓扑结构为（　　）。
   A. 星型拓扑　　　B. 总线型拓扑　　　C. 环型拓扑　　　D. 树型拓扑

9. 一旦中心节点出现故障，则整个网络瘫痪的局域网的拓扑结构是（　　）。
   A. 星型结构　　　B. 树型结构　　　C. 总线型结构　　　D. 环型结构

10. 网络拓扑设计的优劣将直接影响网络的性能、可靠性与（　　）。
    A. 网络协议　　　B. 通信费用　　　C. 设备种类　　　D. 主机类型

11. 局域网和广域网都使用（　　）来描述它们的传输容量。
　　A. 宽带　　　　B. 窄带　　　　C. 带宽　　　　D. 时延

三、判断题（正确的打√，错误的打×）

1. 从计算机网络的最基本的组成结构来看，一个网络可分为通信子网、网络高层和网上应用三部分。（　　）
2. 资源子网负责全网的数据处理业务，向网络用户提供各种网络资源与网络服务。（　　）
3. 资源子网由主计算机系统、终端、终端控制器和连网外设组成。（　　）
4. 通信线路只能为通信控制处理之间提供通信信道。（　　）
5. 网络软件是实现网络功能不可缺少的软件环境。（　　）
6. 分组交换也称存储转发方式。（　　）
7. 计算机网络拓扑定义了网络资源在逻辑上或物理上的连接方式。（　　）
8. 目前流行的专用分局交换机采用了环型拓扑结构。（　　）
9. 星型网络的瓶颈是中央节点。（　　）
10. 总线型网络中各计算机发送的信号都有一条专用的线路传播。（　　）
11. 传播时延是光波在信道上传播一定的距离而花费的时间。（　　）

第 4 章
网络体系结构与操作系统

计算机网络体系结构主要涉及网络的功能和服务的模型化。本章介绍网络协议和网络体系结构的概念、层次化和分层原理。介绍 ISO 的开放式系统互连参考模型 OSI/RM 以及各层的功能，TCP/IP 的体系结构及各层功能，OSI/RM 与 TCP/IP 模型的比较。

网络操作系统是网络的心脏和灵魂，本章还介绍了有关网络操作系统的基本知识，同时介绍了几种主要网络操作系统。

4.1 网络体系结构

4.1.1 网络体系结构的概念及层次化

1. 网络协议

计算机网络由许多互连的节点组成，其目的是要在节点之间不断地交换数据，即所谓共享资源。要做到在众多节点之间有条不紊地交换数据，每个节点都必须遵守一些事先约定好的规则。这些规则明确规定交换数据时数据的格式、传输的时间顺序、纠正错误的方法等，这些为进行网络数据交换而建立的规则、约定被称为计算机网络协议（Protocol）。

网络协议主要由三个组成部分：

（1）语义：对协议元素的含义进行解释。不同类型的协议元素所规定的语义是不同的。例如，需要发出何种控制信息、完成何种动作及得到何种响应等。

（2）语法：将若干个协议元素和数据组合在一起用来表达一个完整的内容所应遵循的格式，也就是对信息的数据结构做一种规定，例如，用户数据和控制信息的结构与格式。

（3）同步：对事件实现顺序的详细说明。例如，在双方进行通信时，发送点发出一个数据报文，如果目的点正确收到，则回答源点接收正确；若接收到错误的信息，则要求源点重发一次。

由此可以看出，网络协议实质上是网络通信时所使用的一种语言。

2. 网络体系结构的概念

网络协议对于计算机网络来说是必不可少的。不同结构的网络，不同厂家的网络产品所使用的协议也不一样，但都遵循一些协议标准，这样便于不同厂家的网络产品进行互连。一个功能完善的计算机网络需要制定一套复杂的协议集合，对于这种协议集合，最好的组织方式是层次结构模型。我们将计算机网络层次结构模型与各层协议的集合定义为计算机网络体系结构。

3. 层次化结构

由于网络中的计算机分散在不同的地点，往往由不同的厂家制造，各个厂家很可能有自己的一套标准。因此，网络中计算机之间的通信过程极其复杂，需要协调的地方很多，如果用一个单一的协议处理这一过程是很困难的。由我们生活、工作的经验可以得知，把一个复杂的大任务分解为若干个相对独立的小任务来实现，往往是解决问题的一个有效方法。因此计算机网络系统的设计也采用这种分解的方法，把计算机网络系统的功能分解为多个子功能。表现在网络协议上，就是将网络协议分成若干层，每层对某些子功能作出规定。这种分层实现的方法降低了网络系统设计的复杂程度。

计算机网络怎么会和层次有关系呢？我们可以举一个例子说明。

寄信是我们大家都做过的事情。假定北京的甲要与上海的乙通信，让我们看看这件事是如何完成的。首先，甲乙双方有一个共同的约定，就是两个人都能看懂中文。于是，甲用中文在信纸上写下自己想说的话；然后，甲把信纸封装在信封里，信封上按中国的邮政规定顺序写上收信人邮政编码、收信人地址、收信人姓名及发信人邮政编码、发信人地址和发信人姓名；接着，将这封信投入邮筒。甲的任务至此就完成了。这封信是如何传递到乙手里呢？一般用户不考虑这个问题，而把它交给邮政系统去处理。邮递员把这封信从邮筒里取回邮局，邮局工作人员根据信封上的邮政编码把它分拣到送往上海的邮车里，邮车把这些信件送往火车站（如果是航空信件就送往飞机场），火车把邮件带往上海。在上海火车站，上海邮局的车将信件拉回邮局，再根据邮政编码将信件分发到各个分局，分局的邮递员根据信封上的地址将信件送到乙的手里。乙的任务就是打开信，读取内容。

从以上过程可知，整个寄信过程分成4层。最高层是用户层，甲、乙双方按照中文的语法和格式写信、读信。第2层是邮递人员层，双方的邮递人员负责从邮筒中取出信件送往邮局，从邮局将信件送往用户手里。邮递人员不关心信件的内容，但需要知道收信人地址。地址是用户传递给邮递人员的，可以称为这两层之间的信息。第3层是分拣人员层，从众多的信件中根据发往地址分门别类，他们不关心这些邮件从何处来，但必须依靠邮递人员的传递。第4层是传输层，由运输工具将信件从一个地方送往另一个地方。信件发送过程如图4.1所示。

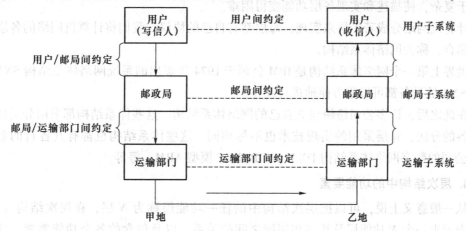

图 4.1　信件发送过程

信件的实际传递是沿着图中实线从发信人手里到达收信人手里的。但从用户的角度看就好像是直接从发信人手里到了收信人手里（沿图中虚线）。别的层次的相应人员也有这种感觉。这是因为各层都遵循各层的规定，层与层之间通过信封上的信息进行了必要的沟通。

这样分层带来的好处是，每一层实现相对独立的功能，因而可以将一个难以处理的复杂问题分解为若干较为容易处理的小问题，这种方法在我们的日常生活和工作中随处可见，只不过我们在生活中不叫分层而叫分工合作罢了。现实生活中的分工合作是一件事由多人共同完成，而计算机网络的分层则是每层工作任务由计算机中的一些部件（硬件或软件）分别承担。

这种分层有以下几个优点：

（1）各层之间是独立的。某一层并不需要知道它的下层是如何实现的，而只需要知道下层能够提供什么样的服务就可以了。

（2）结构上独立分割。由于各层独立划分，因此，每层都可以选择最为合适的实现技术。

（3）灵活性好。当某一层遵守的规定更改时，只要上下接口（向上层提供的服务和向下层要求的服务）不变，则相邻层都不会受到影响。因此，在分层结构下，每层都可以根据技术的发展不断改进，而用户却浑然不知。

（4）易于实现和维护。这种分层结构使一个庞大系统的功能实现变得很容易，因为整个系统已经被分解为若干易于处理的小问题了。

（5）有益于标准化的实现。由于每一层都有明确的定义，即功能和所提供的服务都很确切，因此，十分利于标准化的实施。

层次结构划分的原则如下：

（1）每层的功能应该是明确的，并且是相互独立的。当某一层的具体实现方法更新时，只要保持上、下层的接口不变，便不会对相邻层产生影响。

（2）层间接口必须清晰，跨越接口的信息量应尽可能少。

（3）层数应适中，若层数太少，则造成每一层的协议太复杂；若层数太多，则体系结构过于复杂，使描述和实现各层功能变得困难。

计算机网络分成若干层来实现，每层都有自己的协议。我们将计算机网络的各层及其协议的集合，称为网络体系结构。

世界上第一个网络体系结构是 IBM 公司于 1974 年提出的系统网络体系结构 SNA。凡是遵循 SNA 的设备都可以很方便地进行互连。

在此之后，许多公司纷纷建立自己的网络体系结构。这些体系结构都采用分层技术，但各有各的分法，每层采用的实现技术也不尽相同。这些体系结构也都有其各自的名称，如 DEC 公司的数字网络体系结构 DNA，ARPANET 模型 ARM，等等。

4. 层次结构中的功能要素

从一般意义上说，可以把层次结构中的任一功能层称为 N 层，在层次结构（图 4.2）中，表示出一个 N 功能层及其与相邻层之间的关系，以及包含的各个功能要素。这些功能要素包括实体、子系统、协议、服务、服务访问点、服务原语、连接等。

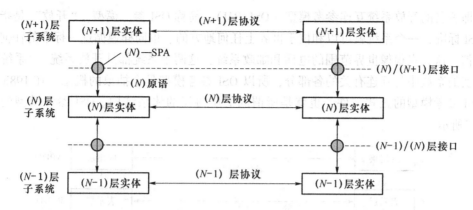

图 4.2 层次结构示意图

每一层都完成各自层内的功能群,所有这些层内功能的集合,被看作开放系统的一个功能子系统。由于开放系统互连是按分层通信的,那么每一层必然有执行通信的机构,可能是硬件[如智能 I/O(输入/输出)芯片],也可能是软件的进程。这种能在子系统中发送和接收信息的机构,被称为实体。两个对等实体间的通信所要遵循的规则和约定,称为对等层协议。

同一开放系统中,上下相邻的两层之间的关系是服务关系。在层接口上,相邻层的实体与实体在层面接口上传递信息,这种接口为逻辑接口,称为服务访问点(SAP)。服务原语用于描述接口操作和传递信息。

1) 实通信和虚通信

在现实的通信系统中,真实的数据传递关系必须是物理通信,即沿着图 4.2 中的不同层间的实线路径传输的通信,实线是真实的传输路径,这种通信为"实通信"。虚线是逻辑联结关系,这种通信称为"虚通信"。

(1)除了在物理媒体上进行的是实通信之外,其余各对等实体间进行的都是虚通信。

(2)对等层的虚通信必须遵循该层的协议。

2) 网络体系层次化结构的特点

(1)以功能作为划分层次的基础。

(2)第 N 层的实体在实现自身定义的功能时,只能使用第 N 层提供的服务。

(3)第 N 层在向第 $N+1$ 层提供服务时,此服务不仅包含第 N 层本身的功能,还包含由 $N-1$ 层服务提供的功能。

(4)仅在相邻层间有接口,且所提供服务的具体实现细节对上一层完全屏蔽。

4.1.2 开放系统互连参考模型

如前所述,具有一定体系结构的各种计算机网络,在 20 世纪 70 年代中期已经获得了相当规模的发展。但当时使用的各个网络体系结构,其层次的划分、功能的分配与采用的技术均不相同。不同体系结构的计算机网络彼此之间的互连几乎不可能。随着信息技术的发展,各种计算机系统连网和各种计算机网络互连成为人们迫切需要解决的问题。

为了使不同体系结构的计算机网络都能互连,国际标准化组织于 1977 年成立了专门机构研究这个问题。不久,他们就提出一个试图使各种计算机在世界范围内互连成网的标准框架,即著名的开放系统互连参考模型(OSI/RM),简称 OSI 参考模型。"开放"是指只要遵循 OSI 标准,一个系统就可以和位于世界上任何地方的、也同样遵循这一标准的任何系统进行通信。这一点很像世界范围的电话和邮政系统,这两个系统都是开放系统。"系统"是指在现实的系统中与互连有关的各部分,所以 OSI 参考模型是个抽象的概念。在 1983 年形成了 OSI 参考模型的正式文件,也就是所谓的七层协议的体系结构。OSI 参考模型的结构如图 4.3 所示。

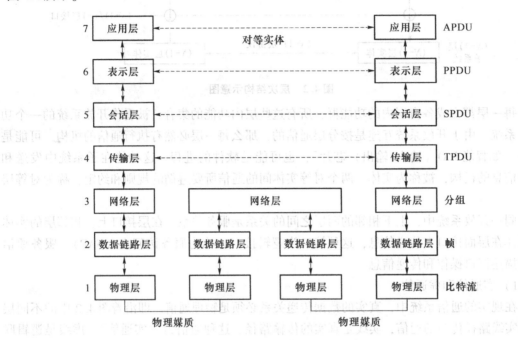

图 4.3 OSI 参考模型的结构

在 OSI 参考模型中,主机要实现七层功能,通信子网中的通信处理机只需要实现低三层。

1. OSI 参考模型各层的功能

(1)物理层。物理层是整个 OSI 三层协议的最底层,利用传输介质,完成在相邻节点之间的物理连接。物理层主要对连接到网络上的设备从四个方面进行规定。这四个方面是机械方面、电气方面、功能方面及规程方面。机械方面规定连接器的类型、尺寸和插脚的数目及所使用的电缆类型等;电气方面则规定网络上所传输信号的电气范围(如多大的电压表示 1,多大的电压表示 0)以及信号的编码方法等;功能方面则规定每个引脚代表的是什么意义;规程方面规定在相邻两个节点之间传送电气信号时的工作顺序。除此之外,物理层还规定通信信道上信号的传输速率等。

物理层协议的例子有 EIA-232-E,RS-449 以及 CCITT X.25 等。

(2)数据链路层。数据链路层的目的是无论采用什么样的物理层,都能保证向上层提供一条无差错、高可靠性的传输线路,从而保证数据在相邻节点之间正确传输,为计算机网络的正常运行提供基本条件。

数据链路层的首要任务是管理数据的传输。一方面,它要选取一种数据传输方式,比如是以字符为单位进行传输，还是以数据块为单位进行传输；另一方面，它要提供一种差错检测和恢复方式，以便在发现数据传输错误时能够采取补救措施。除此之外，为保证数据传输时不会丢失，数据链路层还应该提供流量控制措施，做到接收方的接收速度不会低于发送方的发送速度。正是有了数据链路层的这些工作，无论实际采用的是什么样的物理线路，从上层的角度看都是无差错的数据链路。

（3）网络层。网络层的主要任务是通过执行某一种路径选择算法和流量控制算法，完成分组从通信子网的源节点到目的节点的传输。网络层是通信子网的最高层，这一层功能的不同决定了一个通信子网向用户提供服务的不同。

（4）传输层。传输层的目的是向用户提供从发送端（主机）到接收端（主机）报文的无差错传送。由于网络层向上提供的服务有的很强，有的较弱，传输层的任务就是屏蔽这些通信细节，使上层看到的是一个统一的通信环境。

（5）会话层。会话层、表示层和应用层统称 OSI 参考模型的高层，这三层不再关心通信细节，面对的是有一定意义的用户信息。会话层的目的是组织、协调参与通信的两个用户之间的对话，比如向用户分配用户名、规定入网格式等。

（6）表示层。表示层处理两个通信实体之间进行数据交换的语法问题、解决两个通信机器中数据表示格式不一致的问题（比如 IBM 大型机使用 EBCD 编码，而微型机普遍采用 ASCII 编码）、规定数据加密解密、数据的压缩/恢复采用什么样的方法等。

（7）应用层。应用层是 OSI 参考模型中的最高层，直接面向用户。应用层利用应用进程（比如因特网中的电子邮件系统、信息查询系统等）为用户提供访问网络的手段。

OSI 参考模型自 1983 年公布以来，得到普遍一致的接受，但它毕竟只是一套参考模型，各个厂商并未放弃他们各自的体系结构，只是尽力向 OSI 参考模型靠拢，这一点请大家注意。

2. OSI 参考模型中的数据流

以上简单介绍了 OSI 参考模型各层的功能，那么，按照这样的分层结构，信息传输的过程是如何进行的呢？可以通过图 4.4 加以说明。

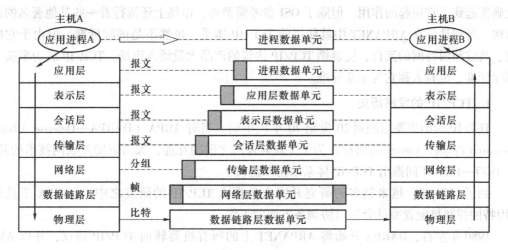

图 4.4　数据在 OSI 参考模型中的传送

假设主机 A 中的应用进程 A 要与主机 B 中的应用进程 B 进行数据交换，主机 A 与主机 B 分处于两地，彼此通过通信子网连接。

应用进程 A 为了与网络中别的进程通信，首先必须进入网络环境，将待发送的信息递交给 OSI 参考模型的最高层——应用层。

应用层接收数据，加上该层的控制信息递交给表示层做进一步处理。表示层接收到从上层递交下来的数据后，加上本层的控制信息组成会话层的数据单元递交会话层。依次类推，每一层都接收从上层递交下来的数据加上该层的控制信息递交给下层，传输层以上的数据单元统称为报文，网络层的数据单元称为分组，数据链路层的数据单元称为帧，物理层以二进制为单元进行传输。

数据传送到物理层后，以二进制位流的形式通过传输介质传送到相邻节点。每个通信网中的节点对收到的二进制位流从物理层依次上升到网络层，每一层根据控制信息做相应的操作，然后屏蔽掉控制信息，将剩下的数据单元上交给更高一层。处理完毕再逐层加上控制信息递交给通信网的下一个节点，直到传送到目的端。

目的端从传输介质上收到位流后，从物理层依次上升到应用层，每层依据控制信息完成相应操作，然后屏蔽掉控制信息，将数据单元上交给更高一层，最终到达应用进程 B。

尽管应用进程 A 在 OSI 环境中经过复杂的处理过程才到达对方的应用进程 B，但对于这两个进程来讲，这一复杂的处理过程是感觉不到的。从应用进程的角度看，应用进程 A 的数据好像是"直接"传送给应用进程 B 的。

同理，任何两个同等层次之间，也好像图 4.4 所示的水平虚线那样，可将数据直接传递给对方。为什么能够这样？这是因为同等层遵循相同的协议。所谓各层协议，实际上就是在各个同等层之间传递数据时遵循的各项规定。

4.1.3 TCP/IP 体系结构

计算机网络体系结构中普遍采用分层的方法，OSI 参考模型是严格遵循分层模式的典范。OSI 参考模型自推出之日起，就以网络体系结构蓝本的面目出现，而且在短短的时间内也确实起到了它应起的作用。但除了 OSI 参考模型外，市场上还流行着一些其他著名的体系结构。特别是早在 ARPANET 中就使用的 TCP/IP 体系，虽然不是国际标准，但由于它的简捷、高效和因特网的流行，使遵循 TCP/IP 协议的产品大量涌入市场，TCP/IP 成为事实上的国际标准，也有人称它为工业标准。

1. TCP/IP 的发展历史

TCP/IP 的历史要追溯到 20 世纪 70 年代中期。当时 ARPA（DARPA—Defense Advanced Research Project Agency 的前身）为了实现异种网之间的互连，大力资助互联网技术的开发，于 1977—1979 年间推出 TCP/IP 体系结构和协议。

到了 1979 年，越来越多的研究开发人员投入 TCP/IP 的研发之中，DARPA 于是组织"因特网控制与配置委员会"以协调各方面的工作。

1980 年左右，DARPA 开始将 ARPANET 上的所有机器转向 TCP/IP 协议，并以 ARPANET 为主干建立因特网。1983 年 1 月，ARPANET 向 TCP/IP 的转换全部结束。

为推广 TCP/IP 协议，DARPA 以低价格出售 TCP/IP 的使用权，并通过资助加州大学伯克利分校将 TCP/IP 融入当时最流行的 UNIX 操作系统中。

从 1985 年开始，美国国家科学基金会 NSF 开始涉足 TCP/IP 的研发，并于 1986 年资助建成基于 TCP/IP 的主干网 NSFNET。目前 NSFNET 已替代 ARPANET 成为因特网的主干。

由以上发展过程可以看出，TCP/IP 同 ARPANET 一样，与因特网是紧密联系在一起的。TCP/IP 的成功推动了因特网的发展，而因特网的日益壮大又确立了 TCP/IP 的牢固地位。因特网已成为世界上最大的互联网，其运行的 TCP/IP 协议随之成为热门话题。另外，OSI 体系结构的推广缓慢也是造成 TCP/IP 比较流行的一个原因。尽管 OSI 的体系结构从理论上讲比较完整，其各层协议也考虑得很周到，但由于种种原因，完全符合 OSI 各层协议的商用产品却很少进入市场。在这种情况下，有众多用户基础的 TCP/IP 就得到了较大发展。

2. TCP/IP 的体系结构

TCP/IP 的体系结构与 OSI 参考模型不同，TCP/IP 从推出之时就将考虑问题的重点放在了异种网互连上。所谓异种网，即遵从不同网络体系结构的网络。TCP/IP 的目的不是要求大家遵循一种标准，而是在承认有不同标准的情况下，解决这些不同。因此，网络互连是 TCP/IP 技术的核心。TCP/IP 体系结构和 OSI 参考模型的关系如图 4.5 所示。由于 TCP/IP 并没有定义具体的网络接口协议，所以 TCP/IP 允许任何类型的通信子网参与通信。

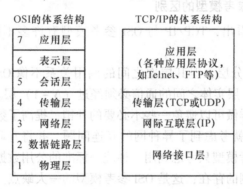

图 4.5　TCP/IP 体系结构和 OSI 参考模型的关系

1）网络接口层

网络接口层是 TCP/IP 的最底层，包括能使用 TCP/IP 与物理网络进行通信的协议，且对应着 OSI 参考模型的物理层和数据链路层。TCP/IP 标准并没有定义具体的网络接口协议，而是旨在提高灵活性，以适应各种网络类型，如 LAM、MAN 和 WAN。这也说明了 TCP/IP 协议可以运行在任何网络之上。

2）网际互联层

网际互联层所执行的主要功能是处理来自传输层的分组，将分组形成数据包（IP 数据包），并为该数据进行路径选择，最终将数据包从源主机发送到目的主机，其地位类似与 OSI 参考模型的网络层，向上提供不可靠的数据报传输服务。在网际互联层中，最常用的协议是网际协议 IP，其他一些协议用来协助 IP 的操作。

3）传输层

传输层提供应用程序之间（端到端）的通信。这一层可以使用两种不同的协议：一种是传输控制协议（Transmission Control Protocol，TCP），提供端到端之间的可靠传输服务，数据传送单位是报文段；另一种是用户数据报协议（User Datagram Protocol，UDP），在端与端之间提供不可靠服务，但传输效率比 TCP 协议高，数据传送单位是数据报（Datagram），实际上就是以前提到的分组。

除了在端与端之间传送数据外，传输层还要解决不同程序的识别问题，因为在一台计算机中，常常是多个应用程序可以同时访问网络。传输层要能够区别出一台机器中的多个应用程序。

4）应用层

TCP/IP 模型的应用层是最高层，但与 OSI 参考模型的应用层有较大区别。实际上，TCP/IP 模型的应用层的功能相当于 OSI 参考模型的会话层、表示层和应用层三层的功能。

在 TCP/IP 的应用层中，定义了大量的 TCP/IP 应用协议，其中最常用的协议包括文件传输协议（FTP）、远程登录（Telnet）协议、域名系统（DNS）、简单邮件传输协议（SMTP）和超文本传输协议（HTTP）等。

用户可以利用应用程序编程接口（Application Program Interface，API）开发与网络进行通信的应用程序。例如，Microsoft 的 Windows Sockets 就是一种常用的符合 TCP/IP 协议的网络应用程序编程接口。

3. TCP/IP 与 OSI 参考模型的区别

从以上的叙述可以看出，TCP/IP 与 OSI 参考模型有许多不同，主要表现在以下几个方面：

（1）TCP/IP 虽然也分层，但其层次之间的调用关系不像 OSI 参考模型那样严格。在 OSI 参考模型中，两个 N 层实体之间的通信必须经过（$N-1$）层。但 TCP/IP 可以越级调用更低层提供的服务。这样做可以避免一些不必要的开销，提高了数据传输的效率。

（2）TCP/IP 一开始就考虑到了异种网的互连问题，并将互联网协议作为 TCP/IP 的重要组成部分。而 OSI 参考模型只考虑到用一种统一标准的公用数据将各种不同的系统互连在一起，根本未想到异种网的存在，这是 OSI 参考模型的一大缺点。

（3）TCP/IP 一开始就向用户同时提供可靠服务和不可靠服务，而 OSI 参考模型在开始时只考虑到向用户提供可靠服务。相对来说，TCP/IP 更侧重于考虑提高网络传输的效率，而 OSI 参考模型更侧重于考虑网络传输的可靠性。

（4）系统中体现智能的位置不同。OSI 参考模型认为，通信子网是提供传输服务的设施，因此，智能性问题如监视数据流量、控制网络访问、记账收费，甚至路径选择、流量控制等都由通信子网解决，这样留给末端主机的事情就不多了。相反，TCP/IP 则要求主机参与几乎所有的智能性活动。

因此，OSI 网络可以连接较简单的主机。运行 TCP/IP 的互联网则是一个相对简单的通信子网，对入网主机的要求较高。

4.2 网络操作系统

4.2.1 网络操作系统概述

任何计算机系统都包括硬件和软件两部分，而操作系统（OS）则是最靠近硬件的低层软件，操作系统是控制和管理计算机硬件与软件资源，合理地组织计算机工作流程并方便用户使用的程序集合，它是计算机和用户之间的接口。

网络操作系统（NOS）是网络用户和计算机网络的接口，它管理计算机的硬件和软件资源，如网卡、网络打印机、大容量外设等，为用户提供文件共享、打印共享等各种网络服务及电子邮件、WWW 等专项服务。

早期的网络功能比较简单，仅提供了基本的数据通信、文件和打印服务及一些安全性能，随着网络的规模化和复杂化，现代网络操作的功能不断扩展，性能也大幅度提高，很多系统同时提供局域网和广域网的连接。

4.2.2 网络操作系统分类

依据处理信息的方式不同，局域网发展进程中的三种网络类型如下：
(1) 基于服务器的网络结构，又分为专用服务器结构和客户机/服务器系统结构。
(2) 对等式网络结构（peer－to－peer）。
(3) 集中式处理的主机/终端机系统结构。

1. 基于服务器的网络结构

在基于服务器的网络中，一般都至少有一台比其他客户机功能强大的计算机，它上面安装有网络操作系统，因此，称它为专用的文件服务器，所有的其他工作站（客户机）的管理工作都以此服务器为中心。也就是说，当所有的工作站做注册、登录、资源访问时，均需要通过该文件服务器进行传递及控制。

图 4.6 列出了基于服务器结构的网络配置，文件服务器控制着用户的注册、登录和数据、打印机等客户机需要访问的共享资源的权限，因此，服务器不仅仅是一台具有高性能处理器、速度更快的计算机，它还需要更多的存储空间，以容纳客户机要享用的数据和软件资源。由于文件服务器是专门负责控制用户登录、发送文件和信息的计算机，它的配置和性能应尽可能地被优化，通常不在网络中兼作工作站。

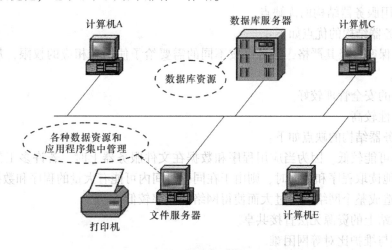

图 4.6　基于服务器的网络结构

随着计算机网络规模的发展，可能需要不止一个服务器来处理客户机的各种请求，因此，可以在原有网络上加装其他应用服务器。图 4.6 所示的数据库服务器，它是网络上为客户机专门的需要而建立的。如果网络上客户机对数据库服务请求不多，那么它还可以兼作其他客户机或服务器。

在基于服务器的网络结构的发展历程上出现了以下两种典型的结构，即专用服务器结构和客户机/服务器结构，下面分别介绍这两种结构的特点。

1）专用服务器结构

专用服务器结构又称工作站/文件服务器结构，局域网的兴起就是以这种系统结构为基本工作方式的，它是前几年局域网的主流系统结构之一。

（1）结构特点。将若干台微机工作站与一台或多台文件服务器通过通信线路连接起来，组成一个网络系统，就称为专用服务器系统，如图4.6所示（除去其中的数据库服务器）。其中的文件服务器就是我们所说的专用服务器。它的目的是让各工作站可以共享文件服务器上的文件和设备，并且实现相互通信。它还是网络中的安全卫士。

专用服务器结构的典型代表就是使用3COM公司和Novell公司网络操作系统的各种类型的局域网。在专用服务器结构的局域网中，通常用一台PC（个人计算机）作为文件服务器，运行速度又快又好。

工作站即现在所说的客户机，但工作方式已经改革。它实际上也是一台PC，当它与文件服务器连接并登录以后，便可以到文件服务器上存取文件。由于每一台工作站都具有独立运算处理数据的能力，所以从文件服务器获取的文件将全部传回工作站直接运算处理，这是一种集中管理、分散处理的典型方式。

（2）适用的网络操作系统。曾风靡一时的NetWare V3.X及V4.X通常是这种结构的操作系统。在专用服务器的网络中，一台文件服务器能服务多少台工作站完全取决于网络操作系统。例如，在NetWare V3.1X中，一台文件服务器能同时服务250个工作站，随着局域网技术的发展，这种单纯文件和设备共享的方式暴露出不少弱点，所以正在被客户机/服务器结构所替代。

（3）适用场合。专用服务器结构适用于安全性要求较高的、便于管理的、原有微机档次较低的中小型单位的网络。

（4）专用服务器结构的优缺点

专用服务器结构的优点如下：

① 数据保密性极其严格，且可以按不同的需要给予使用者相应的权限，从而达到资源共享的目的。

② 文件的安全管理较好。

③ 可靠性较高。

专用服务器结构的缺点如下：

① 效率可能较低。因为当应用程序和数据在文件服务器上时，若许多工作站的使用者都需要频繁地读取程序和数据时，则由于在同一时间内可能有大量的程序和数据在网络上传递，很容易造成整个网络负荷过大而使得网络的效率较低。

② 工作站上的资源无法直接共享。

③ 安装与维护比对等网困难。

④ 需要至少一部专门的服务器及其专职的管理员，且服务器的运算能力没有发挥。

2）客户机/服务器结构

客户机/服务器结构（Client/Server，以下简称C/S结构）是在专用服务器结构的基础上发展起来的。随着局域网的不断扩大和改进，在局域网的服务器中，共享文件、共享设备的服务仅仅是典型应用中很小的一部分。技术的发展使得服务器也可以完成一部分应用的处理工作。每当用户需要一个服务时，由工作站发出请求，然后由服务器执行相应的服务，并将服务的结果送回工作站，这时工作站已不再运行完整的程序，其身份也自然从工作站变为客户机。这里的C/S结构是指将局域网中需要处理的工作任务分配给客户机和服务器共同来完成。其实，客户机和服务器并没有一定的限制，必要时两者的角色可以交换。客户机和服务器完全按照其所扮演的角色来确定。一般的定义是：提出服务请求的一方称为客户机，而提供服务的一方称为服务器。

从传统的中央系统转入主从式结构，是近十几年来信息技术的重要发展。在最近几年中，主从式结构发展十分迅速，其主要原因在于价格便宜、灵活性好、可共享资源，且扩充容易。

（1）C/S系统的组成和结构特点。在主从式结构中，除了专门的文件服务器外，一般根据需要加装若干个应用程序服务器。客户机端（Client）可能是一台PC或工作站，它上面存储着自己所需要运行的应用程序，可以负责与使用者沟通，所以可能利用命令或图形界面Windows 98、Windows 2000 Professional 或 Windows XP等。服务器（Server）端可能是一台Windows 2000 Server 或 NetWare 服务器，且正在其操作系统上运行着多人使用的SQL数据库服务器，服务器在不断倾听着客户机端是否有任何请求，如果有则解释此消息，并且在服务器上运行，最后将结果与错误提示送回客户机端，客户机端接到后再通过界面呈现给使用者。

我们将主从式结构中的客户机称为前端（Front-end）。所谓的前端程序就是一个运行在客户机上并向服务器发送信息和接收来自服务器信息的小型应用程序。因此，前端实际上是服务器上应用程序的一个接口。服务器称为后端（Back-end）。由此可见，前端就是负责与使用者的交谈并向服务器提出要求的一方；后端则是处理相关的交互请求，为前端提供服务的一方。

（2）适用的网络操作系统。目前，流行的各种网络操作系统，如Windows 2000 Server、Windows 2003 Server、NetWare 3.1以上的版本和V1.3以上的OS/2等网络操作系统都支持C/S结构。一般来说，C/S结构都可以由异种机（使用不同操作系统的计算机）构成。在客户机上除了标准的计算机硬件外，还要安装操作系统、用户界面、网卡及其驱动程序、数据库访问工具等应用程序。在服务器上除了安装网络操作系统（如NetWare 4.1或Windows 2000 Server）、网卡及其驱动程序外，还要安装数据管理系统、容错装置、网络和数据库管理工具等。

（3）应用场合。C/S结构的适用性广泛，因此被应用于各种要求安全性能较高的、便于管理的、具有各种档次微机的中小型单位中，如公司的办公网络、工商企业网和校园网。

（4）C/S系统的优缺点。

C/S系统的优点如下：

① 集中式管理和分布式处理模式。集中式管理的特点与专用服务器结构类似，由其中的文件服务器承担主要的管理工作，应用程序的任务则分别由客户机和服务器承担，因而速

度快。由于它的开放式设计思想，机器档次可高可低，即不受特定硬件的限制，能够实现多元化的组网方案，这样不仅可以降低成本，还可以经常保持最新的网络技术。因此，主从式结构是当前性价比最高的一种结构方式。

② 系统可扩充性好。当系统规模扩大时，可以不重新设计整个系统，只是简单地加挂服务器或客户机，就可以提高整个系统的性能，或满足系统在距离上扩充的需求。因此，可以更有效地充分利用现有系统资源。

③ 抗灾难性能好，提高了可靠性。若设计良好，则当某一台服务器发生故障时，另一台服务器可以迅速地响应并给予必要的支持。

④ 安全性好。由于数据库系统在客户机/服务器体系中实际上是集中式管理，并面向多用户的，因而对管理用的目录数据库和其他应用程序数据库的完整性、数据安全保护和封锁机制都是极为有利的，这一点与传统的中央主机/终端系统类似。

⑤ 用户界面友好。由于客户机通常是安装有操作系统的智能型PC，它们自身有着很强的功能和丰富的应用软件资源，因此具有友好的用户界面。

客户机/服务器系统的缺点如下：

① 管理较为困难。主从式结构仍属分散式处理信息的方法，所以比集中式方法更为复杂，其对分散式资源的管理也比较困难。

② 开发环境较为困难。因为主从式结构采取开放方式，允许不同厂商用户使用，因此开发环境的管理也比集中式要困难得多。

3）专用服务器结构与C/S结构的主要区别

C/S结构与专用服务器结构在硬件组成、网络拓扑、通信连接等方面基本相同，两者的最大区别在于：在C/S结构中，服务器中对原有应用程序中控制管理数据的方式进行了改进，从原来的文件管理方式上升为数据库管理方式。因此，人们有时把C/S结构中的服务器称为数据库服务器（DBMS Server），以区别于专用服务器结构中的文件服务器（File Server）。事实上，C/S结构是数据库技术的发展和普遍应用与局域网技术发展相结合的成果。

2. 对等式网络结构

几乎在基于服务器的C/S结构出现的同时，发展了另一种新型的网络系统结构——对等式网络结构。

（1）对等式网络结构系统构成。

① 结构特点。在这种结构中，使用的拓扑结构、硬件、通信连接等方面与基于服务器的网络结构几乎相同，唯一不同的硬件差别是对等网不需要功能强大的专用服务器，因而无须购置专门的网络操作系统。对等网与基于服务器的网络结构之间的其他主要差别是网络资源的逻辑编排和网络操作系统不同，在对等式网络结构中，没有专用的服务器，每一个工作站既可以起客户机作用也可以起服务器作用，可共享的资源可以是文件、目录、应用程序等，也可以是打印机、调制解调器或传真卡等硬件设备。另外，每一台计算机还负责维护自己资源的安全性，因为对等网不需要专门的服务器来做网络支持，也不需要其他组件来提高网络的性能，因而价格相对便宜很多。

对等式网络结构如图4.7所示。

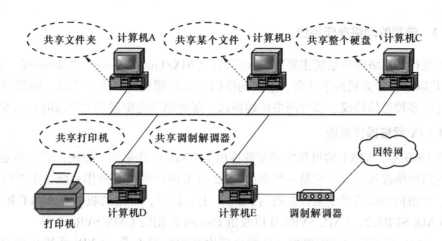

图 4.7 对等式网络结构

② 适用场合。对等网非常适用于小型办公室、实验室、游戏厅和家庭等小型网络，通常对网络客户的要求是最好不超过 10 台计算机，超过以后，对等网的维护就变得十分困难。因此，当用户的计算机数量不多并以共享资源为主要目的时，建议采用这种网络结构。

③ 对等网适用的网络操作系统。目前，许多操作系统都支持对等式网络结构，但应注意，有些操作系统具有内置的网络功能，有些则需要添加网络功能。使用现有流行软件中的内置网络功能，应该说是采用对等网的重要原因之一。常见具有内置对等网连网功能的操作系统有 Windows NT Work Station、Windows 2000 Professional、Windows XP、Windows 7、Windows 8.1、Windows 10 等，使用 Macintosh 计算机也可以建立一个对等网，其他支持对等网的产品还有 Microsoft 的 LAN Manager 与 Novell 的 Personal Netware 等，我国台湾地区的支持对等网的产品有智邦的 Lansoft、友讯的 Lansmart 和宏伟的 Topware 等。

（2）对等式网络结构系统的优缺点。

对等式网络结构系统优点如下：

① 使用容易，且工作站上的资源可直接共享。

② 容易利用现有流行软件中的内置网络功能，因此安装与维护都很方便。

③ 价格低廉、大众化。

④ 不需要专门的服务器。

对等式网络结构系统缺点如下：

① 无集中管理，安全性能较差。

② 文件管理分散，因此造成数据和资源分散，数据的保密性差。

③ 需要对用户进行培训。

3. 集中式处理的主机/终端机系统结构

集中式处理的主机/终端机系统的网络操作系统实际上是由分时操作系统加上网络功能演变而成的，这种系统的基本单元是一台主机和若干台与主机相连接的终端，将多主机连接在一起就构成了网络，UNIX 系统是这种系统结构的典型例子，由于 UNIX 系统发展时间长、性能可靠，并且多用于大型主机，所以在关键任务场合仍是首选的系统，金融行业至今仍以 UNIX 系统为主，但在局域网中不多见。

4.2.3 典型的网络操作系统

目前流行的网络操作系统主要有三大阵营：UNIX/Linux、Novell 和 Microsoft。进入 20 世纪 90 年代以来，计算机网络互联、不同网络的互联问题成为热点，所以，网络操作系统便朝着能支持多种通信协议、多种网络传输协议、多种网络适配器和工作站的方向发展。

1. UNIX 网络操作系统

早在 1969 年，AT&T 的贝尔实验室就推出了 UNIX 操作系统。原先，它并不是为局域网设计的专用网络操作系统。它是一种典型的 32 位多用户的网络操作系统，主要应用于超级小型机、大型机和精简指令集计算机（RISC）上。目前，常用的版本有 AT&T 和 SCO 公司推出的 UNIX SVR3.2、UNIX SVR4.0 以及由 Univell 推出的 UNIX SVR4.2 等。

（1）UNIX 系统层次结构模型。从网络层次结构模型上看，UNIX 系统特别简单，其最低两层（物理层和数据链路层）允许使用常见的各类传输介质及其对应的介质访问控制协议，如以太网和令牌环网的相应协议。在网络层以上的各层采用的协议与 TCP/IP 协议结构中有关的各个协议相同。

（2）UNIX 系统的网络功能及特点。UNIX 系统在上层实现的主要功能有以下几点：

① 文件管理，包括文件的远程复制、异地文件的联合操作和文件保护等。

② 在网络上管理用户分布程序资源的执行。

③ 提供网络内部点到点的文件传输，如邮件传送（E‑mail）和文件传送（FTP）。

④ 网络上的非本地打印输出服务。

⑤ UNIX 系统还提供了一批 TCP/IP 协议下常用的命令。这些命令主要分为内核核心层命令和用户实用层命令两大部分，如 PING、TELNET、FTP、MAIL 等常用命令都是用户和系统管理员经常使用的。

UNIX 系统属于集中式处理的操作系统，也是一套多任务操作环境的局域网操作系统软件，它具有多任务、多用户、集中管理、安全保护性能好等许多显著的优点。

（3）UNIX 系统的适用场合。UNIX 系统主要适合于在 RISC 机、超级小型机、大型机等高性能的主机上安装和使用。因此，它主要应用于讲究集成、通信能力的场合。由于历史的原因，UNIX 系统目前仍然是 TCP/IP 协议的首选平台，因此，在因特网中较大的服务器上都无一例外地使用了 UNIX 操作系统。众多的因特网的 ISP 站点也都还使用着 UNIX 操作系统。由于普通用户不易掌握 UNIX 系统，因此其在局域网上很少使用。

2. Linux 网络操作系统

（1）Linux 介绍。1991 年，芬兰赫尔辛基的学生 Linus Torvalds 为了自己使用与学习的需要，开发了类似 UNIX 且运行在 80386 平台上的操作系统，命名为 Linux。为了使每个需要它的人都能够容易地得到它，Linus Torvalds 把它变成了"自由"软件。

随着因特网的飞速发展，许多程序开发爱好者也着手 Linux 的开发工作。Linux 在几年后变成了一个完整的操作系统，它的能量得到了释放，变得非常可靠，并且每天都会有新的改进加入进去。为了使 Linux 变得容易使用，它也有了许多发布版本，发布版实际上就是一整套完整的程序组合。现在已经有许多不同的 Linux 发行版，如 SUN 公司的 Linux，还有中国的 Deepin Linux，UbuntuKylin 等。

当我们提到 Linux 时，一般是指"Real Linux"即内核，是所有 Linux 操作系统的"心脏"，但光有 Linux 并不能成为一个可用的操作系统，还需要许多软件包、编译器、程序库文件、X – Window 系统等。组合方式不同则面向用户对象不同，这就是为什么有许多不同的 Linux 发行版的原因。

（2）Linux 的特点。Linux 操作系统在短短的几年之内得到了非常迅猛的发展，这与 Linux 具有的良好特性是分不开的。Linux 包含了 UNIX 的全部功能和特性。简单地说，Linux 具有以下主要特性：

① 开放性。开放性是指系统遵循世界标准规范，特别是遵循开放系统互连国际标准。凡遵循国际标准所开发的硬件和软件，都能彼此兼容，可方便地实现互连。

② 多用户。多用户是指系统资源可以被不同用户各自拥有使用，即每个用户对自己的资源（如文件、设备）有特定的权限，互不影响。Linux 和 UNIX 都具有多用户的特性。

③ 多任务。多任务是现代计算机的最主要的一个特点。它是指计算机同时执行多个程序，而且各个程序的运行相互独立。Linux 系统调度每一个进程平等地访问微处理器。由于 CPU（中央处理器）的处理速度非常快，其结果是启动的应用程序看起来好像在并行运行。事实上，从处理器执行一个应用程序中的一组指令到 Linux 调度微处理器再次运行这个程序之间只有很短的时间延迟，用户是感觉不出来的。

④ 良好的用户界面。Linux 向用户提供了两种界面：用户界面和系统调用。Linux 的传统用户界面是基于文本的命令行界面即 Shell，它既可以连机使用，又可存在文件上脱机使用。Shell 具有很强的程序设计能力，用户可方便地用它编制程序，从而为用户扩充系统功能提供更高级的手段。可编程 Shell 是指将多条命令组合在一起，形成一个 Shell 程序，这个程序可以单独运行，也可以与其他程序同时运行。

系统调用为用户提供编程时使用的界面。用户可以在编程时直接使用系统提供的系统调用命令，系统通过这个界面为用户程序提供低级、高效率的服务。

Linux 还为用户提供了图形用户界面。它利用鼠标、菜单、窗口、滚动条等设施，给用户呈现一个直观、易操作、交互性强的友好的图形化界面。

⑤ 设备独立性。设备独立性是指操作系统把所有外部设备统一当作文件来看待，只要安装它们的驱动程序，任何用户都可以像使用文件一样，操纵、使用这些设备，而不必知道它们的具体存在形式。

具有设备独立性的操作系统，通过把每一个外部设备看作一个独立文件来简化增加新设备的工作。当需要增加新设备时，系统管理员就在内核中增加必要的连接。这种连接（也称设备驱动程序）保证每次调用设备提供服务时，内核以相同的方式来处理它们，当新的及更好的外部设备被开发并交付给用户时，Linux 允许在这些设备连接到内核后，用户就能不受限制地立即访问它们。设备独立性的关键在于内核的适应能力。其他操作系统只允许一定数量或一定种类的外部设备连接，而设备独立性的操作系统能够容纳任意种类及任意数量的设备，因为每一个设备都是通过其与内核的专用连接独立进行访问的。

Linux 是具有设备独立性的操作系统，它的内核具有高度适应能力，随着更多的程序员加入 Linux 编程，会有更多硬件设备加入各种 Linux 内核和发行版本中。另外，由于用户可以免费得到 Linux 的内核源代码，因此，用户可以修改内核源代码，以使适应新增加的外部设备。

完善的内置网络是 Linux 的一大特点。Linux 在通信和网络功能方面优于其他操作系统，其他操作系统不具有如此紧密地和内核结合在一起的连接网络的能力，也没有内置这些连网特性的灵活性；而 Linux 为用户提供了完善的、强大的网络功能。

支持因特网是其网络功能之一。Linux 免费提供了大量支持因特网的软件。因特网是在 UNIX 系统中建立并发展起来的，在这方面使用 Linux 是相当方便的，用户能用 Linux 与世界上的其他人通过因特网进行通信。

文件传输是其网络功能之二。用户能通过一些 Linux 命令完成内部信息或文件的传输。

远程访问是其网络功能之三，Linux 不仅允许进行文件和程序的传输，它还为系统管理员和技术人员提供了访问其他系统的窗口，通过这种远程访问的功能，一位技术人员能够有效地为多个系统服务，即使那些系统位于相距很远的地方。

⑥ 可靠的系统安全。Linux 采取了许多安全技术措施，包括对读/写进行权限控制、带保护的子系统、审计跟踪、核心授权等，这为网络多用户环境中的用户提供了必要的安全保障。

⑦ 良好的可移植性。可移植性是指将操作系统从一个平台转移到另一个平台，它仍然具有按其自身的方式运行的能力。

Linux 是一种可移植的操作系统，能够在从微型计算机到大型计算机的任何环境中和任何平台上运行，可移植性为运行 Linux 的不同计算机平台与其他任何机器进行准确而有效的通信提供了手段，不需要另外增加特殊的、昂贵的通信接口。

3. Novell 公司的网络操作系统

当局域网上使用 Novell 公司的 NetWare 作为网络操作系统时，我们称这个网络为 Novell 网。从 20 世纪 80 年代起，Novell 公司充分吸收 UNIX 操作系统的多用户、多任务的思想，推出了网络操作系统 NetWare。

（1）NetWare 的功能如下：

① 对文件和目录进行集中式管理，提供了目录服务和账户管理服务。

② 采用文件级传输信息的工作方式，可以优化配置和管理硬盘中的资源。

③ 具有较为完善的安全措施，其中包括卷、目录、文件等管理，账户与计费管理，用户权限、文件和目录属性限制，用户登录站点和时间限制等由系统管理员统筹规划与管理的系列措施。

④ 提供了一系列开放式网络软件的使用、安装与开发环境。

⑤ 提供了共享打印服务。

（2）NetWare 的特点。NetWare 的发展主要经历了 NetWare 68、86、286、386、486 和 586 等阶段，每个阶段 NetWare 都推出了不同的版本，如 NetWare 386 V3.1X、NetWare 4.X 和 NetWare 5.X 等。先进的目录服务环境，集成、方便的管理手段，简单的安装过程等特点，使其受到用户的好评。其主要特点有以下几个方面：

① 对网络工作站硬件环境要求低，286 机型都可以使用。

② 兼容 DOS 命令，应用环境与 DOS 类似。

③ 能够较好地支持无盘工作站。

④ 技术完善，安全可靠。

⑤ 具有丰富的应用软件。

正是由于上述特点和成熟的目录服务技术，NetWare 至今仍占领着很大的市场份额。但是，应当指出的是，随着 Windows NT 4.0 及其以后版本的广泛使用，NetWare 的市场份额正在逐步减少，它是前几年流行的专用服务器结构网络的首选平台。

从安装角度看，NetWare 网络操作系统由文件服务器软件和客户机软件两部分组成，因此，服务器和工作站应分别选购和安装不同的软件。

（3）Netware 的适用场合。由于它对微机的硬件环境要求不高，对无盘工作站支持较好，因此 NetWare 适合应用在利用原有微机组网、微机档次不高或配置较低的场合，如学校、游戏厅等场所。

4. Microsoft 公司的网络操作系统

当局域网上使用 Microsoft 公司（以下简称微软）的 Windows NT 作为网络操作系统时，我们称这个网络为 NT 网。20 世纪 80 年代末，微软为了与局域网市场的霸主 Novell 公司竞争世界局域网市场，推出了 LAN Manager 2.X 版本的网络操作系统，但由于 LAN Manager 自身在容错能力和支持性方面比不上 NetWare，所以并没有动摇 NetWare 在局域网市场的地位。经过艰苦的努力，微软于 1993 年又推出了 Windows NT Server 32 位的网络操作系统，它是一种面向分布式图形应用程序的完整平台系统，可运行于 386、486 和 Pentium 以上系统等，它还具有工作站和小型机网络操作系统所具有的所有功能。例如，功能强大的文件系统、带有优先权的多任务/多线程机制、支持对称多处理机系统、拥有兼容于分布计算环境（Distributing Computing Environment，DCE）的远程过程调用以及对因特网和分布式数据库的支持等，因此 Windows NT 在局域网市场上已成为 NetWare 主要的竞争对手。

1996 年随着 Windows 95 的发布，微软又相继推出了 Windows NT 4.0 和 Windows 2000。Windows 2000 有着与 Windows 95/98 相近的操作界面，以及 Windows 95/98 的大部分功能。另外，Windows 2000 提供了多种功能强大的网络服务功能，如文件服务器、打印服务器、远程访问服务器及因特网服务器等。Windows 2000 的操作界面不仅有着 Windows 98 的方便性，而且由于其系统结构是建立在最新的操作系统理论基础上，如 Windows 98 具备了建立 Web Server、FTP 服务器和 Gopher 服务器的工具，因此它的性能在局域网上比 NetWare 和 UNIX 更优越。

由于 Windows 2000 是一个功能十分强大又容易掌握的网络操作系统，它可以运行几乎所有的新版大众化软件，并且支持多处理器操作，对网络提供了极高的扩展性，还能够为用户的应用程序提供更多的内存，因此受到人们的青睐。目前 Windows 2000 被广泛用来组建办公网、工商企业网、校园网等中小型网络，它也是最流行的网络操作系统。继 Windows 2000 之后微软又推出了一系列新的操作系统，目前主要流行的操作系统有如下几种：

（1）2001 年 10 月 25 日，Windows XP 发布。它是微软把所有用户要求合成一个操作系统的尝试，和以前的 Windows 桌面系统相比稳定性有所提高，而为此付出的代价是丧失了对基于 DOS 程序的支持。Windows XP 是基于 Windows 2000 代码的产品，同时拥有一个新的用户图形界面，此外，Windows XP 还引入了一个"基于人物"的用户界面，使工具条可以访问任务的具体细节。它包括了简化了的 Windows 2000 的用户安全特性，并整合了防火墙，以用来确保长期以来一直困扰微软的安全问题。

（2）Windows Server 2003 于 2003 年 4 月发布，对活动目录、组策略操作和管理、磁盘管理等面向服务器的功能做了较大改进，对 .net 技术的完善支持进一步扩展了服务器的应用范围，它大量继承了 Windows XP 的友好操作性和 Windows 2000 的网络特性，同时适合个人用户和服务器使用。Windows 2003 完全延续了 Windows XP 安装方便、快捷、高效的特点，几乎不需要多少人工参与就可以自动完成硬件的检测、安装、配置等工作。Windows Server 2003 是目前微软推出的使用最广泛的服务器操作系统。

（3）2006 年 11 月 30 日发布的 Windows Vista 是微软继 XP 系统之后推出的视窗操作系统，它增加了许多新功能，尤其是系统的安全性和网络管理功能。但由于缺点较多，用户量极少，早已退出市场。

（4）Windows 7，中文名称视窗 7，是由微软开发的操作系统，内核版本号为 Windows NT 6.1。Windows 7 可供家庭及商业工作环境使用，一般安装于笔记本电脑、平板电脑、多媒体中心等。和同为 NT6 成员的 Windows Vista 一脉相承，Windows 7 继承了包括 Aero 风格等多项功能，并且在此基础上增添了许多功能。

Windows 7 可供选择的版本有入门版（Starter）、家庭普通版（Home Basic）、家庭高级版（Home Premium）、专业版（Professional）、企业版（Enterprise）（非零售）、旗舰版（Ultimate）。

2009 年 7 月 14 日，Windows 7 正式完成开发，并于同年 10 月 22 日正式发布。同年 10 月 23 日，微软于中国正式发布 Windows 7。2015 年 1 月 13 日，微软正式终止了对 Windows 7 的主流支持，但仍然继续为 Windows 7 提供安全补丁支持，直到 2020 年 1 月 14 日正式结束对 Windows 7 的所有技术支持。

（5）微软于北京时间 2013 年 10 月 17 日晚上 7 点发布 Windows 8.1 正式版。通过 Windows 应用商店进行更新推送及其订阅可免费下载。Windows 8.1 中，微软发布了与 Windows 8 有区别的多个重要更新。在 Windows 8.1 更新正式发布后，搭载 Windows 8.1 的全新设备，在世界各地的零售渠道陆续上市。2014 年 4 月，微软在 build 2014 大会上发布 Windows 8.1 Update 1，并宣布 Windows 将对 9 in 以下的设备免授权费。Windows 8.1 主流支持服务过期时间为 2018 年 1 月 9 日，扩展支持服务过期时间为 2023 年 1 月 10 日。2015 年 1 月，微软在 Windows 10 预览版发布会上宣布除企业版外，所有获得正版授权的 Windows 8.1 均可以免费升级至正版 Windows 10。2018 年 1 月 10 日，微软正式宣布结束对 Windows 8.1 操作系统的主流支持，并在日后转入扩展支持阶段。

（6）Windows 10 是微软研发的跨平台及设备应用的操作系统，是微软发布的最后一个独立桌面 Windows 版本。2014 年 10 月 1 日，微软在新品发布会上，对外展示了该系统。2015 年 7 月 29 日，微软发布 Windows 10 正式版。Windows 10 共有 7 个发行版本，分别面向不同用户和设备。

（7）Windows Server 2012 R2 是基于 Windows 8.1 以及 Windows RT 8.1 界面的新一代 Windows 操作系统，提供企业级数据中心和混合云解决方案，易于部署、具有成本效益、以应用程序为重点、以用户为中心。在 Microsoft 云操作系统版图的中心地带，Windows Server 2012 R2 将能够提供全球规模云服务的 Microsoft 体验带入用户的基础架构，在虚拟化、管理、存储、网络、虚拟桌面基础结构、访问和信息保护、Web 和应用程序平台等方面具备多种新功能与增强功能。Windows Server 2012 R2 是微软的服务器系统，是 Windows Server 2012 的升级版本。微软于 2013 年 6 月 25 日正式发布 Windows Server 2012 R2 预览版，包括 Windows Server 2012 R2 Datacenter（数据中心版）预览版和 Windows Server 2012 R2 Essentials 预览版。Windows Server 2012 R2 正式版已于 2013 年 10 月 18 日发布。Windows Server 2012 R2 功能涵盖服务器虚拟化、存储、软件定义网络、服务器管理和自动化、Web 和应用程序平台、访问和信息保护、虚拟桌面基础结构等。

小 结

一个完备的计算机网络系统不能不考虑它的结构体系。计算机网络结构体系采用分层的方法，分层的好处是隐藏了低层细节又简化了协议与实现。

最流行的网络体系结构是 OSI 参考模型和 TCP/IP 体系，本章分别对二者做了介绍，并对它们做了一些比较，指出了彼此的一些优缺点。结论是：虽然 OSI 的推广普及势在必行，但 TCP/IP 将长期存在并得到发展。

计算机网络由通信子网和资源子网两级子网构成。从 OSI 参考模型的七层的角度来看，通信子网只需具备低三层。

物理层是分层协议中的最低层，它的作用是在相邻节点之间提供二进制比特流的透明传输。数据链层是紧跟其后的一层，它的作用是保证一条数据链路上一帧信息的正确传送。网络层是通信子网的最高层。网络层的主要功能有路径选择与中继、流量控制和网络连接建立与管理。传输层是网络体系结构中最重要的一层，它的作用是屏蔽具体通信网的通信细节，在发送者和接收者之间实现高质量、高效率的传输。高层协议又称面向应用的协议，包括会话层、表示层和应用层，它们共同为用户提供网络服务。

TCP/IP 的体系从下到上分别为网络接口层、网际层、传输层和应用层。

网络操作系统（NOS）是网络用户和计算机网络的接口，典型的如 UNIX、Linux、NetWare、Windows 2003 等。

习 题

一、填空题

1. 将计算机_____于各层协议的_____定义为计算机网络体系结构。
2. 在 OSI 参考模型中，主机中要实现_____层功能，通信子网中的通信处理机只需要实现底层功能。
3. 传输层以上的数据单元统称_____，网络层的数据单元称为_____，数据链路层的数据单元称为_____，物理层则以_____为单位进行传输。
4. 反映在物理接口协议的四个特性是_____特性、_____特性、_____特性、_____特性。
5. 从 OSI 参考模型的角度看，网络层所提供的服务可分为两类：_____的网络服务和_____网络服务。

6. 传输层提供端到端的通信。这一层可以使用两种不同的协议：一种是_____协议，提供_____服务，数据传送单位是报告段；另一种是_____协议，在端与端之间提供服务。

7. 目前流行的网络操作系统主要有_____、_____和_____三个大阵营。

二、选择题

1. 网络体系结构可以定义成（　　）。
   A. 计算机网络的实现
   B. 执行计算机数据处理的软件模块
   C. 用通信硬件和软件的一套规则与规范
   D. 由 ISO 制定的一个标准

2. 网络中进行数据交换必须遵守网络协议，一个网络协议主要有（　　）。
   A. 语法、语义、时序　　　　　　　　B. 语义、软件、数据
   C. 服务、原语、数据　　　　　　　　D. 软件、原语、数据

3. OSI 网络结构模型共分为七层，其中最底层的是物理层，最高层是（　　）。
   A. 会话层　　　　B. 应用层　　　　C. 传输层　　　　D. 网络层

4. 数据链路层的主要功能不包括（　　）。
   A. 差错控制　　　B. 流量控制　　　C. 路由选择　　　D. MAC 地址的定义

5. 在 OSI 参考模型中，实现端到端的通信功能的层是（　　）。
   A. 物理层　　　　B. 数据链路层　　C. 传输层　　　　D. 网络层

6. 网络层的主要功能不包括（　　）。
   A. 路径选择　　　　　　　　　　　　B. 数据包交换
   C. 实现端到端的连接　　　　　　　　D. 网络连接的建立与拆除

7. ISO 制定了顺序式的 OSI 参考模型，以下正确的是（　　）。
   A. 数据链络层，网络层，会话层，传输层
   B. 物理层，数据链路层，传输层，网络层
   C. 应用层，表示层，会话层，传输层
   D. 传输层，网络层，会话层，应用层

8. OSI 七层模型中负责路由选择的是（　　）。
   A. 物理层　　　　B. 数据链路层　　C. 网络层　　　　D. 传输层

9. 在 OSI/RM 中，与具体的物理设备、传输媒体及通信手段有关的层次是（　　）。
   A. 网络层　　　　B. 传输层　　　　C. 链路层　　　　D. 物理层

10. 在 OSI 参考模型中，负责使分组以适当的路径通过通信子网的是（　　）。
    A. 表示层　　　　B. 传输层　　　　C. 网络层　　　　D. 数据链路

三、判断题（正确的打√，错误的打×）

1. 网络系统互连的协议 OSI 具有六层。　　　　　　　　　　　　　　　　　　（　　）
2. TCP/IP 协议共有四层。　　　　　　　　　　　　　　　　　　　　　　　　（　　）
3. 数据链路不等同于链路，它在链路上加了控制数据传输的规程。　　　　　　（　　）

4. 网络层的任务是选择合适的路由，使分组能够准确地按照地址找到目的地。（   ）

5. 在 OSI 参考模型中，物理层处于参考模型的最底层，而网络传输介质属于物理层的设备。（   ）

6. 在 OSI/RM 分层结构中，物理层可以为网络层提供无差错的透明传输。（   ）

7. HDLC 帧划为三大类：信息帧、监控帧和同步帧。（   ）

8. 在 OSI 参考模型中，应用层包含了关于网络应用程序数据格式的协议。（   ）

9. TCP/IP 协议可以运行在任何网络之上。（   ）

10. 高层协议又称面向应用的协议，它包括会话层、表示层和应用层。（   ）

第 5 章

传输介质与组网设备

本章主要介绍用于构成数据通信网络的传输介质，局域网组网、接入与互连的网络接口、各种常用接插件、常用通信设备等，以及网络互连的相关知识。

5.1 通信传输介质

网络上数据的传输需要传输媒体，这好比是车辆必须在公路上行驶一样，道路质量的好坏会影响到行车的安全舒适。同样，网络传输媒介的质量好坏也会影响数据传输的质量，包括速率、数据丢失等。

常用的网络传输媒介可分为两类：一类是有线的，一类是无线的。有线传输媒介主要有同轴电缆、双绞线及光导纤维（简称"光纤"）；无线传输媒介有无线电波、微波、红外线、卫星和激光等。

5.1.1 有线传输介质

1. 同轴电缆及有关设备

同轴电缆（coaxial cabe）由绕同一轴线的两个导体所组成，即内导体（铜芯导线）和外导体（屏蔽层）。外导体的作用是屏蔽电磁干扰和辐射。两导体之间用绝缘材料隔离，如图 5.1 所示。同轴电缆可分为两类：粗缆和细缆。粗缆抗干扰性能好，传输距离较远；细缆价格低，传输距离较近。这两种电缆在实际应用中很广，比如有线电视网就是使用的同轴电缆。按同轴电缆特性阻值的不同，可分为 50 Ω 和 75 Ω 两类。

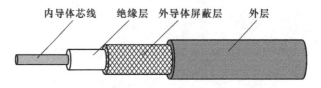

图 5.1 同轴电缆

50 Ω 同轴线缆：又称基带同轴电缆，用于传输基带数字信号，专为数据通信网所用。

75 Ω 同轴线缆：又称宽带同轴电缆。共用天线电视系统（CATV）采用的标准电缆，常用于传输频分多路 FDM 方式产生的模拟信号，频率可达 300~500 MHz。

同轴电缆绝缘效果佳,频带也宽,数据传输稳定,价格适中,性价比高,是局域网中普遍采用的一种媒介。经常提到的 10BASE-2 以太网就是使用细同轴电缆组网的。使用同轴电缆组网,需要在两端连接 50 Ω 的反射电阻,这就是通常所说的终端配器。

同轴电缆组网中,细缆与粗缆即使名称一样,其规格大小也有差别。

(1) 细缆连接设备及技术参数。采用细缆组网,除需要电缆外,还需要 BNC 头、T 型头及终端匹配器等。同轴电缆组网的网卡必须带有细缆连接接口(通常在网卡上标有 BNC 字样)。

下面是细缆组网的技术参数。

① 最大的干线段长度为 185 m。
② 最大网络干线电缆长度为 925 m。
③ 每条干线段支持的最大节点数为 30。
④ BNC、T 型连接器之间的最小距离为 0.5 m。

(2) 粗缆连接设备。粗缆连接设备包括转换器、DIX 连接器及电缆、N 系列插头、N 系列匹配器。使用粗缆组网,网卡必须有 DIX 接口(一般标有 DIX 字样)。

下面是采用粗缆组网的技术参数。

① 最大的干线段长度为 500 m。
② 最大网络干线电缆长度为 2 500 m。
③ 每条干线段支持的最大节点数为 100。
④ 收、发器之间的最小距离为 2.5 m。
⑤ 收、发器电缆的最大长度为 50 m。

2. 双绞线

双绞线(twisted-pair)可分为屏蔽双绞线(STP)和非屏蔽双绞线(UTP),是由两条导线按一定扭矩相互绞合在一起的类似于电话线的传输媒体,每根线加绝缘层并有颜色来标记,如图 5.2 所示。成对线的扭绞旨在使电磁辐射和外部电磁干扰减到最小。

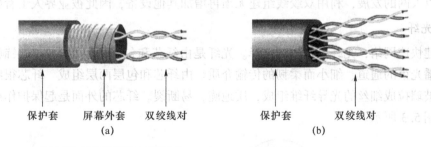

图 5.2 双绞线
(a) 屏蔽双绞线;(b) 非屏蔽双绞线

EIA/TIA(美国电子工业联合会/美国通信工业协会)按质量等级定义了五类双绞线电缆,计算机网络综合布线使用第三、四、五类。这五类双绞线用途如下:

① 第一类主要用于模拟话音,在 LAN 技术中不用于数据传输。
② 第二类可用于综合业务数字网,如数字话音、IBM3270 等。在 LAN 中也很少使用。
③ 第三类是一种 24WG 的 4 对非屏蔽双绞线,符合 EIA/TIA 568 标准中确定的水平布

线电缆的要求，可用来进行 10 Mbps 和 IEEE 802.310 BASE - T 的话音与数据传输。

④ 第四类在性能上比第三类有一定改进，适用于包括 16 Mbps 令牌环局域网在内的数据传输速率，其传输特性满足 EIA/TIA Technical Services Bulletin 定义的第四类电缆的规范，也满足 NEMA 和 UL Twisted - pair Qualification Program 定义的规范。这类双绞线可以是 UTP，也可以是 STP。

⑤ 第五类是 24AWG 的 4 对电缆，具有更好的传输特性，并适用于 16 Mbps 以上的速率，最高可达 100 Mbps。150STP 是另外一种高性能屏蔽式 22AWG 或 24AWG 的电缆，它支持的数据传输速率可达 100 Mbps 或更高，并支持 600 MHz 频带上的全息图像。

目前新的 UTP 产品有超五类线以及六类线，其性能比五类线有所增强，能更可靠地支持高速网络应用，如 100 Mbps 以太网和 ATM 网络。

使用双绞线组网，网卡必须带有 RJ - 45 接口，另外还需要一个非常重要的设备——集线器（Hub）。根据 AT&T 接线标准，双绞线与 RJ - 45 接头的连接方法在 10BASE - T 和 100BASE - T 中是相同的。它需要 4 根导线通信，两条用于发送数据，两条用于接收数据。

注意：在接线时，一定要按线的颜色对应接线，否则会使通信不稳定。

双绞线（10BASE - T）以太网技术规范可归结为 5 - 4 - 3 - 2 - 1 规则，具体如下：

① 允许 5 个网段，每网段最大长度 100 m。
② 在同一信道上允许连接 4 个中继器或集线器。
③ 在其中的 3 个网段上可以增加节点。
④ 在另外两个网段上，除做中继器链路外，不能接任何节点。
⑤ 上述将可组建一个大型的冲突域，最大站点数为 1 024。

上述规则只是一个粗略的设计指南，实际的数据因厂家不同而异，现在的集线器一般可以级联 7 层。双绞线组网的基本要求是网络部件间延时满足如下公式：

（中继器延时 + 电缆延时 + 网卡延时 ×2）×2 < 51.2 ms

利用双绞线组网，可以获得良好的稳定性，在实际应用中越来越多，尤其是近年来，随着快速以太网的发展，利用双绞线组建无须再增加其他设备，因此被业界人士看好。

3. 光纤

组建快速网络，光纤是最好的选择。光纤是由纤芯和包层两层组成的双层铜心圆柱体，用来传播光束的通道、细小而柔韧的传输介质。由纤芯和包层两层组成。纤芯很细，是由一组石英玻璃拉成细丝的光导纤维组成，质地脆，易断裂。纤芯的外面是起保护作用的塑料护套，如图 5.3 所示。

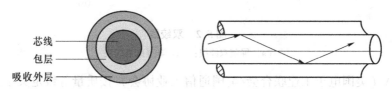

图 5.3 光纤

光纤单向传输，如需双向通信，则应成对使用。

应用光学原理，由光发送机产生光束，将电信号变为光信号，再把光信号导入光纤，在另一端由光接收机接收光纤上传来的光信号，并把它变为电信号，经解码后再处理。与其他传输介质比较，光纤的电磁绝缘性能好、信号衰减小、频带宽、传输速度快、传输距离大，主要用于要求传输距离较长、布线条件特殊的主干网连接。

光纤可分为单模光纤和多模光纤。

单模光纤：由激光作为光源，仅有一条光通路，传输距离长，2 km 以上。

多模光纤：由二极管发光，低速短距离，2 km 以内。

表5.1 列出了几种常用传输媒介的性能比较。

表 5.1 同轴电缆、双绞线、光缆的性能比较

传输媒介	价格	抗电磁干扰	频带宽度	单段最大长度
UTP	最便宜	较差	低	100 m
STP	一般	较好	中等	100 m
同轴电缆	一般	较好	高	185 m/500 m
光缆	最贵	最好	极高	几十千米

5.1.2 无线传输介质

无线网络是指无须任何线缆即可实现计算机之间互联的网络。无线网络的适用范围相当广泛，它不但能够替代传统的物理布线，尤其在传统布线无法解决的环境或行业中起到关键的作用。在无线网络中，常用的无线传输介质（指利用电磁波或光波充当传输通路的传输介质，各种无线传输介质对应的电磁波谱是不同的）有无线电波、红外线、微波、激光和卫星五种。

1. 无线电波

除了用于无线电广播和电视节目及手提电话的个人通信外，无线电波也可用于传输计算机数据。与使用有线电缆不同，使用无线电波并不要求在计算机之间有直接的物理连接，作为替代，每个计算机都带有一个天线，经过它发送和接收无线电波。无线电波可以穿透墙壁，也可以到达普通网络线缆无法到达的地方。针对无线电链路连接的网络，无线电波现在已有相当坚实的工业基础，在业界也得到迅速发展。

（1）超短波无线电：频率范围30 MHz～1 GHz，应用于广播通信，移动通信电话网、移动数据网。

（2）微波无线电：1～300 GHz，主要有地面上的微波接力通信及卫星通信两种方式。

2. 红外线

电视和立体声系统所使用的遥控器都使用红外线进行通信。红外线一般局限于一个很小的区域，并且通常要求发送器直接指向接收器（指通信路径上不能有任何障碍物）。红外线硬件与采用其他机制的设备比较相对便宜，且不需要使用天线，计算机网络可以使用红外技术进行数据通信。

3. 微波

微波通信是指使用频率在 100 MHz～10 GHz 的微波信号进行通信（微波使用的频率超

出了无线电和电视所用的频率范围）。微波其实就是频率较高的无线电波，但与无线电波向各个方向传播不同，微波传输集中于某一个方向，且微波易受障碍物影响，故最好安装在建筑物顶部，并且其发送器都直接朝向对方高塔上的接收器。

4. 激光

在有线网络中，我们可以在光纤内使用光进行通信。同样，光也能在空中传输数据。和微波通信系统相似，采用光通信时通常由两个站点组成，每个站点都拥有发送器和接收器。和微波传输相似，激光器发出的激光束只能走直线，并且不能被遮挡。不幸的是，激光束不能穿透植物以及雨、雪、雾等多种自然条件，因此激光通信的应用受到限制。

5. 卫星

虽然无线电波传输并不沿地球表面弯曲，但它可以与卫星技术相结合，提供长距离通信。卫星带有无线电接收器和转发器，在大洋一边的一个地面发送站发送信号到卫星，卫星将信号转发到大洋另一边的地面站，从而延伸了数据传输的距离。一个卫星通常包含有多个独立的转发器，每个转发器使用不同的无线电频道以保证多个通信能同时进行。此外，由于单个卫星频道还可以共享使用，因此它能为许多客户提供服务。

5.2 组网与通信设备

5.2.1 网络接口

组建局域网时，常使用的网络设备有网卡，同时还需要使用传输介质，连接时还需要一些接插件。如果网络需要扩展或网络之间需要互连，还需要用到一些如中继器、集线器、网桥、路由器、交换机和网关等设备。

1. 网卡

网卡（Network Interface Card，NIC）也叫作网络适配器，是连接计算机与网络的硬件设备。网卡插在计算机或服务器扩展槽中，通过网络线缆（如双绞线、同轴电缆或光纤）与网络交换数据、共享资源。

网卡有很多种，不同类型和速度的网络需要使用不同种类的网卡。每个网卡上都有个世界上唯一的媒体访问控制（Media Access Control，MAC）地址，MAC 地址被烧录在网卡的只读存储器（ROM）中，用来标明并识别网络中的计算机的身份。依靠该 MAC 地址，才能实现网络中不同计算机之间的通信和信息交换。

网卡能够监听所有正在电缆上传输的信息，并根据网卡上的 MAC 地址过滤出工作站应接收的信息。当工作站准备好接收时，网卡会将接收到的信息传送给工作站进行处理。当工作站需要向网络发送信息时，网卡则在电缆信息流中寻找一个间隙并将信息报文插入信息流。

网卡有很多类型，如以太网、令牌环、FDDI、ATM、无线网络等类型的网卡，但大多数的计算机局域网都是以太网，所以我们接触最多的也大都是以太网卡。

以太网卡有不同的分类，具体如下：

（1）按所支持的带宽分，有 10 Mbps 网卡、10/100 Mbps 自适应网卡和 1 000 Mbps

网卡。

（2）按总线类型，可以将网卡分为 ISA 网卡、PCI 网卡以及专门用于笔记本电脑的 PC-MCIA 网卡。

（3）按应用领域，网卡还可以分为工作站网卡和服务器网卡。按网卡的端口类型，网卡有 RJ-45 端口（双绞线）网卡、AUI 端口（粗同轴电缆）网卡、BNC 端口（细同轴电缆）网卡和光纤端口网卡。

（4）按与不同的传输介质相连接的端口的数量分，有单端口网卡、双端口网卡甚至三端口网卡，如 RJ-45+BNC、BNC+AUI、RJ-45+BNC+AUI 等类型的网卡。

目前主要的网卡生产厂家有 TP-LINK（普联）公司、3COM 公司、D-LINK（友讯）公司、Intel 公司、Lenovo（联想）公司等。

2. 接插件

将网卡、传输介质以及其他一些网络设备进行连接时，在连接处还要用到一些接插件。常用的接插件有以下几种。

1）T 型连接器

T 型连接器对网络的可靠性有着至关重要的影响。T 型连接器是通过 BNC 接插件进行连接的，BNC 接插件有手工安装和工具型安装之分，用户可根据实际情况和线路的可靠性要求进行选择。T 型连接器的定义为：一个同轴结构的端处分成三个方向，外形成"T"形的高频连接器（图 5.4）。

2）收发器

收发器是信号转换的一种装置，通常是指光纤收发器。光纤收发器的出现，将双绞线电信号和光信号进行相互转换，确保了数据包在两个网络间顺畅传输，同时它将网络的传输距离极限从铜线的 100 m 扩展到 100 km（单模光纤）。每一路高速收发器包括发送器和接收器两个通道，如图 5.5 所示。

图 5.4　T 型连接器

图 5.5　收发器

高速收发器使大量数据点对点进行传输成为可能，这种串行通信技术充分利用传输媒体的信道容量，与并行数据总线相比，减少了所需的传输信道和器件引脚数目，从而大大降低了通信成本。一个性能较好的收发器应具备功耗低、尺寸小、易配置、效率高等优点，以使其容易集成到总线系统中。在高速串行数据传输协议中，收发器的性能对总线接口传输速率起着决定性的作用，也在一定程度上影响了该种总线接口系统的性能。

3）屏蔽或非屏蔽双绞线连接器 RJ-45

RJ-45 非屏蔽双绞线连接器有 8 根连针，在 10BASE-T 标准中，仅使用 4 根，第 1 对双绞线使用第1针和第2针,第2对双绞线使用第3针和第6针(第3对和第4对作备用)。具体使用时可参照厂家提供的说明书。

RJ-45是布线系统中信息插座(通信引出端)连接器的一种,连接器由插头(接头、水晶头)和插座(模块)组成,插头有8个凹槽和8个触点。RJ是Registered Jack的缩写,意思是"注册的插座"。在FCC(美国联邦通信委员会标准和规章)中RJ是描述公用电信网络的接口,计算机网络的RJ-45是标准8位模块化接口的俗称。

RJ-45由插头和插座组成,这两种元器件组成的连接器连接于导线之间,以实现导线的电气连续性。

RJ-45模块的核心是模块化插孔。镀金的导线或插座孔可维持与模块化的插座弹片间稳定而可靠的电器连接。由于弹片与插孔间的摩擦作用,电接触随着插头的插入而得到进一步加强。插孔主体设计采用整体锁定机制,这样当模块化插头插入时,插头和插孔的界面处可产生较大的拉拔强度。RJ-45模块上的接线模块通过"U"形接线槽来连接双绞线,锁定弹片可以在面板等信息出口装置上固定RJ-45模块,如图5.6所示。

4) RS-232接口(DB-25)

RS-232(DB-25)接口是目前微机与网络通信设备(如调制解调器)之间的常用接口方式。RS-232接口符合EIA制定的串行数据通信的接口标准,原始编号全称是EIA-RS-232(简称232,RS-232)。它被广泛用于计算机串行接口外设连接。连接电缆和机械、电气特性、信号功能及传送过程。

RS-232是现在主流的串行通信接口之一。RS-232被推荐在短距离(15 m以内)间通信。由于非对称电路的关系,RS-232接口电缆通常不是由双绞线制作的,如图5.7所示。

图5.6 RJ-45模块

图5.7 RS-232接口

5) AUI接口(DB15)

AUI接口(DB15)就是用于连接网络接口卡的接口,如图5.8所示,网络接口卡通过此接口,可将信息通过收发器电缆送到收发器,然后进入主干介质。AUI端口是一种D型15针接口,这在令牌环网或总线型网络中是一种比较常见的端口之一。路由器可通过粗同轴电缆收发器实现与10Base-5网络的连接,但更多的是借助于外接的收发转发器(AUIto-RJ-45），实现与 10Base-T 以太网的连接。当然也可借助于其他类型的收发转发器实现与细同轴电缆（10Base-2）或光缆（10Base-F）的连接。这里所讲的路由器 AUI 接口主要是用粗同轴电缆作为传输介质的网络进行连接用的。

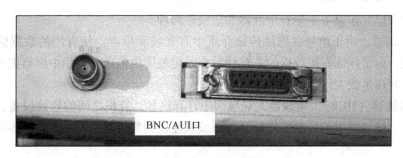

图 5.8　AUI 接口

6）VB35 同步接口

VB35 同步接口用于连接远程的高速同步接口。

7）终端匹配器

终端匹配器（也称端接器）安装在同轴电缆（粗缆或细缆）的两个端点上，它的作用是防止电缆无匹配电阻或阻抗不正确。若无匹配电阻或阻抗不正确，则会引起信号波形反射，造成信号传输错误。每个粗同轴电缆网段都必须用 50 Ω 系列终端匹配器连接，每个网段还必须有一个终端匹配器。每个细同轴电缆网段的两端都有必须有一个 50 Ω 的 BNC 终端匹配器，直接连接于 BNC T 型接头用于连接 BNC 连接器的两端中的一端，然后再将匹配器的地线接触片与地线连接即可，如图 5.9 所示。终端匹配器使用四针连接器。它的内部电源和通信信号的端子定义有 +24 V、GN 外接地、Data+、Data-。

图 5.9　终端匹配器

8）调制解调器

调制解调器（Modem）是 Modulator（调制器）与 Demodulator（解调器）的简称，（港台称为数据机），根据 Modem 的谐音，亲昵地称之为"猫"。它是在发送端通过调制将数字信号转换为模拟信号，而在接收端通过解调再将模拟信号转换为数字信号的一种装置。

调制解调器的作用是模拟信号和数字信号的"翻译员"。电子信号分两种，一种是"模拟信号"，一种是"数字信号"。我们使用的电话线路传输的是模拟信号，而 PC 之间传输的是数字信号。所以当用户想通过电话线把自己的电脑连入因特网时，就必须使用调制解调器来"翻译"两种不同的信号。连入因特网后，当 PC 向因特网发送信息时，由于电话线传输的是模拟信号，所以必须用调制解调器来把数字信号"翻译"成模拟信号，才能传送到因特网上，这个过程叫作"调制"。当 PC 从因特网获取信息时，由于通过电话线从因特网传来的信息都是模拟信号，所以 PC 想要看懂它们，还必须借助调制解调器这个"翻译"，这个过程叫作"解调"。总的来说就称为"调制解调"。

5.2.2 网络通信设备

1. 网络物理层互连设备

网络物理层互连设备主要有中继器和集线器两种。

（1）中继器。由于信号在网络传输介质中有衰减和噪声，使有用的数据信号变得越来越差，因此，为了保证有用数据的完整性并在一定范围内传送，要用中继器把所接收到的弱信号分离，并再生放大以保持与原数据相同。

（2）集线器（HUB）。集线器是局域网中计算机和计算机之间的连接设备，是局域网的星型连接点。局域网里的每个工作站是用双绞线连接到集线器上的，由集线器对工作站进行集中管理。

集线器可以说是一种特殊的中继器，作为网络传输介质间的中央节点，它克服了传输介质通道单一的缺陷。网络以集线器为中心的优点是：当网络系统中某条线路或某节点出现故障时，不会影响网上其他节点的正常工作。

① 集线器可分为无源（Passive）集线器、有源（Active）集线器和智能（Intelligent）集线器。

无源集线器只负责把多段介质连接在一起，不对信号做任何处理，每一种介质段只允许扩展到最大有效距离的一半。

有源集线器类似于无源集线器，但它具有对传输信号进行再生和放大，从而扩展介质长度的功能。

智能集线器除具有有源集线器的功能外，还可将网络的部分功能集成到集线器中，如网络管理、选择网络传输线路等。

集线器技术发展迅速，已出现交换技术（在集线器上增加了线路交换功能）和网络分段方式，提高了传输带宽。

② 随着计算机技术的发展，集线器又分为切换式、共享式和可堆叠共享式三种。

一个切换式集线器重新生成每一个信号并在发送前过滤每一个包，而且只将其发送到目的地址。切换式集线器可以使 10 Mbps 和 100 Mbps 的站点用于同一网段中。

共享式集线器使所有相互连接的站点共享一个最大频宽。例如，一个连接着 10 个工作站或服务器的 100 Mbps 共享式集线器所提供的最大频宽为 100 Mbps，与它连接的每个站点共享这个频宽的 1/10。共享式集线器不过滤或重新生成信号，所有与之相连的站点必须以同一速度（10 Mbps 或 100 Mbps）工作。所以，共享式集线器比切换式集线器价格便宜。

堆叠共享式集线器是共享式集线器中的一种，当它们级联在一起时，可看作是网络中的一个大集线器。当 6 个 8 口的集线器级联在一起时，可以看作是 1 个 48 口的集线器。

目前，国内主流的集线器品牌中，在高档市场上主要是 3COM 和 Intel 等；在中低档市场上则主要是 D Link、TP Link、Accton、Adico、LG、联想、EDIMAX 等。

2. 数据链路层互连设备

数据链路层互连设备主要有网桥和交换机。

（1）网桥。网桥（Bridge）是一个局域网与另一个局域网之间建立连接的桥梁。网桥是属于数据链路层的一种设备，它的作用是扩展网络范围和通信手段，在各种传输介质中转发数据信号，扩展网络的距离，同时又有选择地将有地址的信号从一个传输介质发送到另一个传输介质。

网桥可分为本地网桥和远程网桥。本地网桥是指在传输介质允许长度范围内互连网络的网桥；远程网桥是指连接的距离超过网络的常规范围时使用的远程桥，通过远程桥互连的局域网将成为城域网或广域网。如果使用远程网桥，则远程网桥必须成对出现。在网络的本地连接中，网桥可以使用内桥和外桥。内桥是文件服务器的一部分，通过安装在文件服务器中的两个网卡连接两个局域网，由文件服务器上运行的网络操作系统来管理。外桥安装在工作站上，实现两个相似或不同的网络之间的连接。外桥不运行在网络文件服务器上，而是运行在一台独立的工作站上，网桥可以是专用的，也可以是非专用的。作为专用网桥的工作站不能当普通工作站使用，只能建立两个网络之间的桥接。而非专用网桥的工作站既可以作为网桥，也可以作为工作站。

（2）交换机（Switch）。交换机也称交换式集线器，是专门设计的、使各种计算机能够相互高速通信的独享带宽的网络设备：作为高性能的集线设备，交换机已经逐步取代了集线器而成为计算机局域网的关键设备。由交换机所构成的交换式网络不仅拥有高达千兆的传输速率，而且网络传输效率也大大提高，因此交换机适合于大量数据交换非常频繁的网络，广泛应用于各类多媒体与数据通信网中。

为了适应不同的工作环境，交换机也被设计成拥有不同的性能和端口，从而有不同的分类。

① 根据使用的网络技术不同，交换机可以分为以太网交换机、ATM 交换机和 FDDI 交换机等。以太网交换机是以太网使用的交换设备，由于以太网使用普遍，因此现在所说的交换机，如果没有特殊说明，一般都是指以太网交换机。ATM 交换机是用于 ATM 网络的交换机，主要用于电信网的主干网。FDDI 交换机目前在市场上已较少见到。

② 根据应用的规模，可以将交换机划分为桌面交换机（工作组交换机）、骨干交换机（部门交换机）和中心交换机（企业交换机）。一般支持 500 个信息点以上大型企业应用的交换机为中心交换机，支持 300 个信息点以下中型企业的交换机为骨干交换机，而支持 100 个信息点以内的交换机为桌面交换机。

③ 根据工作的协议层，交换机可分为第 2 层交换机、第 3 层交换机和第 4 层交换机。第 2 层交换机依赖于链路层中的信息（如 MAC 地址）完成不同端口间的数据交换，所有的交换机都能工作在第 2 层。第 3 层交换机具有路由功能，将 IP 地址信息用于网络路径选择，并实现不同网段间的数据交换。第 4 层由于其技术尚未真正成熟且价格昂贵，所以在实际中应用较少。

交换机还有其他分类，在此不再一一介绍。

目前局域网交换机的主要供应商有 3COM、Alcatel（阿尔卡特）、Avaya、CiscoSystems、Intel、Del、D – Link、HP、Linksys、Marconi、NEC、SMC、Tasman Networks 以及我国的中兴、华为等公司。

3. 网络层互连设备——路由器

路由器（Router）用于连接多个逻辑上分开的网络。逻辑网络是指一个单独的网络或一个子网。当数据从一个子网传输到另一个子网时，可通过路由器来完成。因此，路由器具有判断网络地址和选择路径的功能,它能在多网络互连环境中建立灵活的连接,可用完全不同的数据分组和介质访问方法连接各种子网。路由器是属于网络层的一种互连设备,只接收源站或其他路由器的信息,它不关心各子网使用的硬件设备,但要求运行与网络层协议相一致的软件。路由器分本地路由器和远程路由器。本地路由器是用来连接网络传输介质的,如光纤、同轴电缆和双绞线;远程路由器是用来与远程传输介质连接,并要求相应的设备如电话线要配调制解调器,无线要通过无线接收机和发射机。

全球主要的路由器生产商有 Cisco、华为公司等。

4. 高层互连设备——网关

在一个计算机网络中,当连接不同类型而协议差别又较大的网络时,则要选用网关设备。网关的功能体现在 OSI 参考模型的最高层,它将协议进行转换,将数据重新分组,以便在两个不同类型的网络系统之间进行通信。由于协议转换是一件复杂的事情,一般来说,网关只进行一对一转换,或是少数几种特定应用协议的转换,网关很难实现通用的协议转换。用于网关转换的应用协议有电子邮件、文件传输和远程工作站登录等。

网关和多协议路由器(或特殊用途的通信服务器)组合在一起可以连接多种不同的系统。和网桥一样,网关可以是本地的,也可以是远程的。目前,网关已成为网络上每个用户都能访问大型主机的通用工具。

5.2.3 网络数据存储和处理设备

1. 服务器

服务器是连入网络,专门为其他计算机提供各种服务的特殊的计算机,其外观差别很大,通常要比普通的计算机大得多。也有一些服务器在外观上类似于交换机或集线器,可以直接固定在机柜中。服务器作为一台特殊的计算机,在网络中具有非常重要的作用,因此具有运行时间长(24 h 不间断)、可靠性高、稳定性好、速度快、存储量大的特点。

2. 客户机

客户机是连入网络的普通网络用户使用的计算机或终端设备。严格地说,客户机不应属于网络数据存储设备,因为网络数据一般存放在网络服务器中。客户机负担一部分网络数据处理任务。

3. 其他数据存储设备

局域网中无疑要存储大量的数据,而且这些数据不但量非常大,而且非常重要,特别是对于银行、证券等行业。因此,局域网中往往还配置有其他数据存储设备,如磁带机、磁盘阵列、光盘阵列等,用于存储海量网络数据。

磁带机用于提供廉价的数据备份,用户只需将数据一一备份在磁带上,需要时再恢复至计算机系统即可。然而,无论是数据的备份和恢复,速度都非常慢,所以通常都是作为一种数据保护措施。

磁盘阵列则是采用高速 SCSI(小型计算机系统接口)的硬盘,并利用 RAID(磁盘阵列)技术将多块硬盘连接在一起,提供高速的冗余数据备份。当一块硬盘损坏时,保存的数据仍然可以不受影响地读取出来,从而不仅提供了较高的读写速度,而且还提供了较好的安全机制。由于每块硬盘都提供高达几十吉（GB）字节至上百吉字节的容量，所以磁盘阵列可谓名副其实的"海量存储"。

与磁盘阵列类似，光盘阵列也是由多个 SCSI 的光驱连接在一起组成的。由于光盘阵列通常采用 CD – ROM，所以通常只用于向用户提供数据查询和浏览服务。

5.3 网络互连

5.3.1 网络互连概念

1. 网络互连的定义

网络互连，又称网际互联，是指利用一定的技术和方法，由一种或多种通信设备将两个或两个以上的网络，按照一定的体系结构模式连接起来，构成一个更大规模的网络系统。网络互连的结果可使用户在更大的范围内实现信息传输和资源共享。

互连的网络和设备可以是同种类型的网络、不同类型的网络，以及运行不同网络协议的设备与系统。

网络互连的基本功能是指网络互连所必需的功能，包括不同网络之间传送数据时的寻址与路由功能选择等功能；扩展功能是指当互连的网络提供不同的服务类型时所需的功能，包括协议转换、分组长度变换、分组重新排序及差错检测等功能。

2. 网络互连、互通和互操作

网络互连、互通与互操作三个概念是不同的，它们表示不同层次的含义，但三者之间又有密切关系。

网络互连（Interconnection）是指在两个物理网络之间至少有一条在物理上连接的线路，但不能保证两个网络一定能进行数据交换，这取决于两个网络的通信协议是否相互兼容。

互通（Intercommunication）是指两个网络之间可以交换数据。

互操作（Interoperability）是指网络中不同计算机系统之间具有透明访问对方资源的能力。

网络互连是基础，互通是网络互连的手段，互操作是网络互连的目的。

3. 网络互连层次

为了实现网络互连以屏蔽底层网络的差异，可以在不同的层次上完成同构或者异构网的互连。通常可以采用两种方式实现网络互连，一种是利用应用程序，即应用级互连，在应用层实现；另外一种是利用操作系统，根据 OSI 参考模型的层次设计理论来进行网络互连，即网络级互连，网络级互连在通信子网的网络层和数据链路层实现。

在分层的模型中，对等是一个很重要的概念，因为只有对等层才能进行相互通信，一方在某个层次上的协议是什么，另一方在同一层次也必须是什么协议。从不同的网络体系结构上选定一个相应的协议层次，使得从该层开始，被互连的网络设备中的高层协议都是相同的，其底层的硬件差异可以通过该层来屏蔽，从而使多个网络得以互联。

要使通过互连设备连接起来的两个网络之间能够通信，两个网络上计算机使用的通信协议必须在某协议层上是一致的。根据实际需要，在进行通信的两个网络之间选择一个相同的协议和基础，如果两个网络的第 N 层以上的协议都相同，则网络互连设备可以在该层上互连即称该设备为第 N 层互连设备。例如，根据网络层次的结构模型，网络互连的层次可以分为数据链路层互连，采用的互连设备是网桥；网络层互连，采用的互连设备是路由器；传输层及以上各层协议不同的网络之间的互连属于高层互连，高层互连的设备是网关。

5.3.2 网络互连的目的和要求

1. 网络互连需求

为什么要将多个局域网互连而不是将所有计算机连到一个局域网上呢？从前面讲到的局域网特性，可以知道局域网有以下三个限制因素：

（1）局域网覆盖的距离是有限的。
（2）局域网能支持的连网的计算机数是有限的。
（3）局域网上能传输的信息量是有限的。

除此以外，当单个局域网不断扩充时，需要进行分段，以限制每一个网段上的设备数和通信量，否则局域网的性能会大大降低。

另一个需要互连的重要原因是，当一个组织配置有不同类型的局域网时，需要解决异种网络的互连。对于一些大的企业还需解决从分支机构远程访问支持不同通信协议的网络的问题。

2. 网络互连的目的

网络互连是为了将两个或者两个以上具有独立自治能力、同构或异构的计算机网络连接起来，扩大连网距离和资源共享范围，提高网络的使用效率和网络管理能力。网络互连的主要目的如下。

1）扩大连网距离和资源共享范围

可突破网络覆盖范围的物理限制（如端点最远距离、最多站点数等），扩大网络用户之间资源共享和信息传输的范围，使更多的资源可以被更多的用户共享。

2）降低成本和分散负荷

当某一地区的多台主机要接入另一个地区的某个网络时，采用主机先行联网（局域网或广域网），再通过网络互连技术接入，可以大大降低成本。例如，某个部门有 30 台主机需要接入因特网，虽然向电信部门申请 30 个端口虽然可以达到目的，但成本要比 30 台主机先连成局域网，再通过一条或几条线路接入因特网要高得多。

此外，采用网络互连可分散负荷，分散处理使得局域网的负载轻、工作站少，以及内部通信速率得以提高。

3）提高安全性和可靠性

将各个性质不同的部门的网络自然地分隔开来，将具有相同权限的用户主机组成一个网络，在网络互连设备上严格控制其他用户对该网络的访问，可以增强安全保密性。

部分设备的故障可能导致整个网络的瘫痪，而通过网络互连技术可以有效地限制设备故障对网络的影响范围。例如，当任何一个局域网发生故障时不会影响到全网，从而提高了可靠性。

4）可使不同网络中的节点互通和互操作

现实中，不同体系结构的网络并存是一个普遍现象。不同网络之间的差异主要表现在拓扑结构、编址方案、最大分组尺寸、网络访问机制、超时机制、差错恢复、状态报告、路由选择、用户访问控制、连接和无连接服务等。要将不同厂家的网络产品融入一个大的复杂系统中，必须为网络用户建立一个统一的平台，使不同网络用户之间可以进行互通和互操作。

3. 网络互连的基本要求

为了保证网络互连顺利进行，实施网络互连时，需满足以下要求：

1）在要求互连的网络之间至少要有一条物理通路

网络互连首先要使用传输介质和网络互连设备，将网络连接起来，实现网络之间的物理连接。物理连接的目的是在网络之间建立一条物理通路，以及对这条物理链路的控制规程。

2）在不同网络进程之间提供合适的路由

不同网络间的通信可能要经过多个中间互连设备，当在网络之间传输信息时，网间互连设备必须知道向哪里转发这些信息，即具有路径选择的功能，以便交换数据。

3）保持原有网络的结构和协议

不要对参与互连的某个网络的硬件、软件或网络结构和协议做大的修改，甚至不应做丝毫的修改。

4）保持原有的网络性能指标

不能为提高整个网络的传输性能而影响各子网的传输性能。所有网络互连的基本需求可归纳为在网络之间提供一种物理链路控制的连接；在不同网络的处理机之间提供数据传输路由；提供一种统计服务，以便跟踪显示网络及其网络设备的运行情况。

5.3.3 网络互连类型

一般来说，有四种类型的网络互连，需要采用不同的网络互连方法和设备。下面分别予以详细介绍这4种类型的网络互连。

（1）相同类型的局域网互连。例如，有若干个以太网需要互连。有两种不同情况：一种情况是要连接的几个以太网安装在同一建筑物内，且位置很靠近，可采用一个互连设备直接将相邻的局域网互连起来；另一种情况是要连接的局域网相距甚远，则需要公共通信链路，采用租线或拨号，需要两个互连设备分别接到公共通信链路的两端。图5.10所示是上述两种情况的两个局域网互连方案。

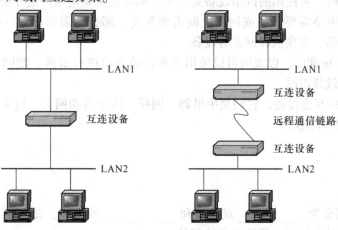

图 5.10　两个局域网互连方案

（2）不同类型的局域网互连。例如，要将不同办公室的以太网和令牌环网相连，且能互相存取数据和访问有关应用。这种互连比起相同类型的局域网互连要复杂些。同样地，也有本地连接和远程连接两种方式。

（3）通过主干网将局域网互连。例如，FDDI作为主干网，将众多的局域网互连。这种连接方法具有连接距离远、连接设备数量多以及通信量大等优点，已被广泛采用。

（4）通过广域网（WAN）将局域网互连。广域网可和众多局域网或主机相连。需要专门的互连设备如网关将局域网和广域网相连，如图5.11所示。在图中WAN采用X.25通信协议，网关的作用是实现局域网协议和X.25协议的转换。

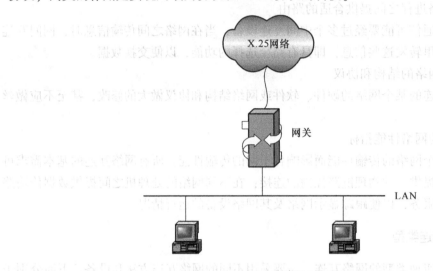

图5.11　LAN连接到X.25 WAN

 小　结

常用的网络传输媒介可分为两类：一类是有线的，一类是无线的。有线传输媒介主要有同轴电缆、双绞线及光导纤维（简称"光纤"），无线媒介有无线电波、红外线、微波、激光和卫星等。

组建局域网时，常使用的网络设备是网卡，同时还需要使用传输介质，连接时还需要一些接插件。如果网络需要扩展或网络之间需要互连，那么还需要用到一些如中继器、集线器、网桥、路由器、交换机和网关等设备。

IEEE.802.3标准中，以太网可以采用三种传输介质进行组网：细同轴电缆组网、粗同轴电缆组网和双绞线组网。

有四种类型的互连设备，它们是中继器、网桥、路由器和网关，这4种设备的操作属于OSI参考模型的不同层次。

 习　题

一、填空题

1. 双绞线可分为＿＿＿＿＿双绞线和＿＿＿＿＿双绞线，是由两条导线按一定扭矩相互绞合在一起的类似于电话线的传输媒体。

2. 每一个网卡上都有一个世界上唯一的＿＿＿＿＿地址，被烧录在网卡的＿＿＿＿＿中，用来标明并识别网络中的计算机身份。

3. 交换机也称_____，是专门设计的，使各种计算机能够相互高速通信的独享宽带的网络设备。作为高性能的集线设备，交换机已经逐步取代了_____而成为计算机局域网的关键设备。

4. 根据应用的规模，可以将交换机划分为_____交换机（工作组交换机）、_____交换机（部门交换机）和_____交换机（企业交换机）。

5. IEEE 802.3 标准中指出以太网可以采用三种传输介质进行组网，_____组网、_____组网和_____组网。

6. 中继器运行在_____层，它只是扩展物理网络的距离，而网桥则运行在 OSI 参考模型的第二层，即_____层，它是一个局域网与另一个局域网之间建立连接的桥梁。

7. ISDN 的终端设备种类较多，基本上可以分为两大类：_____终端和_____终端，其中_____终端是用户传输线路的终端装置，是实现在普通电话线上进行数字信号传送和接收的关键设备。

8. 线缆调制解调器是近年开始使用的一种超高速_____，它利用现有的_____网进行数据传输。

9. 光缆宽带接入在用户端最多只需要提供_____（或带有光纤端口的网络设备）和一个_____。

10. 若以 DDN 方式接入因特网，就必须购置路由器和_____。

11. 广域网互联时，一般都不能简单地直接相连，而是要通过一个中间设备。按 ISO 术语，这个中间设备称为_____。

二、选择题

1. 在下列传输介质中，错误率最低的是（　　）。
   A. 同轴电缆　　　B. 光缆　　　　C. 微波　　　　D. 双绞线

2. 双绞线分为（　　）。
   A. TP 和 FTP 两种　　　　　　　B. 五类和超过五类两种
   C. 绝缘体和非绝缘体　　　　　　D. UTP 和 STP 两种

3. 高层互连是指传输层及其以上各层协议不同的网络之间的互连。实现高层互连的设备是（　　）。
   A. 中继器　　　B. 网桥　　　　C. 路由器　　　D. 网关

4. 将单位内部的局域网接入因特网所需使用的接入设备是（　　）。
   A. 防火墙　　　B. 集线器　　　C. 路由器　　　D. 中继转发器

5. 中继器运行在（　　）。
   A. 物理层　　　B. 网络层　　　C. 数据链路层　　D. 传输层

6. 随着微型计算机的广泛应用，大量的微型计算机是通过局域网连入广域网的，而局域网与广域网的互连一般通过（　　）设备实现。
   A. Ethernet 交换机　B. 路由器　　　C. 网桥　　　　D. 电话交换机

7. 中继器用于网络互连，其目的是（　　）。
   A. 再生信号，扩大网络传输距离　　B. 连接不同访问协议的网络
   C. 控制网络中的"广播风暴"　　　　D. 提高网络速率

8. 网桥与中继器相比能提供更好的网络性能，原因是（   ）。
   A. 网桥能分析数据包并只在需要的端口重发这些数据包
   B. 网桥使用了更快的硬件
   C. 网桥忽略了坏的输入信号
   D. 网桥具有路由选择功能
9. 下列有关网关的概述，最合适的是（   ）。
   A. 网关既可用于扩展网络，又能在物理层上实现协议转换
   B. 网关是可以互连两个在数据链路层上使用相同协议的网络
   C. 网关与其他的网间连接设备相比，有更好的异种网络互连能力
   D. 网关从一个网络中读取数据，去掉该数据的原协议栈，而用另一个网络协议栈来封装数据
10. 一个布线系统最关键的问题是（   ）。
    A. 灵活性及使用寿命   B. 布线成本
    C. 稳定性   D. 抗干扰性

三、判断题（正确的打√，错误的打×）

1. 在所有的传输介质中，光纤的传输速度最快。   （   ）
2. 以太网中，双绞线只采用了四条，其他四条线多余。   （   ）
3. 中继器可用于连接异种局域网。   （   ）
4. 路由器可以执行复杂的路由选择法，处理的信息量比网桥多。   （   ）
5. 中继器、网桥、路由器和网关是属于OSI不同层次的设备。   （   ）

第 6 章

局 域 网

局域网是网络的基础和重要组成部分。本章主要介绍局域网的技术特征及 IEEE 802 体系结构标准,以太网与交换式以太网的基本工作原理,虚拟局域网和无线局域网的基本概念、功能和实现技术。在上述内容基础上,阐述城轨通信网络组网的基本方法,包括城轨通信网络的方案设计、详细设计和工程实施。

6.1 局域网概述

局域网产生于 20 世纪 60 年代末到 70 年代初,一些大学和公司开始在大学校园和实验室内构建局部计算机网络,为局域网技术奠定了理论和技术基础;到了 80 年代,随着网络标准化的应用,符合标准的局域网产品已经大量涌现,应用范围也越来越广,其典型代表就是以太网(Ethernet)。

局域网(Local Area Network,LAN)是一种在有限的地理范围内将大量 PC 及各种设备互联在一体,实现数据传输和资源共享的计算机网络。社会对信息资源的广泛需求及计算机技术的广泛普及,促进了局域网技术的迅猛发展。在当今的计算机网络技术中,局域网技术已经占据了十分重要的地位。

6.1.1 局域网的主要特点

与广域网(Wide Area Network,WAN)相比,局域网具有以下特点:

(1)局域网所覆盖的地理范围比较小。仅用于办公室、机关、学校等内部连网,其范围没有严格的定义,通常不超过几十千米,甚至只在一幢建筑或一个房间内。而广域网的分布范围为一个地区、一个国家乃至全球。

(2)高传输效率和低误码率。局域网传输速度一般为 0.1~100 Mbps,目前以出现速率高达 10 000 Mbps 的局域网,可交换各类数字和非数字(如语音、图像、视频等)信息,而误码率一般在 $10^{-11} \sim 10^{-8}$。这是因为局域网通常采用短距离基带传输,可以使用高质量的传输媒体,从而提高了数据传输质量。

(3)拓扑结构的形式简单而多样化。由于网络的覆盖面小,更重要的是网络由拥有单位自己构建,节省网络建设费用成为建网单位需要考虑的重要因素,所以通信线路和设备的费用要尽可能减少,局域网的网络拓扑结构往往采用最简单的形式。

网络的拓扑结构主要有五种形式,即总线型、环型、星型、树型及网型。从拓扑图的观点来看,网型是一般形式的拓扑结构,前面四种形式都可以算是它的特例(简单形式)。因此,现有的局域网基本上都采用总线型,或环型,或星型。在20世纪90年代以前,采用总线型的网络占绝大多数。近年来,由于交换网络设备的快速发展和应用,采用星型结构的网络较多,对于覆盖面积较大的园区网络,则多采用上述三种拓扑结构的混合形式。

(4) 局域网和广域网侧重点不完全一样,局域网侧重共享信息的处理,而广域网一般侧重共享位置准确无误及传输的安全性。

局域网一般为一个单位所建,网络的经营权和管理权属于所建单位,而广域网往往是面向一个行业或全社会服务。局域网一般是采用同轴电缆、双绞线、光纤等建立单位内部专用网络,而广域网则较多租用公司线路和公用线路,如公用电话线、光纤卫星等。

在LAN和WAN之间的是城市区域网(Metropolitan Area Network,MAN),简称城域网。MAN是一个覆盖整个城市的网络,但它使用LAN的技术。

6.1.2 局域网的关键技术

决定局域网的主要技术涉及拓扑结构、传输媒体和介质访问控制三项技术,其中最重要的是介质访问控制方法。这三项技术在很大程度上决定了传输数据的类型、网络的响应空间、吞吐量以及网络应用等各种网络特性。

1. 拓扑结构

局域网具有几种典型的拓扑结构:星型、环型、总线型和树型。星型拓扑结构中集中控制方式较少采用,而分布式星型结构在现代的局域网中采用较多,交换技术的发展使星型结构被广泛采用。环型拓扑结构是一种有效的结构形式,也是一种分布式控制,它控制简便,结构对称性好,传输速率高,应用较为广泛,IBM令牌环网和剑桥环网均为环形拓扑结构。总线型拓扑结构可以实行集中控制,但较多的是采用分布控制。总线拓扑的重要特性是可采用广播式多路访问方法,它的典型代表是著名的以太网。总线结构曾经是局域网中采用最多的一种拓扑形式,其优点是可靠性高,扩充方便。树型结构在分布式局域网系统中较流行的是完全二叉树,这种结构的扩充性能好,寻址方便,较适用于多监测点的实时控制和管理系统。典型的树型结构局域网是宽带局域网。将星型、环型、总线型各种基本拓扑结构交互布置结构成混合型拓扑结构,其系统实例有Data Point公司提供的一种包括树型的PBX的混合局域网络和成为簇型的ARCnet网络。

2. 传输形式

局域网的传输形式有两种:基带传输与宽带传输。典型的传输介质有双绞线、基带同轴电缆、宽带同轴电缆和光导纤维、电磁波等。双绞线是一种廉价介质,非屏蔽五类线的传输速率已达100 Mbps,在局域网上被广泛应用。同轴电缆是一种较好的传输介质,它即可用于基带系统又可用于宽带系统,具有吞吐量大、可连接设备多、性价比比较高、安装和维护较方便等优点。光导纤维是局域网中最有前途的一种传输介质,具有高达每秒几百兆位的传输速率,不受任何强电磁的影响。此外,在某些特殊的应用场合,由于机动性要求,不便采用上述有线介质,而需采用微波、无线电、卫星等通信媒体传输信号。

3. 介质访问控制方法

介质访问控制方法即信道访问控制方法主要有五类：固定分配、需要分配、适应分配、探寻访问和随机访问。设计一个好的介质访问控制协议有三个基本目标：协议要简单，获得有效的通道利用率，对网上各站点的用户公平合理。

6.2 局域网协议

前面介绍的几种网络标准，如 OSI/RM、TCP/IP 等，均是在局域网出现之前制定的，都是针对广域网的。局域网出现之后，其发展迅速，类型繁多，用户为了能实现不同类型局域网之间的通信，迫切希望尽快产生局域网标准。1980 年 2 月，美国电气电子工程师学会（IEEE）成立了 802 课题组，研究并制定了局域网标准 IEEE 802。后来，国际标准化组织经过讨论，建议将 802 标准确定为局域网标准。

6.2.1 IEEE 802 标准

1. 局域网体系结构

在 OSI 参考模型中，通信子网必须包括低三层，即物理层、数据链路层和网络层。局域网作为一种计算机通信网理应包括 OSI 的低三层，但由于局域网的拓扑非常简单，不需要进行路由选择，局域网不存在网络层，因此，局域网的通信子网只包括物理层和数据链路层。局域网的物理层实际上由两个子层组成，其中，较低的子层描述与传输介质有关的特性，较高的子层集中描述与传输介质无关的物理层特性。

局域网的数据链路层由两个子层组成：介质访问控制（MAC）子层和逻辑链路控制（LLC）子层。不同的局域网采用不同的 MAC 子层，而所有局域网的 LLC 子层均是一致的。有了统一的 LLC 子层，虽然局域网的种类五花八门，但高层可以通用。局域网的低两层一般由硬件实现，就是平常所说的网络适配器（简称网卡）。高层由软件实现，网络操作系统是高层的具体实现。

OSI 参考模型与局域网体系结构的比较如图 6.1 所示。

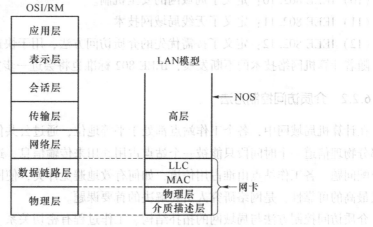

图 6.1 OSI 参考模型与局域网体系结构的比较

2. IEEE 802 标准

IEEE 是通信领域的一个国际标准化组织,这个标准化组织有一个 802 委员会,专门研究和制定有关局域网的各种标准,目前已经制定 12 个标准,如图 6.2 所示。

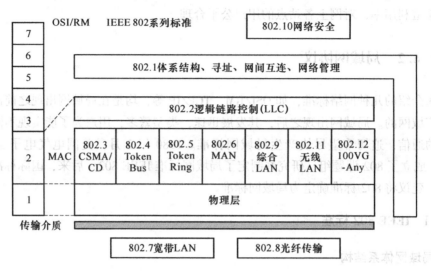

图 6.2 IEEE 802 系列标准

(1) IEEE 802.1:包括局域网体系结构、网络互连以及网络管理。

(2) IEEE 802.2:逻辑链路控制(LLC)子层的功能与服务。

(3) IEEE 802.3:描述 CSMA/CD 总线介质访问控制方法与物理层规范。

(4) IEEE 802.4:定义令牌总线(Token Bus)介质访问控制方法与物理层规范。

(5) IEEE 802.5:定义令牌环(Token Ring)介质访问控制方法与物理层规范。

(6) IEEE 802.6:定义城市网介质访问控制方法与物理层规范。

(7) IEEE 802.7:定义了宽带技术。

(8) IEEE 802.8:定义了光纤技术。

(9) IEEE 802.9:定义了语音与综合业务数字网(ISDN)技术。

(10) IEEE 802.10:定义了局域网的安全机制。

(11) IEEE 802.11:定义了无线局域网技术。

(12) IEEE 802.12:定义了按需优先的介质访问方法,用于快速以太网。

随着计算机网络技术的不断发展,IEEE 802 标准也将会进一步完善。

6.2.2 介质访问控制方法

在计算机局域网中,各个工作站点都处于平等地位,通过公共传输信道互相通信,任何一部分物理信道一个时间段只能被一个站点占用并用来传输信息,这就产生了一个信道的合理分配问题。各工作站点由谁占用信道,如何有效地避免冲突,使网络达到最好的工作效率以及最高的可靠性,是网络研究人员要解决的首要课题。

介质访问控制方法与局域网的拓扑结构、工作过程有密切关系。目前,计算机局域网常用的网络控制方式有三种,分别用于不同的拓扑结构。

1. 带有碰撞检测的载波侦听多点访问法

CSMA/CD 是英文 Carrier Sense Multiple Access with Collision Detection 的缩写，含有两方面的内容，即载波侦听和碰撞检测。CSMA/CD 访问控制方式主要用于总线型和树型网络拓扑结构的基带传输系统。信息传输是以"包"为单位，简称信包，发展为 IEEE 802.3 基带 CSMA/CD 局域网标准。

CSMA/CD 的设计思想如下：

（1）侦听总线。查看信道上是否有信号是 CSMA 系统的首要任务，各个站点都有一个"侦听器"，用来测试总线上有无其他工作站正在发送信息。如果信道已被占用，则此工作站等待一段时间然后再争取发送权；如果侦听总线是空闲的，没有其他工作站发送的信息就立即抢占总线进行信息发送。查看信号的有无称为载波侦听，而多点访问是指多个工作站共同使用一条线路。

CSMA 技术中要解决的另一个问题是侦听信道已被占用时，等待的一段时间如何确定。通常有两种方法。

当某工作站检测到信道被占用后，继续侦听下去，一等到发现信道空闲便立即发送，这种方法称为持续的载波侦听多点访问。

当某工作站检测到信道被占用后，就延迟一个随机时间，然后再检测，不断重复上述过程，直到发现信道空闲后开始发送信息，这种方法称为非持续的载波侦听多点访问。

（2）冲突检测。当信道处于空闲时，某一个瞬间，如果总线上两个或两个以上的工作站同时都想发送信息，那么该瞬间它们都可能检测到信道是空闲的，同时都认为可以发送信息，从而一起发送，这就产生了冲突；另一种情况是某站点侦听到信道是空闲的，而这种空闲可能是较远站点已经发送了信包，但由于在传输介质上信号传送的延时，信包还未传送到此站点的缘故，如果此站点又发送信息，则也将产生冲突，因此消除冲突是一个重要问题。

首先可以确认，冲突只有在发送信包以后的一段短时间内才可能发生，因为超过这段时间后，总线上各站点都可能听到是否有载波信号在占用信道，这一小段时间称为碰撞窗口或碰撞时间间隔。如果线路上最远两个站点间信包传送延迟时间为 d，碰撞窗口一般取为 $2d$。CSMA/CD 的发送流程可简单概括成四点：先听后发，边听边发，冲突停止，随机延迟后重发。

从以上讲解中可以看出，任何一个节点发送数据都要通过 CSMA/CD 方法去争取总线使用权，从它准备发送到成功发送的等待延迟时间是不确定的。因此，人们将 Ethernet 所使用的 CSMA/CD 方法定义为一种随机争用型介质访问控制方法。

CSMA/CD 方法的主要特点是：原理比较简单，技术上较易实现，网络中工作站处于同等地位，不要集中控制，网络负载轻时效率较高。但这种方式不能提供优先级控制，各节点争用总线，不能满足远程控制所需要的确定延时和绝对可靠性的要求。此方式效率高，但当负载增大时，发送信息的等待时间较长。为了克服以上缺点，产生了 CSMA/CD 的改进方式；如带优先权的 CSMA/CD 访问方式、带回答包的 CSMA/CD 访问方式、避免冲突的 CSMA/CD 访问方式等。

2. 令牌环访问控制法

令牌环（Token Ring）是令牌通行环（Token Passing Ring）的简写，其主要技术指标是：网络拓扑为环形布局，基带网，采用单个令牌（或双令牌）的令牌传递方法。环形网络的主要特点是：只有一条环路，信息单向沿环流动，无路径选择问题，网络中的节点只有获得令牌才可以发送数据。因此，在令牌环网中不会发生冲突。

令牌（Token）也叫通行证，它具有特殊的格式和标记，是一个1位或几位二进制数组成的代码，举例来说，如果令牌是一个字节的二进制数"1111111"，该令牌沿环形网依次向每个工作站传递。当一个工作站准备发送报文信息时，首先要等待令牌的到来，当检测到一个经过它的令牌为空令牌时，即以"帧"为单位发送信息，并将空令牌置为"忙"（000000000）标志附在信息尾部向下一站发送。下一站用按位转发的方式转发经过本站但又不属于由本站接收的信息。由于环中已没有空闲令牌，因此其他希望发送的工作站必须等待。

接收过程为：每一站随时检测经过本站的信包，当检测到信包指定的地址与本站地址相符时，则一面复制全部信息，一面继续发送该信息包，环上的帧信息绕网一周，由源发送站点予以收回。按这种方式工作，发送权一直在源站点控制之下，只有发送信包的源站点放弃发送权，把Token置"空"后，其他站点得到的令牌才有机会发送自己的信息。令牌环的工作过程如图6.3所示。

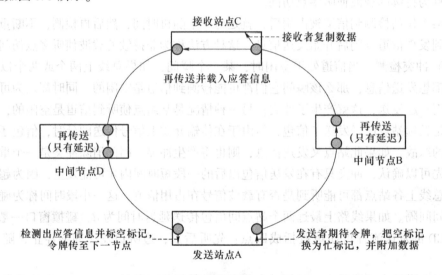

图6.3 令牌环的工作过程

令牌方式在轻负载时，由于发送信息之前必须等待令牌，加上规定由源站回收信息，大约有50%的环路在传送无用信息，所以效率较低。然而在重载荷环路中，令牌以"循环"方式工作，故效率较高，各站机会均等。令牌环的主要优点在于它提供的访问方式的可调整性，它可提供优先权服务，具有很强的实时性；其主要缺点是需有令牌维护要求，避免令牌丢失或令牌重复，故这种方式控制电路较复杂。

3. 令牌总线访问控制法

Token Bus 是令牌通行总线（Token Passing Bus）的简写。这种方式主要用于总线型或树型网络结构中。它综合了令牌传递方式和总线网络的优点，在物理总线结构中实现令牌传递控制方法。此方式也是目前局域网中的主流介质访问控制方式。使用此方式的网络中每一台联网的站点都含有一站号（地址），网络把总线和树形传输介质上的各工作站形成一个逻辑的环,即将各工作站置于一个顺序的序列内(例如可按照接口地址的大小排列)。方法是在每个站点中设一个网络节点标识寄存器 NID,初始地址为本站点地址。网络工作前,要对系统初始化,以形成逻辑环路,其过程主要是:网中最大站号 n 开始向其后继站发送"令牌"信包,目的站号为 $n+1$,若在规定时间内收到肯定的信号 ACK,则 $n+1$ 站连入环路,否则 $n+1$ 再继续向下询问(设网中最大站号为 $n=255$,$n+1$ 后变为 0,然后 1、2、3 递增),凡是给予肯定回答的站都可连入环路并将给予肯定回答的后继站号放入本站的 NID 中,从而形成一个封闭逻辑环路。经过一遍轮询过程,网络各站的 NID 中存放的都是其相邻的下游站地址。

逻辑环形成后,令牌的控制方法类似于 Token Ring。在 Token Bus 中,信息是双向传送的,每个站点都可以"听到"其他站点发出的信息,所以令牌传递时都要加上目的地址,明确指出下一个将到的站点。只有在逻辑环上的站点才有机会获得令牌,而不在逻辑环上的站点只能通过总线接收数据或响应令牌保持站时时间。这种方式与 CSMA/CD 方式的不同在于除了当时得到令牌的工作站之外,所有的工作站只收不发,只有收到令牌后才能开始发送,所以拓扑结构虽是总线型但可以避免冲突。令牌总线结构如图 6.4 所示。

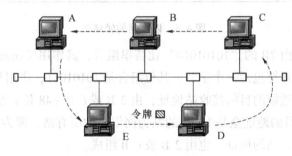

图 6.4 令牌总线结构

Token Bus 方式的最大优点是具有极好的吞吐能力,且吞吐量随数据传输速率的增高而增加,并随介质的饱和而稳定下来但并不下降;各工作站不需要检测冲突,故信号电压容许较大的动态范围,联网距离较远;有一定实时性,在工业控制中得到了广泛应用,如 MAP 网就是用的宽带令牌总线。MAP 网是目前应用非常广泛的工业网,它是以开放式系统和 ISO 七层参考模型为基础的宽带通信网络。令牌总线的主要缺点在于其复杂性和时间开销较大,工作站可能必须保持多次无效的令牌传送后才能获得令牌。

上述 3 种访问控制法已得到国际认可并形成 IEEE 802 计算机局域网标准。

6.3 以太网与交换以太网

6.3.1 以太网

目前应用最广泛的一类局域网是以太网,它由美国施乐(Xerox)公司于 1975 年研制成功并获得专利。此后,Xerox 公司与 DEC 公司、Intel 公司合作,提出了 Ethernet 规范,成为第一个局域网规范,这个规范后来成为 IEEE 802.3 标准的基础。

Ethernet 是典型的总线型局域网，它的传输速率为 10 Mbps。Ethernet 的核心技术是它的随机争用型介质访问控制方法，即带有冲突检测的载波侦听多路访问（CSMA/CD）方法。

Ethernet 是总线型网，网中没有控制节点，任何节点发送数据的时间都是随机的，网中节点都只能平等地争用发送时间，因此，其介质访问控制方法属于随机争用型。

以太网的介质访问控制方法 CSMA/CD 的基本工作原理可以从 MAC 帧结构、发送流程及接收流程三个方面结合进行讨论。

1. MAC 帧结构

联网的通信双方要发送数据，第 2 章讲通信的同步问题时已经提到，收、发双方必须同步。局域网中普遍采用的是以数据块为单位的子同步方式，待发送的数据加上一定的控制类信息构成的数据块称为"帧"，以太网的帧结构如图 6.5 所示。

7字节	1字节	6字节	6字节	2字节	n字节	4字节
前导码	帧定界符	目的地址DA	源地址SA	长度	数据	校验位

图 6.5　以太网的帧结构

前导码：前导码由 7B 的"10101010"比特串组成，其作用是使发送方和接收方同步。

帧定界符：帧定界符包括一个字节，其位组合是 10101011，作用是标志着一帧的开始。

目的地址：为发送帧的目的接收站地址，由 2 B 或 6 B（48 位）组成，对 10 Mbps 的标准规定为 6 B。如果目的地址全是 1，目的站为网络上的所有站，即为广播地址。

源地址：标志发送站的地址，也由 2 B 或 6 B 组成。

长度：长度字段由 2 B 组成，用来指示数据有多少个字节。

数据：真正在收、发两站之间要传递的数据块。标准规定数据块最多只能包括 1 500 B，最少也不能少于 46 B。如果实际数据长度小于 46 B，则必须加以填充。

校验位：帧校验采用 32 位 CRC 校验，校验范围是目的地址、源地址、长度及数据块。

2. 帧的发送流程

以太网中，如果一个节点要发送数据，它将以"广播"的方式将数据通过公共传输介质发送出去，连接到总线上的所有节点都可以"收听"到发送节点发送的数据信号。由于网中所有节点都可以利用总线发送数据，并且网中又不存在中心节点，因此有可能出现多个节点争抢总线的情况。为了尽量减少争抢现象，争抢发生后又能尽快恢复，CSMA/CD 采用了如下策略：

每一个节点在利用总线发送数据时，首先要监听总线的忙、闲状态。如果总线上已经有数据在流动，说明总线忙；如果总线上没有数据信号在传输，说明总线空闲。由于以太网的数据信号是按差分曼彻斯特码编码的，所以如果总线上存在电平跳变，则说明总线忙，否则说明总线空闲。如果一个节点在发送数据前监听到总线忙，它就持续监听下去，直到发现总线空闲。

请大家考虑下面这种情况：

如果有两个节点在几乎相同的时刻都要发送数据，它们就会在总线空闲时几乎同时将数据发送出去。这时总线上就会出现两套信号，那么就会产生冲突，所以节点在发送数据的过程中还应该进行冲突检测。

如果在发送数据帧的过程中检测有冲突，在 CSMA/CD 介质存取方法中，首先进入发送"冲突加强信号"（Jamming Signal）阶段。CSMA/CD 采用冲突加强措施的目的是确保有足够的冲突持续时间，以使网络中所有节点都能检测出冲突存在，废弃冲突帧，减少因冲突浪费的时间，提高信道利用率。冲突加强中发送的阻塞（JSM）信号一般分为 4B 的任意数据。

完成"冲突加强"过程后，节点停止当前帧发送，进入重发状态。进入重发状态的第一步是计算重发次数。Ethernet 协议规定一个帧最大重发次数为 16 次。如果重发次数超过 16 次，则认为线路故障，系统出错结束。如重发次数 $N \leq 16$ 则节点随机延迟后再重发。

如果数据发送过程中没有发送冲突，则数据发送完毕后正常结束。

帧的发送流程如图 6.6 所示。

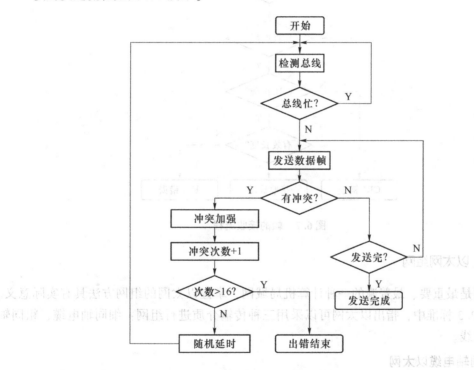

图 6.6　帧的发送流程

3. 帧的接收流程

在以太网中，节点要发送数据，需要通过竞争才能取得总线的使用权。不发送数据的节点应该一直处于接收状态。一个节点收完一帧后，首先检查帧的长度，如果帧长度小于规定的最小长度，说明一定是发生冲突后废弃的帧，接收节点丢弃已收到的帧，重新进入等待接收状态。如果帧长度正常，则接收节点接着检查帧的目的地址。如果目的地址是本节点地址，则接收该帧；如果目的地址不是本节点地址，则丢弃该帧。

帧的接收流程如图 6.7 所示。

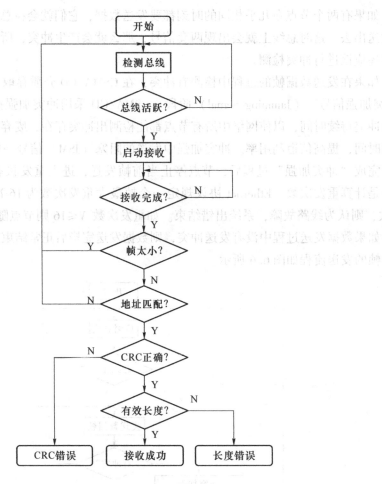

图 6.7　帧的接收流程

6.3.2　以太网组网

以太网是最重要、最普遍的一种计算机局域网,掌握以太网的组网方法具有实际意义。在 IEEE 802.3 标准中,指出以太网可以采用三种传输介质进行组网:细同轴电缆、粗同轴电缆和双绞线。

1. 细同轴电缆以太网

细同轴电缆以太网也叫 10Base-2 以太网。10 是指网络的传输速率为 10 Mbit/s,BASE 是指基带传输,2 是指最大的干线段为 185 m。图 6.8 所示展示了一个有两个网段和一个中继器的细同轴电缆以太网。

组建一个细同轴电缆以太网需要以下基本的硬件配置:

(1) 网卡:每个节点需要至少一块带有 BNC 接口的以太网卡。

(2) T 型连接器:细同轴电缆以太网的每个节点通过 T 型连接器连入网内。T 型连接器的两个水平端口连接电缆,一个垂直接口与网卡的连接器相连。

(3) 电缆:直径为 14 in (0.635 cm) 的细同轴电缆 RG-58A/U。

(4) 端接器:安排在细同轴电缆的两端。

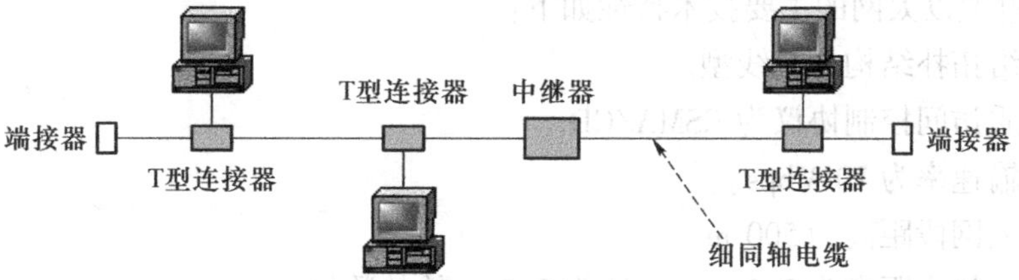

图6.8 细同轴电缆以太网

（5）中继器：一根细同轴电缆的总长度不能超过185 m，如果实际站点的分布距离超过这个限度，可以利用中继器进行扩充。中继器（Repeater）的作用是对信号进行放大。

细同轴电缆以太网的主要技术特性如下：
（1）网络拓扑结构为总线型。
（2）介质访问控制协议为CSMA/CD。
（3）传输速率为10 Mbps。
（4）每段最大节点数为30个。
（5）最大网段距离为185 m。
（6）站间最小距离为0.5 m，一般为0.5 m的整数倍。
（7）最大网段数为5段，最多可用4个中继器连接5段网络，但是只允许其中3个网段连接计算机，剩余的2个网段只能用于延长距离，可将网络距离延长到925 m。

细同轴电缆系统造价比较低，安装容易，但由于各连接头容易松动，可靠性受到一定影响。细同轴电缆以太网多用于小规模的网络环境。

2. 粗同轴电缆以太网

粗同轴电缆以太网又名10Base-5以太网。5是指最大的干线段为500 m，该网是标准以太网，如图6.9所示。

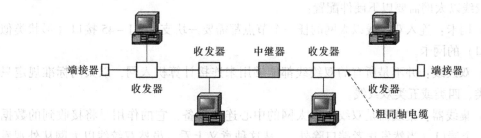

图6.9 粗同轴电缆以太网

组建一个粗同轴电缆以太网需要以下硬件。
（1）网卡。
（2）收发器：粗缆以太网的每个节点需要一个安装在同轴电缆上的外部收发器进入网内。
（3）收发器电缆：用于网卡与收发器的连接。
（4）电缆：直径为1/2 in（127 cm）的粗同轴电缆。
（5）端接器：安装在粗同轴电缆的两端，防止信号反射，两个端接器中有一个必须接地。

粗同轴电缆以太网的主要技术特性如下：

(1) 网络拓扑结构为总线型。

(2) 介质访问控制协议为 CSMA/CD。

(3) 传输速率为 10 Mbps。

(4) 最大网段距离为 500 m。

(5) 站间最小距离为 2.5 m，一般为 2.5 m 的整数倍。

(6) 最大网段数为 5 段，最多可用 4 个中继器连接 5 段电缆，但是只允许其中 3 个网段连接计算机，剩余的 2 个网段只能用于延长距离，可将网络扩大到 2.5 km。

粗同轴电缆网的抗干扰能力比细同轴电缆好，但造价较高，安装较为复杂。

3. 双绞线以太网

双绞线以太网又称 10Base－T，T 表示采用双绞线。是继细、粗同轴电缆以太网之后，20 世纪 80 年代后期出现的以非屏蔽双绞线为传输介质，以集线器为中心节点，采用星型拓扑结构的一种以太网。一个基本的 10Base－T 连接如图 6.10 所示。

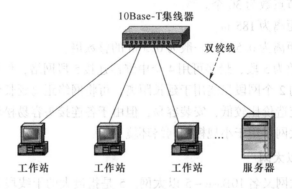

图 6.10　双绞线以太网

双绞线以太网需要以下硬件配置：

(1) 网卡：连入双绞线以太网的任一个节点都需要一块支持 RJ－45 接口（形状类似于电话接口）的网卡。

(2) 双绞线：并不是所有的双绞线都能够用来连接计算机入网，以太网标准规定只能使用三类、四类或五类双绞线。

(3) 集线器：集线器是双绞线以太网的中心连接设备，它的作用是将接收到的数据传播到每一个端口（当然发送者端口除外）。从这种意义上看，虽然双绞线以太网从外观看连接成星型，但从数据流动的情况上看，它仍然是一个总线型网。因此，我们往往说双绞线以太网是物理上星型、逻辑上总线型的局域网。

双绞线以太网的主要技术特性如下：

(1) 网络拓扑结构为星型。

(2) 中央节点为有源集线器。

(3) 介质访问控制协议为 CSMA/CD。

(4) 站点数由集线器的端口数而定。

(5) 传输速率为 10 Mbps/100 Mbps，目前 100 Mbps 已在 LAN 中实现。

(6) 最大网段长度为 100 m。

(7) 最大网络段数为 5 段，即可用 4 个中继器连接 5 段电缆，将网络扩大到 500 m。

双绞线局域网利用集线器在物理连接上形成了一个星型结构，这种连接法使网络的建立变得极为容易，而且 RJ-45 插头不像同轴电缆中的插口，它的牢固性极好。除此之外，双绞线以太网还具有扩充性好、易向上升级等优点，因此是目前组建以太网时的首选。双绞线以太网的扩充是通过集线器的级联而完成的。集线器的端口有限（一般为 16 个），超过 16 个节点就可以通过集线器的级联进行扩充。

有一点应该请大家注意的是，双绞线可以和同轴电缆混用，最常见的一种混用是楼层内的机器通过双绞线进行连接，再用粗同轴电缆将各个集线器串起来。

6.3.3 交换式以太网

1. 共享式以太网

随着个人计算机的普及和广泛应用，无论是单位还是居民小区，上网用户都越来越多，网络规模越来越大，网上信息交通拥挤现象越来越严重。对于低速局域网而言，它是建立在"共享介质"的基础上，所有网络用户的增加和网络中信息流量的增大，意味着每个网络用户所分得的数据传输时间的减少和传输宽带的减小。更严重的是，由于以太网的竞争总线机制，当用户过多时，可能导致网络冲突严重，使网络性能急剧下降。

传统的局域网是建立在"共享介质"的基础上，即网络所有站点共享一条公共传输通道，各站对公共信道的访问由介质访问控制（MAC）协议来处理。采用 CSMA/CD 介质访问控制的以太网是典型的共享局域网，如图 6.11 所示。

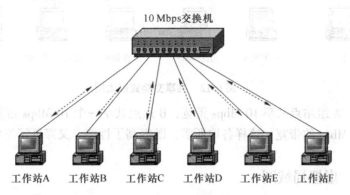

图 6.11 共享式以太网

以图 6.11 所示的共享以太网为例，该以太网有 1 个服务器 6 个工作站，数据传输速率为 10 Mbps。既然是共享传输介质，那么同一时间内只能有一个站点发送信息，也就是说所有工作站点（包括工作站和服务器）抢占同一个带宽，在任一给定时刻只能有一个站点捕获到总线。如果有好几个站点需要发送数据，那么 MAC 协议来解决这一冲突，只让一个站点获取访问权限，而其他站点只能等待。从这个意义上讲，图 6.11 中每个站点其实只有 10 Mbps/5 = 2 Mbps 的带宽。在负载严重的情况下，由于带宽限制将产生性能急剧下降。

一个解决带宽限制的常用方法是通过增加额外的集线器和服务器连接，将现有网络分段。但这一解决方案有多个限制。第一个限制来自服务器，服务器必须有多余的槽能够安装两个以上的网卡；另一个限制是必须慎重考虑工作站的位置，尽量将有通信关系的站点放在一个域。

2. 交换式以太网

传统以太网采用的是共享媒体技术，形成的是一种广播式网络，物理结构上是星型结构但逻辑上还是总线型结构。多用户共享一条信道，一个用户传送数据时，其他所有用户都必须等待，因此用户的实际使用速率比较低。

使用交换技术形成的交换式以太网可以使网络带宽问题得到根本解决。

使用交换技术的以太网的核心设备是交换机（Switch）。交换机系统摆脱了CSMA/CD媒体访问控制方式的约束，在交换机的各端口之间可以同时存在多个数据通道。例如，一个8端口的交换机可提供80 Mbps的宽带。交换式以太网相当于把整个网络划分成一个个单网络的用户，在每个网段上只有一个用户，因此不存在冲突，使用户可以充分利用带宽。

实际上，并不是所有的站点都需要专用带宽。只有少数实时性要求比较高的站点和服务器才需要专用带宽。一般站点往往通过集线器共享一个端口的带宽，如图6.12所示。

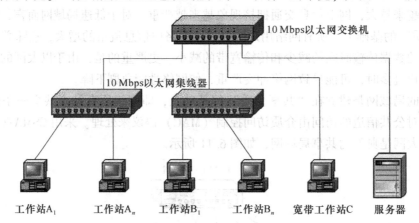

图6.12　共享交换式以太网

在本例中，A组站点共享10 Mbps带宽，B站点共享一个10 Mbps带宽，而C站点和服务器分别占10 Mbps的带宽。这样各取所需，既提高了性能，又降低了组网费用。

6.4　虚拟局域网

从20世纪80年代早期第一代局域网出现以来，个人计算机的广泛应用使得计算机网络技术获得了突飞猛进的发展。人们对网络化的需求不断得到拓展，对网络的带宽及传输速率提出了更高的要求。另外，现代企业如何把分布在世界各地的制造工厂、销售网点、办事处等连接成一个整体，使它们能够在任何地点、任何时间与任何一个顾客打交道，实现各要素的最佳配置和组合，应付瞬息万变的市场需求，成为企业成功的关键因素。这促使其对企业内外信息的需求产生了强烈的欲望，对企业网络中信息传输和事务处理提出了更高的要求，传统的网络技术已不能满足企业需要。于是人们不约而同地将注意力转向一种能够按照应用和实务需求而为用户动态配置资源的新的网络技术——虚拟网络（Virtual Network）技术。

6.4.1 虚拟局域网的概念和作用

虚拟网络的概念是由工作组（Workgroup）的需要而产生的，伴随高速网络的发展而实现的。它将逻辑的网络拓扑与物理的网络设施相分离，将网络上的节点按照工作性质与需要划分为若干个"逻辑工作组"，一个逻辑工作组就被称为一个虚拟局域网（Virtual LAN，VLAN）。

在传统的局域网中，信息传输是建立在"共享介质"基础上的，网中所有节点共享一条公共通信传输介质，典型的介质访问控制方法是 CSMA/CD、Token Ring（令牌环）和 Token Bus（令牌总线）。通常一个工作组是在同一个网段上，每个网段可以是一个工作组或子网。多个逻辑工作组之间通过互连不同网段的网桥或路由器来交换数据。如果一个逻辑工作组的节点要转移到另一个逻辑工作组，就需要将节点计算机从一个网段撤出，连接到另一个网段，甚至需要重新布线，因此逻辑工作组的组成就要受到节点所在网段物理位置的限制。

虚拟网络是建立在局域网交换机或 ATM 交换机之上的，局域网交换机可以在它的多个端口之间建立多个并发连接。虚拟局域网对宽带资源采用独占方式，以软件方式来实现逻辑工作组的划分和管理，逻辑工作组的节点组成不受物理位置的限制。当一个节点从一个逻辑工作组转移到另一个逻辑工作组时，只需要通过软件设定，而不需要改变它在网络中的物理位置。同一个逻辑工作组的节点可以分布在不同的物理网段上，但它们之间的通信就像在同一个物理网段上一样。虚拟局域网可以跟踪节点位置的变化，当节点物理位置改变时，无须人工重新配置。图 6.13 所示为传统局域网和虚拟局域网的分段示意图。与传统局域网使用网桥、交换机等物理设备从物理地点上形成广播域［图 6.13（a）］不同，属于同一个 VLAN 的一些节点设备，不必存在于同一个交换机的各个端口上［图 6.13（b）］。网络管理员可以根据不同的服务目的，通过相应的软件灵活地建立和配置 VLAN，并为每个 VLAN 分配它所需要的带宽。VLAN 的出现打破了传统网络许多固有的观念，为网络的各种应用提供了更加灵活方便的网络平台。

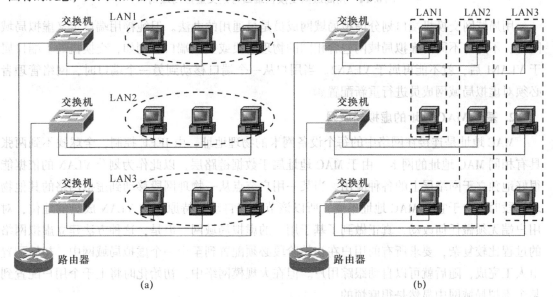

图 6.13　传统 LAN 与虚拟 LAN 的分段示意图
（a）传统 LAN 的分段（广播域）；（b）虚拟 LAN 分段（广播域）

在大型局域网和校园、企业网的建设过程中，VLAN 的规划和划分是网络是否可以安全、方便地管理和运行的重要保证条件。

6.4.2 虚拟局域网的划分方法

由于交换技术涉及网络的多个层次，因此虚拟网络也可以在网络的不同层次上实现。根据虚拟网的成员定义，虚拟局域网通常可划分为四种：基于交换机端口号的 VLAN、基于 MAC 地址的 VLAN、基于网络层的 VLAN 和 IP 广播组 VLAN。

1. 基于交换机端口的虚拟局域网

早期的虚拟局域网都是根据局域网交换机的端口来定义虚拟局域网成员的。这种方式从逻辑上将局域网交换机的端口划分为不同的虚拟子网，各虚拟子网相对独立，其结构如图 6.14 所示。

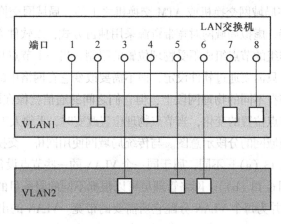

图 6.14　用局域网交换机端口号定义虚拟局域网

用局域网交换机端口划分虚拟局域网成员是最通用的办法。但纯粹用端口定义虚拟局域网时，不允许不同的虚拟局域网包含相同的物理网段或交换端口。例如，交换机的 1 端口属于 VLAN1 后，就不能再属于 VLAN2。当用户从一个端口移动到另一个端口时，网络管理者必须对虚拟局域网成员进行重新配置。

2. 基于 MAC 地址的虚拟局域网

MAC 地址是连接在网络中的每个设备网卡的物理地址，由 IEEE 控制，全球找不到两张具有相同 MAC 地址的网卡。由于 MAC 地址属于数据链路层，以此作为划分 VLAN 的依据能很好地独立于网络层上的各种应用。当某一用户节点从一物理网段移动到虚拟网络的其他物理网段时，由于它的 MAC 地址不变，所以该节点将自动保持原来的 VLAN 成员的地位，对用户端无须做任何改动，真正做到了基于用户的虚拟局域网。但是，这种方法建立虚拟网络的过程比较复杂，要求所有的用户在初始阶段必须配置到至少一个虚拟局域网中，初始配置由人工完成，随后就可以自动跟踪用户。但在大规模网络中，初始化时将上千个用户配置到某个虚拟局域网中显然是很麻烦的。

3. 基于网络层的虚拟局域网

基于网络层的虚拟局域网也称隐性标志（Implicitly Tagged）的方法，主要通过第 3 层的协议信息来区别不同的虚拟局域网。划分的依据则主要是协议类型或地址信息等，这非常有利于组成基于具体应用或服务的虚拟局域网。同时，用户成员可以随意移动工作站而无须重新配置网络地址。由于这类方法倾向于用逻辑的而非物理的方法来划分虚拟网，因此比较容易理解，方法本身也不复杂，但其实现牵涉了比较多的软件处理，故其处理速度不及前面两类基于硬件的方法。

4. IP 广播组虚拟局域网

IP 广播组虚拟局域网的建立是动态的，它代表一组 IP 地址。由虚拟局域网中叫作代理的设备对虚拟局域网中的成员进行管理。当 IP 广播要送达多个目的的节点时，就动态建立虚拟局域网代理，这个代理和多个 IP 节点组成 IP 广播组虚拟局域网，网络用广播信息通知各 IP 站，表明网络中存在 IP 广播组，节点如果响应信息，就可以加入 IP 广播组，成为虚拟局域网中的一员，与虚拟局域网中的其他成员通信，IP 广播中的所有节点都属于同一个虚拟局域网，但它们只是特定时间段内特定 IP 广播组的成员，IP 广播组虚拟局域网的动态特性提供了很高的灵活性，可以根据服务灵活地组建，而且它可以跨越路由器形成与广域网的互联。

目前，许多网络厂商对虚拟局域网技术前景非常乐观，正在大力研究和开发产品，在网络产品中融合了多种划分 VLAN 的方法。同时，随着管理软件的发展，VLAN 的划分逐渐趋于动态化，用户在实际应用中可以选择最佳的方法。

为了实现整个网络采用统一的管理，在组建 VLAN 网络时，应遵循以下原则：要尽量使用同一厂家的交换机；要层次化地将交换机与交换机相连，要避免使用传统的路由器，以保持整个网络的连通性；要根据应用的需要，使用软件划分出若干个 VLAN，而每个 VLAN 上的计算机不论其所在的物理位置如何，都处在一个逻辑网中，以便今后的网络管理和维护。

6.4.3　虚拟局域网的优点

使用 VLAN 技术，通过合理地划分 VLAN 来管理网络具有许多优点。

1. 控制网络广播风暴

控制网络广播风暴最有效的方法是采用网络分段。这样，当某一网段出现过量的广播风暴后，不会影响其他网段的应用程序。网络分段可以保证有效地使用网络带宽，最小化过量的广播风暴，提高应用程序的吞吐量。

2. 增加网络安全性

VLAN 提供的安全性有两个方面：对于保密要求高的用户，可以分在一个 VLAN 中，尽管其他人在同一个物理分段内，也不能透过虚拟局域网的保护访问保密信息。因为 VLAN 是一个逻辑分组，与物理位置无关。VLAN 间的通信需要经过路由器或网桥，当经过路由器通信时，可以利用传统路由器提供的保密过滤等 OSI 三层的功能对通信进行控制管理。当经过网桥通信时，利用传统网桥提供的 OSI 二层过滤功能进行过滤。

3. 提高网络性能

VLAN 可以提高网络中各个逻辑组中用户的传输流量，比如某个组中的用户使用流量很大的 CAD/CAM 工作站，或使用广播信息很大的应用软件，但它只影响到本 VLAN 的用户，其他逻辑工作组中的用户则不会受它的影响，仍然可以以很高的速率传输，所以提高了使用性能。

4. 易于网络管理

因为 VLAN 是一个逻辑工作组，与地理位置无关，所以易于网络管理。如果一个用户移动到一个新的地点，不必像以前重新布线，只要在网管上将它拖到另一个虚拟网络中即可。这样既节省了时间，又十分便于网络结构的增改、扩展，非常灵活。

6.5 无线局域网

伴随着有线网络的广泛应用，以快捷高效、组网灵活为优势的无线网络技术也在飞速发展。无线局域网能够提供传统有线局域网的所有功能。由于网络所需的基础设施能够随需要移动或变化，因此无线局域网络能够利用简单的存取构架让用户达到"信息随身化，便利走天下"的理想境界。在互联网高速发展的今天，可以认为无线局域网将是未来局域网发展的趋势，必将最终代替传统的有线网络。

无线局域网是指以无线信道作为传输媒介的计算机局域网（Wireless Local Area Network，WLAN），它是无线通信与计算机网络技术结合的产物。随着局域网的应用领域的不断拓宽和现代通信方式的不断变化，尤其是移动和便携式通信的发展，无线局域网逐渐成为计算机网络中一个至关重要的组成部分。

1. 无线局域网结构

无线局域网采用单元结构，即将整个网络系统分成许多单元。一个无线局域网可由一个基本服务区（Basic Service Area，BSA）组成，一个 BSA 通常包含若干个单元，每个单元称为一个基本服务组（Basic Service Set，BSS）。这些单元通过无线接入点（AP）与骨干网相连。骨干网可以是有线网，也可以是无线网。

无线局域网的物理组成如图 6.15 所示。由站点（Station，STA）、无线介质（Wireless Medium，WM）、接入点（Access Point，AP）和分布式系统（Distribution System，DS）、无线网卡、无线网桥等几部分组成。

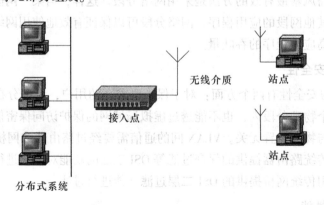

图 6.15 无线局域网的物理组成

站点 STA 又称主机（Host）或终端（Termina），是无线局域网的最基本的组成单元，站之间可以直接互相通信，也可以通过 AP 进行通信。

无线介质 WM 是无线局域网中 STA 之间、STA 和 AP 之间进行通信的传输媒体，它由物理层定义。在无线局域网中的是空气，它是无线电波和红外线传输的良好介质。

无线接入点（AP）类似蜂窝网络中的基站。STA 能通过 AP 与分布式网络或其他的 STA 进行通信，它实际上起到无线网络与分布式系统桥梁的作用。

分布式系统（DS）主要用来扩展无线局域网，或是将无线局域网与其他种类网络相连。

2. 无线局域网的特点

（1）安装便捷。无线局域网免去了大量的布线工作，只需安装一个或多个无线访问接入点（AP）就可覆盖整个区域，而且便于管理维护。

（2）高移动性。在无线局域网中，各节点可随意移动，不受地理位置的限制。目前，AP 可覆盖 10～100 m。在无线信号覆盖的范围内，均可以接入网络，而且无线局域网能够在不同运营商、不同国家的网络间漫游。

（3）易扩展性。无线局域网有多种配置方式，每个 AP 可支持 100 多个用户的接入，只需在现在无线局域网的基础上增加 AP，就可以将几个用户的小型网络扩展为几千用户的大型网络。

（4）兼容性。采用载波侦听多路访问/冲突避免（CSMA/CA）介质访问协议，遵从 IEEE 802.3 以太网协议。与标准以太网及目前的几种主流网络操作系统（NOS）完全兼容，用户已有的网络软件可以不做任何修改在无线局域网上运行。

（5）安全性。有线局域网的线缆不但容易遭到破坏，而且容易遭搭线窃听，而无线局域网采用的无线扩频通信技术本身就起源于军事上的防窃听技术，因此安全性高。

（6）可靠性。有线局域网的电缆线路存在信号衰减的问题，即随着线路的扩展信号质量急剧下降，而且误码率高，而无线局域网通过数据放大器和天线系统，可有效解决信号此类问题，能实现很低的误码率，抗干扰性强。

3. 无线局域网物理层的关键技术

IEEE 802.1 无线局域网是一种能支持较高数据传输速率（1～54 Mbit/s），采用微蜂窝结构的自主管理的计算机局域网络。实现的关键技术有三种：红外技术（IR）、跳频扩频（FHSS）和直接序列扩频（DSSS）。红外线局域网采用波长小于 1 μm 的红外线作为传输媒体，有较强的方向性，受阳光干扰大，适于近距离通信。DSSS 和 FHSS 无线局域网都使用无线电波作为媒体，覆盖范围大，基本避免了信号的偷听和窃取，通信安全性高。

4. 无线局域网的网络构成

每个 BSS 的组成结构可分为分布对等式、集中控制式和中继式三种。

（1）分布对等式。BSS 中任意两个终端可直接通信，无须中站转接，BSS 区域较小，结构简单，使用方便。如图 6.16 所示。

在构建局域网时，某一个移动站会自动设置为初始站，对网络进行初始化，使所有同域移动站构成为一个局域网，并且设定站间协作功能，允许有多个站同时发送信息，因此，每个移动站的 MAC 帧中同时有源地址、目的地址和初始地址。目前，这种形式的网络采用 NetBEUI 协议，不支持 TCP/IP，比较适合组建临时的小型局域网，适合野外作业、流动会议等业务。

(2) 集中控制式。BSS 中任意两个移动站都直接与中心站或无线接入点 AP 连接，在该中心站（或 AP 站，以下统称为"中心站"）的控制下与其他移动站通信，由中心站承担无线通信的管理及与有线网络的连接，如图 6.17 所示。无线用户在中心站所覆盖的范围内工作时，无须为寻找其他站点而耗费大量的资源，是理想的低功耗工作方式。虽然这种方式形成的 BSS 区域较大，但建中心站的费用较高，而且一旦中心站发生故障将影响到整个 BSS。

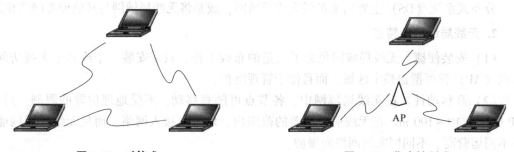

图 6.16　对等式　　　　　　　　图 6.17　集中控制式

数据传输时，在 MAC 帧中，同时有源地址、目的地址和接入点地址。根据各移动站发送的响应信号，AP 能在内部建立一个像"路由表"那样的"桥连接表"，将各个移动站与 AP 各端口一一联系起来。当需要接转信号时，AP 就通过查询"桥连接表"获得输出端口号，从而实现数据链路转接。

(3) 中继式。中继式的无线局域网是建立在接入式的原理之上，作点对点链接，如图 6.18 所示。由于是独享信道，这种形式比较适合在两个局域网间实现远距离互连（架设高增益定向天线后，传输距离可达到 50 km），被互联的局域网既可以是缆线型的，也可以是无线型的。因为无线网络采用中继方式的组网模式多种多样，所以统称无线分布系统。在这种模式下，MAC 帧中使用了四个地址，即源地址、目的地址、中转发送地址和中转接收地址。

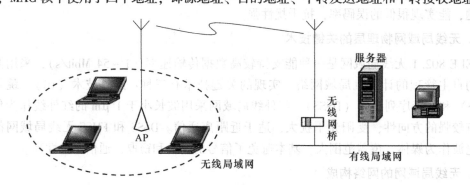

图 6.18　中继式

5. 无线局域网相关标准

在无线局域网标准出台以前，每个无线系统制造商的产品依赖于厂家特有的技术，不同厂家的产品又互不兼容，致使销量有限，产品价格昂贵的同时，其发展速度也十分缓慢，与飞速发展的有线计算机网络形成鲜明的对比。

目前，无线局域网有很多协议标准，如 IEEE 802.11a、蓝牙、HomeRF 等。虽然标准众多，但大致可分为两大发展方向：以高速传输应用发展为主（IEEE 802.11b，IEEE 802.11a）；

以低速短距离应用为主（蓝牙、HomeRF）。其中，IEEE 802.11 系列的速度较快，稳定性和互用性较高，适用于区域网；蓝牙速度较慢，但移动性强、体积小，适合移动电话、个人数字助理（PDA）或个人电脑等短距离连接。

1) IEEE 802.11 系列标准

1997 年 IEEE 推出了第一代无线局域网标准——IEEE 802.11，该标准定义了物理层和介质访问控制子层（MAC）的协议规范，最大传输速率 2 Mbit/s，允许无线局域网及无线设备制造商在一定范围内设立互操作网络设备。任何 LAN、网络操作系统或协议（包括TCP/IP，Novell NetWare）在遵守 IEEE 802.11 标准的无线 LAN 上运行时，就像它们运行在以太网上一样容易。

IEEE 802.11 标准的不断完善推动着 WLAN 走向安全、高速、互连，主要用于解决办公室局域网和校园网、用户与用户终端的无线接入等。

目前，已经产品化的 IEEE 802.11 标准主要有以下三种。

(1) IEEE 802.11a。IEEE 802.11a 使用 5 GHz 频段，传输速率范围为不大于 54 Mbit/s。该标准采用 OFDM（正交频分）调制技术，有 12 个传输信道。IEEE 802.11a 的数据速率较高，支持较多用户同时上网，但信号传播距离较短，易受阻碍。

(2) IEEE 802.11b。IEEE 802.11b 使用 2.4 GHz 频段，采用补偿码键控（CKK）调制方式，有 3 个传输信道，可以根据实际情况在 11 Mbit/s、5.5 Mbit/s、2 Mbit/s、1 Mbit/s 间切换传输速率。IEEE 802.11b 最高数据速率较低，信号传播距离较远，不易受阻碍。

(3) IEEE 802.11g。IEEE 802.11g 使用 2.4 GHz 频段，最高传输速率为 54 Mbids，有 3 个传输信道。IEEE 802.11g 能完全兼容 IEEE 802.11b，即 IEEE 802.11b 的设备在连接到一个 IEEE 802.11g 的 AP 上时仍能工作，IEEE 802.11g 的设备连接到一个 IEEE 802.11b 的 AP 上时也仍能工作，同时，IEEE 802.11g 的速率能达到 IEEE 802.11a 的水平，也支持更多用户同时上网，信号传播距离较远，不易受阻碍。IEEE 802.11g 的兼容性和高数据速率弥补了 IEEE 802.11a 和 IEEE 802.11b 各自的缺陷，因此，IEEE 802.11g 一出现就得到了众多厂商的支持。

2) Home RF

Home RF 是专门为家庭用户设计的一种 WLAN 技术标准。Home RF 利用跳频扩频方式，既可以通过时分复用支持语音通信，又能以 CSMA/CA 协议提供数据通信服务。同时，Home RF 提供了与 TCP/IP 良好的集成，支持广播、多播和 48 位 IP 地址，目前，Home RF 标准工作在 2.4 GHz 的频段上，跳频带宽为 1 MHz，最大传输速率为 2 Mit/s，传输范围超过 100 m。

下一代 Home RF 无线通信网络传送的最高速率提升到 10 Mbit/s，跳频带宽增加到 5 MHz。Home RF 的带宽与 IEEE 802.11b 标准所能达到的 11 Mbit/s 的带宽相差无几，并且将使 Home RF 更加适合在无线网络上传输音乐和视频信息。

3) 蓝牙技术

蓝牙（Bluetooth）技术是一种用于各种固定与移动的数字化硬件设备之间的低成本、近距离的无线通信连接技术。这种连接是稳定的、无缝的，其程序写在一个 9 mm×9 mm 的微型芯片上，可以方便地嵌入设备之中，蓝牙技术理想的连接范围为 0.1~10 m，但是通过增大发射功率可以将距离延长至 100 m。这项技术能够非常广泛地应用于日常生活中。

对于 IEEE 802.11 来说，它的出现不是为了竞争而是相互补充。蓝牙技术是一种短距的无线通信技术，工作在 2.4 GHz ISM 频段，其面向移动设备间的小范围连接，通过统一的短距离无线链路，在各种数字设备间实现灵活、安全、低成本、小功耗的话音以及数据通信。蓝牙技术比 IEEE 802.11 更具移动性。例如，IEEE 802.11 限制在办公室和校园内，而蓝牙却能将一个设备连接到 LAN（局域网）和 WAN（广域网），甚至支持全球漫游。"蓝牙"最大的优势还在于，在更新网络骨干时，如果搭配"蓝牙"架构进行，则使用整体网络的成本肯定比铺设线缆低。

4）红外线数据标准协会

红外线数据标准协会（Infrared Data Association，IrDA）成立于 1993 年，是非营利性组织，致力于建立无线传播连接的国际标准。IrDA 提出一种利用红外线进行点对点通信的技术，传输速率可达 16 Mbit/s。其相应的软件和硬件技术都已比较成熟，主要优点是体积小、功率低、成本低，适合设备移动的需要。

总之，IEEE 802.11 系列标准比较适于办公室中的企业无线网络，Home RF 较适用于家庭中移动数据/语音设备之间的通信，而蓝牙技术和 IrDA 则可以应用于任何用无线方式替代线缆的场合。目前这些技术还处于并存发展状态，随着产品与市场的不断发展，它们将逐步走向融合。

6.6 城轨通信网络组网

6.6.1 城轨通信网络方案设计内容

在网络工程设计的过程中，主要完成的工作内容应包括以下几个方面。

1. 网络规划

网络规划是指为即将建立的网络系统提出一套完整的设想和方案，其中应包括网络系统的可行性研究与计划、需求分析、网络中软硬件设备的选择、网络系统的选择、网络结构设计的确定、投资估算、网络建立文档的规范等，即网络系统集成的整体规划。网络规划对建立一个功能完善、安全可靠、性能先进的网络系统至关重要。

因此，无论是网络规划者，还是网络建设的决策者，都要充分认识到这一点。现实社会中由于网络规划不完善，大量人力、物力和财力浪费的现象屡见不鲜。轻则使建成的网络满足不了用户的需求，不能发挥应有的作用，重则使建成的网络系统不能正常运行。有的网络设计是一个落后的网络系统，以至完全不能达到用户的要求，从而给用户造成极大的损失。

2. 网络方案设计

网络方案设计是指根据用户的需求，充分考虑到建网的环境，对网络系统进行设计，包括合适的网络拓扑结构的选择、开发方法的确定或对原有系统升级改造方案的制定、网络服务器和工作站的选型、系统的结构化布线、网络系统的集成、应用软件的集成与开发等。这一部分工作的技术性很强，要求网络设计的技术人员在进行方案设计时，应着重考虑网络的实用性、先进性、开发性、可靠性、安全性、经济性以及可扩充性，并能够考虑具体的技术问题。

3. 系统设计

在系统设计这一阶段要进一步了解建筑物的内部结构和外部环境。对于小型局域网而言，布线设计比较容易，而对大一些的网络，就需要考虑综合布线设计。综合布线设计是一个比较复杂的过程，符合楼宇管理自动化、办公自动化、通信自动化和计算机网络化等多功能需要，能支持文本、语音、图形、图像、安全监控、传感等各种数据的传输，支持光纤、UTP（无屏蔽双绞线）、STP（屏蔽双绞线）、同轴电缆等各种传输介质，支持多用户多类型产品的应用，支持高速网络的应用。

4. 设备选型

设备选型是指根据前面的分析和设计，选择合适的网络传输介质、集线器、服务器、网卡、配套设备（如电源）等各种硬件设备。组成一个网络系统所需的设备很多，应充分了解市场上不同产品的特点，制订配置计划，以便做出最佳选择。在选择设备时应尽量选用主流产品，这样可以保证技术及发展的可维持性。

5. 投资预算

网络投资预算包括硬件设备、软件购置、网络工程材料、网络工程施工、安装调试、人员培训、网络运行维护等所需费用。需仔细分析预算成本，考虑如何既满足应用需求，又把成本降到最低。

6. 编写网络系统文档

系统文档是整个网络系统的文档资料，目前没有一个统一的标准，国内各大网络公司提供的文档内容也不一样。但文档是绝对重要的，对于未来的网络系统维护、扩展和故障处理，使用文档可为管理人员节省大量的时间。这些文档包括用户需求说明书、可行性分析报告、网络拓扑结构设计图、网络布线设计图、设备配置表、网络建设费用预算表等。

6.6.2 城轨通信网络的详细设计

1. 城轨通信网的硬件系统

1）以太网技术

目前城轨通信网一般采用快速以太网技术，该技术成熟，有完善的国际标准，系统易于升级，其布线系统和网络结构易于升级，网络传输速率支持 10 Mbps、100 Mbps、1 Gbps。若选择 100 Mbps 的传输速率，则相关设备技术成熟，价格又非常便宜。同时，城轨通信网的建设是有一定周期性的，要完全适应网络应用和全面开展网络应用是有一段过程的，因此，100 Mbps 带宽在建设初期是够用的。快速以太网设计还支持 IEEE 802.1Q VLAN 技术、SNMP/RMON/RMON2 网络管理与监测技术、三层交换技术。

2）通信介质的选择

理想的通信介质是光缆，它连接距离远，传输带宽高，抗干扰能力强。可以使用 4 芯或 6 芯光缆，留有一两对用于容错或将来使用链路聚合技术，以提高可靠性，增加网络带宽。目前在千兆位的速率下，62.5/125 μm 多模光缆最远可以传输 220 m，50/125 μm 多模光缆最远可以传输 550 m，9/125 μm 单模光缆最远可以传输 5 000 m。可根据距离分布情况，选择不同的光缆与工作模式。

对于二级以下的分支线路,应该选用 5 类或超 5 类双绞线。在 100 Mbps 速率下,流行的有源集线器或交换机可连接 100 m 远。

城轨通信网的整体网络拓扑图和物理布线方案,应根据城轨通信特点详细规划。

3) 交换机

交换机是网络通信的基本组成设备,它提供了网络连接,是数据转发的中间介质。可以从下列几个角度规划交换机。

主干(核心)交换机。主干交换机是网络的核心交换设备,提供与支干交换机的互联,其性能直接影响整个网络的性能,因此应选择具有较高性能的交换机,一般应在千兆级或千兆以上级。由于城轨通信网内用户较多,在组织上需要规划多个子网,所以核心交换机需要支持三层交换,以实现不同子网之间计算机的互访。核心交换机一定要支持可管理,并有良好的扩充性能、容错性能等。

核心交换机的 RJ-45 以太网端口一般支持 10 Mbps、100 Mbps 自适应连接,用于连接为城轨通信网提供各种应用服务的服务器,同时应具有足够的光纤接口,提供光纤连接。核心交换机还应该有足够的扩展槽,在必要的时候增加光纤或 RJ-45 扩展接口卡。

支干(楼宇)交换机。支干交换机提供楼宇间设备的互联,向上连接核心交换机,向下连接节点交换机。为了能上连核心交换机,应具有光纤接口,至少提供向上 100 Mbps 的全双工连接速率。为了能下连节点交换机,应具有一定数量的 RJ-45 接口,提供 100 Mbps 全双工模式连接节点交换机,一般交换机之间支持 100 Mbps 全双工连接方式。楼宇交换机可以选择具有 16 口或 24 口 RJ-45 接口,并具有光纤接口的产品。

节点交换机。节点交换机为直接连接用户端计算机的交换机,一般采用端口支持 10 Mbps、100 Mbps 自适应的以太网交换机,交换机应具有一定端口密度,如采用 24 口或更多端口的交换机。当用户设备密度较大时,若资金不是问题,可以选择可堆叠交换机。

在选择交换机时,除了需考察产品的品牌、价格外,更需要仔细了解产品的性能。对于构成骨干传输链路的中心交换机及楼宇交换机,一般应选择性能稳定、质量较高、具有一定冗余度的设备,可以稳定提供每天 24 h、一周 7 d 的不间断工作。当然,对 VLAN 及多链路隧道技术的支持也很重要,更不能少的是应该支持可管理性,能够提供交换机工作状态,支持远程设置与管理,支持图形化界面工具的配置,支持网络管理软件,等等,这些特性都将为日后的网络管理与维护提供强有力的支持。

4) 路由器

路由器是城轨通信网接入因特网的必备产品,提供内部网络与因特网的连接。在产品选择上应主要考虑性能和配置,它必须具备连接内网和外网的两个接口,目前公认的流行品牌是 Cisco,其他品牌还有 Intel、华为等。在选择路由器时主要考虑内、外网连接方式,早期的连接模式一般是对内与以太网(LAN 口)连接,对外利用广域网口(WAN 口),如 Cisco 路由器一般提供一个或两个以太网口及扩展槽。广域网口连接时需要购买广域网接口卡。因此,在采购路由器之前应确定对内、对外连接的方式及速率。

5) 服务器和工作站

主服务器。主服务器用来承担网络管理(如用户的接入与控制等)、信息管理(如数据库管理)和高速数据的存取管理等任务。如果任务很重,则可选用高档服务器或多个服务器。

在主服务器的选择上要注意以下几个问题：

(1) 服务器的 CPU 按 CPU 的指令系统来区分，通常分为 CISC 型 CPU 和 RISC 型 CPU 两类，后来又出现了一种 64 位的 VLIM（Very Long Instruction Word，超长指令集架构）指令系统的 CPU。CISC 型 CPU 目前主要有 Intel 的服务器 CPU 和 AMD 的服务器 CPU 两类；目前中高档服务器中采用 RISC 指令的 CPU 主要有以下几类：PowerPC 处理器、SPARC 处理器、PA – RISC 处理器、MIPS 处理器、Alpha 处理器。VLIM 指令系统的 CPU 主要有 64 位处理器和 Intel Xeon CPU 以及非 Intel 系列处理器（如 AMD），其中 64 位架构处理器在性能上有明显的优势，价格相对较高。Intel Xeon CPU 由于拥有大容量的高速缓冲，在多任务时优势明显，能够满足通信网应用的基本要求。

(2) 硬盘存取子系统应该选用高速的 SCSI 接口，最新的标准是 320 Mbps，可以选择流行可靠的 Ultra 2 SCSI 接口与相应的硬盘。为了进一步提高存取速度，可以使用 RAID 技术，这样能显著节省存取时间，使实际存取速度尽量接近接口速度。为了提高服务器的整体效能，可以使用带 I/O 处理芯片、有一定存取缓冲的硬件 RAID 卡。例如，HP 公司的 HP LH3000 和 LH6000 等，它们集成了 RAID 卡，并带有 1960 芯片和 32 MB 缓存，能够满足 VOD（视频点播）级多媒体信息存取的要求。

(3) 网络接口卡。一般服务器带有集成或外扩的 10 Mbps、100 Mbps 自适应网卡。为了提高网络主干的响应速度，应为其加装千兆位网卡，如 3COM 3C985 – SX 和 Intel PRO/1 000 千兆位服务器网卡等，或加装高档服务器网卡，即 100 Mbps 多端口链路聚合服务器网卡，如 Intel PRO/1000 双口服务器适配器，在全双工模式下可达 400 Mbps 的带宽。

为了全面提高服务器的性能，应选带 I/O 处理芯片的网卡，如 Intel Pro 智能服务器适配器，它带有 1960 I/O 处理器，能够减轻 CPU 的负担，还应当注意到千兆位网卡有的采用 64 位 PCI 接口，因为理论上千兆位网卡在全双工模式下已经超过了 32 位 PCI 的 132 Mbps 标准，所以服务器应该有 64 位 PCI 接口。

部门服务器。部门服务器用于网站的建立、电子邮件收发、文件传输和多媒体制作等其他组成部门，同样应根据任务选择。可以选用双 CPU 架构的服务器、SCSI 接口硬盘、百兆位高性能服务器网卡。

服务器的知名品牌有 Sun、HP、IBM、Compaq、Dell、联想、长城等。

工作站。根据具体应用而定。

6) 网络安全

防火墙技术的核心思想是在不安全的网间环境中构造一个相对安全的子网环境，它已成为实现因特网网络安全的重要保障之一。在城轨通信网中正确选择安装防火墙，可以保障城轨通信网的安全，防止外部非法的侵入。防火墙从产品角度分为软件防火墙和硬件防火墙，一般选择硬件防火墙。防火墙一般具有包过滤访问控制、双向 NAT（网络地址转换）、RA-DIUS（远程用户拨号认证服务）口令验证、网络实时监控、优先级控制、流量统计等功能。作为安全产品应尽可能选择本地化（国产）产品。在网络安全性规划上应全面考虑。

7) 其他设备

除了上述各类设备外，城轨通信网的网管中心还需要配备其他相关设备，如网络管理计算机、打印机、光盘刻录机、稳压电源、UPS 等。城轨通信网的网管中心配备 UPS（不间断电源），一是能够在正常供电中止时提供备用供电，二是能够隔离电网上的各种干扰，保护核心设备。

对于上述各类硬件设备，在选择产品时应综合考虑质量、性能、品牌、服务、价格等因素，不能片面追求某一因素而忽略其他因素，这些因素是相辅相成、相互作用的。

2. 城轨通信网的软件系统

除了规划硬件平台、选择硬件产品外，还需要认真选择软件产品，完整的网络环境应该是软硬件的有机组合。

1）网络操作系统

网络操作系统一般采用 Windows 2003 或更高版本操作系统，其主要特点是：支持多处理器，为今后升级网络服务器提供支持；支持多任务，且多任务运行可靠；工作站端支持多种操作系统，如 MS DOS、Windows 98、Windows NT、Windows XP、OS/2 和 UNIX 等；内置因特网功能，如内置的 IIS 可提供完整、丰富和易用的 Web 解决方案，实现 Web、FTP 等服务；中文操作界面，安装、维护和使用方便。

2）单机操作系统

单机操作系统一般采用 Windows XP 或 Windows 7 操作系统，其主要特点是：全新的图形窗口用户界面，使用简单快捷；具有良好的兼容性，不但能运行 32 位应用程序，也能兼容旧的 Windows 和 DOS；支持长文件名、多任务和多媒体应用等；支持即插即用，为板卡安装带来方便；有较强的网络功能，可提供简单、方便的对等网功能。

3）数据库系统

一个安全、稳固、功能强大的数据库系统是当今城轨通信网必不可少的组成部分。一方面它可以提供城轨通信网上的各种管理应用的支持，另一方面它也是 Internet 网络数据仓库的基础。流行的产品有 Microsoft SQL Sever、Oracle、Sybase、DB2 等，若操作系统选用微软的产品，数据库系统可以使用 SQL Server。

4）网络管理系统

系统应能提供网络性能、故障监控功能，为网络管理人员管理、维护网络提供支持与帮助。良好的网络管理软件能够为网络管理人员提供准确、及时的网络运行信息，为网络管理人员优化网络管理、发现问题、发现隐患、排除问题提供强有力的帮助。

5）防病毒系统

由于因特网的开放性，城轨通信网也成为黑客和计算机病毒极易攻击的对象，因此，有效地保障网络的安全、可靠、正常运行是当今城轨通信网管理面临的一大课题。防病毒软件在一个网络系统中是必不可少的，这里所说的防病毒软件是指网络版的防病毒产品，能够基于网络运行，并能够实时监测网络上的服务器、客户机是否有病毒。

在城轨通信网建设中，需要投入一定的资金购买应用软件，同时也有必要组织人员根据本校特点，自主开发、完善一些应用系统，只有在城轨通信网上有大量真实的应用时，才能真正体现城轨通信网的作用。

6.6.3 网络工程实施

网络工程实施是在网络设计的基础上进行的工作，主要包括软硬件设施的采购，具体网络软硬件设施和测试系统的安装、配置、调试和培训等。应该保证按系统设计要求，实现网络系统的连接，直至正常运行，并负责网络技术的培训和维护。

由于计算机网络工程必须按照国家/国际标准和相关规范进行施工与验收，因此网络工程的施工方必须组成专门的项目班子，对工程进度和工程质量进行严格的控制与管理。

1. 项目班子

网络工程的施工方为了确保工程项目顺利实施，应该设立一个项目经理，在项目经理下面可分设设备材料组、布线施工组、网络系统组、培训组和项目管理组等机构，负责相关的工作，每个小组应设立一名组长。

网络工程的建设方，要设立项目负责人，负责与施工方的协调。

1）项目经理

项目经理负责全面的组织协调工作，包括编制总体实施计划、各分项工程的实施计划；负责工程实施前的专项调研工作；负责工程质量、工程进度的监督检查工作；负责对用户的培训计划的实施；负责项目组内各工程小组之间的配合协调；负责组织设备订货和到货验收工作；负责与用户的各种交流活动；负责组织阶段验收和总体项目的验收，等等。

2）设备材料组

设备材料组负责设备、材料的定购、运输和到货验收等工作。

3）布线施工组

布线施工组负责编制该分项工程的详细实施计划；网络结构化布线的实施；该分项工程的施工质量、进度控制；布线测试，提交阶段总结报告，等等。

4）网络系统组

网络系统组负责网络设备的验收与安装调试；编制该分项工程的详细实施计划；负责该分项工程的施工质量、进度控制；提交阶段总结报告，等等。

此外，还需负责网络设备的安装调试，操作系统、网管系统、计费系统、远程访问和网络应用软件系统的安装调试初始化数据的建立；编制该分项工程的详细实施计划；该分项工程的施工质量、进度控制；网络系统的单项测试和最终测试；提交阶段总结报告，等等。

5）培训组

培训组负责编制详细的培训计划；负责培训教材的编写或定购及培训计划的实施；负责培训效果反馈意见的收集、分析整理、解决办法；提交培训总结报告，等等。

6）项目管理组

项目管理组负责管理这项工程的管理数据库；全部文档的整理入库工作；整个项目的质量、进度统计报表和分析报告；项目中所用材料、设备的定购管理；协助项目经理完成协调组织工作和其他有关的工作。

对上述项目班子的人员构成，不同投资规模的系统集成项目，要求由不同的人员构成。

2. 施工进度

计算机网络工程施工主要包括布线施工、设备安装调试、因特网接入、建立网络服务等内容。它要求有高素质的施工管理人员，有施工计划、施工和装修的安排协调、施工中的规范要求、施工测试验收规范要求等。施工现场指挥人员必须有较高素质，其临场决断能力往往取决于对设计的理解以及布线技术规范的掌握。

在网络安装前，需准备一个工程实施计划，对施工进度进行控制和协调，以便控制投资，按进度要求完成安装任务。对工程项目要科学地进行计划、安排、管理和控制，以使项目按时完工。

一般来讲，目标、成本、进度三者是互相制约的。目标可以分为任务范围和质量两个方面。项目管理的目的是谋求（任务）多、（进度）快、（质量）好、（成本）省的有机统一。

通常，对于一个确定的合同项目，其任务的范围是确定的，此时项目管理就演变为在一定的任务范围内如何处理好质量、进度、成本三者的关系。

质量管理的关键是严格按照国家/国际标准进行施工。计算机网络工程施工应该按 ISO 9000 或软件能力成熟度模型（CMM）等标准、规范建立完备的质量保证体系，并能有效地实施。网络工程施工方应该具有较强的综合实力，有先进、完整的软件及系统开发环境和设备，具有较强的技术开发能力，应该具有完备的客户服务体系，并设立专门的机构，应该有对员工进行系统的新知识、新技术培训的计划，并能有效地组织实施。

3. 网络工程施工前的准备工作

网络工程经过调研确定方案后，下一步就是工程的实施，而网络工程施工有许多的工作要做，主要包括工程前期工作，施工过程中组织、管理的具体实施和工程施工后期工作等。

实施工程的第一步就是开工前的准备工作，要求做到以下两点：

（1）设计综合布线实际施工图，确定布线的走向位置，供施工人员、督导人员和主管人员使用。

（2）备料。网络工程施工过程需要许多施工材料，这些材料有的需要在开工前就备好，有的可在施工过程中准备。主要有以下几种：

① 光缆、双绞线、插座、信息模块、服务器、稳压电源、UPS 等，须落实购货点，并确定提货日期。

② 不同规格的塑料槽板、PVC（聚氯乙烯）防火管、蛇皮管、自攻螺丝等布线用料就位。

③ 如果是集中供电，则准备好导线、铁管，制定好电器设备安全措施（供电线路必须按民用建筑标准规范进行）。

④ 制定施工进度表，要留有适当的余地，以备施工过程中发生意想不到的事情。

⑤ 向工程单位提交开工报告。

4. 施工过程中的注意事项

施工过程中要注意以下几方面问题：

（1）施工现场督导人员要认真负责，及时处理施工进程中出现的各种情况，协调处理各方意见。

（2）如果现场施工碰到不可预见的问题，及时向工程单位汇报，并提出解决办法供工程单位当场研究解决，以免影响工程进度。

（3）对工程单位计划不周的问题，要及时妥善解决。

（4）对工程单位新增加的点，要及时在施工图中反映出来。

（5）对部分场地或工段要及时进行阶段检查验收，确保工程质量。

（6）要及时进行测试，发现问题及时解决，避免后期大规模返工。

有以下几种情况需要测试：

① 工作间到设备间连通状况。
② 主干线连通状况。
③ 信息传输速率、衰减率、距离、接线图、近端串扰等因素。

5. 工程施工结束时的注意事项

工程施工结束时的注意事项如下：
（1）清理现场，保持现场清洁、美观。
（2）对墙洞、竖井等交接处要进行修补。
（3）对各种剩余材料汇总并进行登记。
（4）整理和撰写工程总结。

6. 工程验收

对网络工程进行验收是施工单位（乙方）向用户单位（甲方）移交过程的正式手续，也是用户对网络工程施工工作的认可。检查工程施工是否符合设计要求和有关施工规范。用户要确认工程是否达到了原来的设计目标，质量是否符合要求，有没有不符合原设计有关施工规范的地方。网络工程的验收，归根结底是验收以下三方面的内容：
（1）该买的设备、软件等是否都按规定的品牌、规格、型号购买，是否都已经按规定进行了验收、登记，相关的设备手册、资料、保修单、产品许可证等是否完备，是否已登记。
（2）施工方是否已经严格按规定施工。
（3）整个网络系统是否经过测试，整个网络系统运行是否畅通，是否已经达到规定的要求。

小 结

局域网是目前应用最为广泛的计算机网络。本章主要介绍了局域网的关键技术，如拓扑结果、传输媒体和媒体访问控制方法等。

在局域网协议的论述中，讨论了国际标准化组织（ISO）推荐的局域网国际标准，即IEEE 802 标准。局域网的主要介质访问控制方法有带有碰撞检测的载波侦听多点访问法（CSMA/CD）、令牌环（Token Ring）访问控制法和令牌总线（Token Bus）控制访问法三种。

目前应用最为广泛的局域网类型是以太网，其核心技术是带有碰撞检测的载波侦听多点访问法（CSMA/CD），交换式以太网通过以太网交换机支持交换机端口节点之间的并发连接，实现多节点之间数据的并发传输，交换式局域网比共享式局域网具有更高的数据传输效率和带宽。

虚拟网络（Virtual Network）是由工作组（Workgroup）的需要而产生，伴随高速网络的发展而实现的。虚拟网络是建立在局域网交换机或 ATM 交换机之上的，局域网交换机可以在它的多个端口之间建立多个并发连接。

无线局域网是指以无线信道作为传输媒介的计算机局域网（Wireless Local Area Network，WLAN）。无线局域网由无线网卡、无线接入点（AP）、计算机和有关设备组成。

依处理信息的方式不同，局域网有三种网络类型：基于服务器系统结果（又分为专用服务器结构和客户机/服务器系统结构)、对等网络系统结构和集中式处理的主机/终端机系统结构。

局域网知识在城市轨道交通领域最重要的应用就是城轨通信网络的组建,城轨通信网络的组建是个系统工程,需经方案设计、详细设计和工程实施三大阶段。

 习 题

一、填空题

1. 局域网(Local Area Network,LAN)是一种在_____的地理范围内将大量 PC 及各种设备互连在一起,实现数据_____和资源_____的计算机网络。

2. 决定局域网的主要技术涉及拓扑结构、传输媒体和介质访问控制(Medium Access Control,MAC)三项技术问题,其中最重要的是_____。

3. 国际标准化组织(ISO)经过讨论,建议将_____标准确定为局域网标准。

4. 从准备发送到成功发送的发送等待延迟时间是不确定的,因此人们将 Ethernet 所使用的 CSMA/CD 方法定义为一种_____型介质访问控制方法。

5. ARCnet 网络综合了_____和_____网络的优点,在物理总线结构中实现令牌传递控制方法,从而构成一个_____环路。

6. 目前应用最广泛的一类局域网是_____,它是由美国施乐(Xerox)公司于 1975 年研制成功并获得专利。此后,Xerox 公司于 DEC 公司、Intel 公司合作,提出了_____规范,成为第一个局域网产品规范,这个规范后来成为 IEEE 802.3 标准的基础。

7. Ethernet 是_____型网,网中没有控制节点,任何节点发送数据的时间都是_____,网中节点都只能平等地争用发送时间,因此其介质访问控制方法属于_____型。

8. 使用交换技术形成的_____式以太网,其核心设备室交换机,可以在它的多个端口之间建立多个_____连接。

9. 虚拟局域网对带宽资源采用独占方式,以_____方式来实现逻辑工作组的划分和管理,逻辑工作组的节点组成不受_____限制。

10. 无线局域网的网络结构主要有两种类型:_____和_____。

11. 无线局域网由无线网卡、_____、计算机和有关设备组成。它采用单元结构,整个系统分成许多单元,每个单元称为一个_____。

12. 在网络工程设计的过程中,主要完成的工作内容应包括_____、方案设计、_____、_____、_____、_____。

13. 目前城轨通信网一般采用_____。

14. 网络工程实施主要包括_____,_____和测试系统的安装、配置、调试和培训等。

二、选择题

1. 一个网吧将其所有的计算机连成网络,该网络属于(   )。
    A. 城域网   B. 广域网   C. 吧网   D. 局域网

2. 局域网通常采用的传输技术是(   )。
    A. 路由   B. 冲突检测   C. 交换   D. 带宽分配

3. 局域网参考模型将数据链路层划分为 MAC 子层与（　　）。
   A. 100Base-TX   B. PHD   C. LLC   D. ATM
4. IEEE 802 标准中定义了逻辑链路控制子层功能与服务的是（　　）。
   A. IEEE 802.3   B. IEEE 802.4   C. IEEE 802.1   D. IEEE 802.2
5. 典型的局域网交换机允许 10 Mbps 与 100 Mbps 两种网卡共存，它采用的技术是 10、100 Mbps 的（　　）。
   A. 令牌控制   B. 速率变换   C. 线路交换   D. 自动侦测
6. 1 000Base-T 标准规定网卡与 Hub 之间的非屏蔽双绞线长度最大为（　　）。
   A. 50 m   B. 100 m   C. 200 m   D. 500 m
7. 以太网传输技术的特点是（　　）。
   A 能同时发送和接收帧、不受 CSMA/CD 限制
   B. 能同时发送和接收帧、受 CSMA/CD 限制
   C. 不能同时发送和接收帧、不受 CSMA/CD 限制
   D. 不能同时发送和接收帧、受 CSMA/CD 限制
8. 虚拟局域网的技术基础是（　　）。
   A. 双绞线   B. 冲突检测   C. 光纤   D. 局域网交换
9. 网络上所有连接的计算机或端口都可以同时平行地互相传送数据；网上每对建立了连接的用户都可以按各自需要得到带宽，并且网络带宽能随网络用户的增加而扩大，这样的网络属于（　　）。
   A. 交换式局域网   B. 分组交换网
   C. 虚拟交换网   D. 双绞线共享式局域网
10. 无线局域网通过（　　）可连接到有线局域网。
    A. 天线   B. 无线接入器   C. 无线网卡   D. 双绞线
11. 无线局域网的通信标准主要采用 IEEE（　　）标准。
    A. 802.2   B. 802.3   C. 802.5   D. 802.11
12. 对等网络的主要优点是网络成本低、网络配置和（　　）。
    A. 维护简单   B. 数据保密性好
    C. 网络性能较高   D. 计算机资源占用小
13. 网络方案设计是指根据（　　）的需求，充分考虑到建网的环境，对网络系统进行设计。
    A. 投资方   B. 用户   C. 设计师   D. 工程总体

三、判断题（正确的打√，错误的打×）

1. 局域网的本质特征是分布距离短、数据传输速度快。（　　）
2. 决定局域网的关键技术中最重要的是介质访问控制方法。（　　）
3. 不同的局域网采用不同的 LIC 子层，而所有的 MAC 子层均是一致的。（　　）
4. IEEE 802.4 定义了令牌环介质访问控制方法与物理层规范。（　　）
5. 在共享介质的总线型局域网中，无论采用何种介质访问控制方法，节点"冲突"的现象都是不可避免的。（　　）

6. 共享式以太网在物理结构上是星型结构，逻辑结构上是总线型结构。（ ）

7. 虚拟局域网建立在局域网交换机之上，它通过软件方式实现逻辑工作组的划分与管理，逻辑工作组的成员组成不受物理位置的限制。（ ）

8. 将计算机与100Base-TX集线器进行连接时，UTP电缆的长度不能大于150 m。（ ）

9. 无线局域网是指以无线通道作为传输媒介的计算机局域网。（ ）

10. 交换机是网络通信的基本组成设备，它提供网络连接，是数据转发的中间介质。（ ）

11. 路由器是城轨通信网接入因特网的必备产品，提供内部网络与因特网的连接。（ ）

第 7 章
TCP/IP 与因特网

本章主要介绍 TCP/IP 和因特网的服务与应用。TCP/IP 是因特网最基本的协议，也是最重要的协议，所以本章首先介绍了 TCP/IP 的基本概念，然后按照 TCP/IP 协议栈的层次分别介绍网际互联层协议、传输层协议、应用层协议、TCP/IP 协议模型的各个层次所包含的概念和应用。

本章还介绍了因特网的基本概念，因特网的结构体系，提供的网络服务等功能。本章的最后，介绍了新兴的网络技术——云计算和物联网，阐述了云计算和物联网的概念、应用场景及特点。

7.1 TCP/IP 概述

因特网（Internet）是一个建立在网络互联基础上的、开放的全球性网络。因特网拥有数千万台计算机和数以亿计的用户，是全球信息资源的超大型集合体。所有采用 TCP/IP 协议的计算机都可以加入因特网，实现信息共享和相互通信。与传统的书籍、报刊、广播、电视等传播媒体相比，因特网使用方便，查阅更快捷，内容更丰富。今天，因特网已在世界范围内得到了广泛的普及与应用，并正在迅速地改变人们的工作方式和生活方式。

TCP/IP 协议是因特网上使用最为广泛的通信协议。所谓 TCP/IP 协议，实际上是一个协议簇（组），是一组协议，其中 TCP 协议（Transmission Control Protocol）和 IP 协议（Internet Protocol）是其中两个最重要的协议。IP 协议称为网际协议，用来给各种不同的局域网和通信子网提供一个统一的互联平台。TCP 协议称为传输控制协议，用来为应用程序提供端到端的通信和控制功能。

在 TCP/IP 协议体系中，依据其提供的功能和服务，将其分成四个层次，分别为网络访问层（或网络接口层）、网际互联层、传输层和应用层。各层功能描述请参阅第 4 章。

在 TCP/IP 的层次结构中，虽然包括四个层次，但实际上只有三个层次（2~4 层）包含了实际的协议。TCP/IP 标准并没有定义具体的网络接口协议，而是旨在提供灵活性，以适应各种网络类型，如 LAN、MAN 和 WAN。这也说明了 TCP/IP 协议可以运行在任何网络之上。TCP/IP 中各层对应的协议如图 7.1 所示。

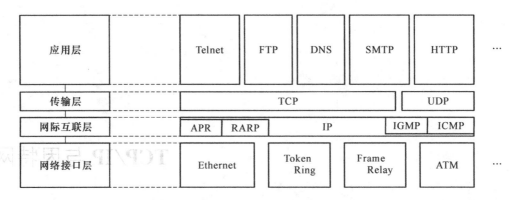

图 7.1 TCP/IP 中各层对应的协议

7.2 网络访问层

网络访问层用于实现主机与传输媒介的物理接口，为网际互联层发送和接收 IP 数据报，对应到 OSI 七层模型中的第一层（物理层）和第二层（数据链路层）。TCP/IP 支持多种网络访问层协议，常用的有 Ethernet、Token Bus、Token Ring 等。这些协议和标准都遵循电气电子工程师学会（IEEE）系统标准。具体来说，都遵循 IEEE 802 标准。

IEEE 802 委员会成立于 1980 年，专门用来制定局域网的接口和协议标准。图 7.2 所示说明了 IEEE 802 系列标准与 OSI/RM 的对应关系。我们从中可以很清楚地看到 IEEE 802 系列标准正好对应到 OSI 第一层到第三层，分别为物理层、数据链路层及网络层。

OSI七层参考模型		IEEE 802标准			
应用层					
表示层					
会话层					
传输层					
网络层		802.1			
数据链路层		802.2			
物理层		802.3 媒体访问 物理层	802.4	802.5	…

图 7.2 IEEE 802 系列标准与 OSI/RM 的对应关系

关于 IEEE 802 协议系列以及以太网协议的有关内容，读者可以参考第 6 章计算机局域网的有关内容，这里不再详细讲述。

7.3 网际互联层

网际互联层是在因特网标准中正式定义的第 1 个层。TCP/IP 协议体系的网际互联层包含的协议主要有 IP（Internet Protocol，网络协议）、ICMP（Internet Control Message Protocol，网络控制信息协议）、ARP（Address Resolution Protocol，地址解析协议）和 RARP（Reverse

Address Resolution Protocol，反向地址解析协议）。这一节我们将简单介绍这些协议。

7.3.1 IP 协议

网际协议，简称 IP 协议，它和 TCP 协议是整个 TCP/IP 协议簇中最重要的部分，而 TCP 协议又是建立在 IP 协议基础上，由此便可知道 IP 协议的重要性。

IP 协议实现两个基本功能：分段和寻址。IP 协议的分段（或重组）功能是靠 IP 数据包头部的一个字段来实现的。网络只能传输一定长度的数据包，而当等待传输的数据报超出这一限制时，就需要利用 IP 协议的分段功能将长的数据报分解为若干较小的数据包。寻址功能同样也在 IP 数据包头部实现。数据包头部中包含了信源端地址、目的端地址以及一些其他信息字段，可用于对 IP 数据包进行寻址。

1. IP 协议的特性

IP 协议有两个很重要的特性：非连接性（无连接性）和不可靠性。非连接性是指经过 IP 协议处理过的数据包，其传输是相互独立的，每个数据包都可以按不同的路径传输到目的地，也就是说每个包传输的路由可以完全不同，因而其数据包抵达的顺序可以不一致，先传送的数据包不一定先到达目的地。

不可靠性是指 IP 协议没有提供对数据流在传输时的可靠性控制。它是一种不可靠的"尽力传送"的数据报类型协议。它没有重传机制，对底层的子网也没有提供任何纠错功能，用户数据包可能发生丢失、重复甚至失序到达。

但是，是不是 IP 协议对正确的数据传输而言不大可行呢？事实上，IP 协议只是单纯地负责将数据报分割成包（分组），然后送到网上，传输质量的确不能得到保证，但是利用 ICMP 协议所提供的错误信息再配合更上一层的 TCP 协议，则可以提供对数据传输的可靠性控制。

2. IP 协议的包格式

IP 协议的包格式如图 7.3 所示。

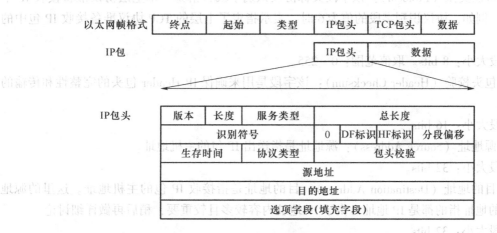

图 7.3　IP 协议的包格式

IP 协议规定 IP 包的长度是 32 bit 的倍数，也就是四个字节的倍数。

① 版本（Version）：指出使用的 IP 协议的版本号，大多数 TCP/IP 协议的实现都包含这

一字段，这是因为有些网络节点可能没有 IP 协议的最新版本 IPv6。目前 IP 协议的版本号是 IPv4。

② 长度（IHL）：指的是 IP 数据包头部的长度，它是以 32 bit（4 字节）为计数单位，不包含 Option（Padding）字段，典型的头部长为 20 字节，因此该字段的值一般为 5。取值最大可以到 15，即 IP 数据包头部最长可以到 60 字节。

③ 服务类型（Type of Service）：这一字段主要指定 IP 包的传输时延、优先级和可靠性。

字段大小：8 bits。

④ 总长度（Total Length）：总长度指的是整个 IP 包的长度，其中包括 IP 包头长度和数据长度，最大为 $2^{16}=65\ 536$ 字节。

字段大小：16 bits。取值范围：576～65 535 字节。

⑤ 识别符号（Identification）：识别符号用来识别目前的数据包。长的报文在传送时会被切割成多个包来传送，接收端会将相同来源及识别符号值的包收集起来重新组合成原来的报文。

字段大小：8 bits。

⑥ 标记（Flags）：该字段用来标记 IP 包是否可以分段，以及是否是最后分段。

字段大小：3 bits。

⑦ 分段偏移（Fragment Offset）：分段偏移指出目前的分段在原始的数据段中的所在位置。原始的数据段允许有 8 192 个分段，并且以 8 字节为一个基本偏移量，即段偏移的取值是以 8 个字节为单位计算的，所以最大可允许 65 536 字节的数据。

字段大小：13 bits。取值范围：0～8 191，系统默认为 0。

⑧ 生存时间［Time to live（TTL）］：在包开始传送时设置为 255，每当包经过一个路由器时，该字段值自动减 1，直到 0 为止。若该字段减到 0 时包还未到达目的位置，则将该包丢弃。

字段大小：8 bits。取值范围：0～255 s。

⑨ 协议类型（Protocol）：该字段又称协议识别字段，指哪一个上层协议准备接收 IP 中的数据。例如，协议识别字段的值为 6 时，表示指定了上层的 TCP 协议准备接收 IP 包中的数据。

字段大小：8 bits。取值范围：0～255。

⑩ 包头校验（Header Checksum）：该字段是用来确保 IP Header 包头的完整性和传输的正确性。

字段大小：16 bits。

⑪ 源地址（Source Address）：源地址是指送出 IP 包的主机地址。

字段大小：32 bits。

⑫ 目的地址（Destination Address）：目的地址是指接收 IP 包的主机地址。这里的源地址和目的地址指的都是 IP 地址。由于 IP 地址内容较多且较重要，稍后再做详细讨论。

字段大小：32 bits。

⑬ 选项字段（Option）：选项字段用来提供多种选择性的服务。

字段大小：不定。

⑭ 填充字段（Padding）：IP Header 包头的大小一定是 32 bits（4 字节）的整数倍。当

Option 选项字段不足 4 字节的整数倍时，就用 Padding 填充字段来补齐。通常用 0 来填补。

7.3.2 IP 地址

1. IP 地址表示

IP 地址是一组 32 位的二进制数字，由 4 个字节构成，代表了网络和主机的地址。IP 地址的每个字节以点分开，如 Magic 公司的 IP 地址为 203.66.47.49，其表示方式如图 7.4 所示。

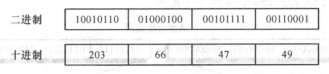

图 7.4 IP 地址表示方式

2. IP 地址分类

IP 地址是由地址类别、网络地址（网络号）与主机地址（主机号）三部分组成的 32 位地址，而且每个主机上的 IP 地址必须是唯一的。IP 地址结构如图 7.5 所示。全球 IP 地址的分配由国际互联网网络信息中心（Internet Network Information Center，Inter NIC）负责。Inter NIC 会根据申请来分配大型网络地址（A 类地址）、中型网络地址（B 类网络地址）和小型网络地址（C 类地址）。国内则是向各自所属的因特网服务提供商（ISP）提出 IP 地址的申请。

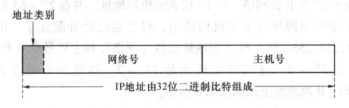

图 7.5 IP 地址结构

IP 地址根据网络规模的不同可以分成三个等级（或者三类），分别是 A 类地址、B 类地址、C 类地址、D 类地址和 E 类地址。各类地址的组成结构如图 7.6 所示。

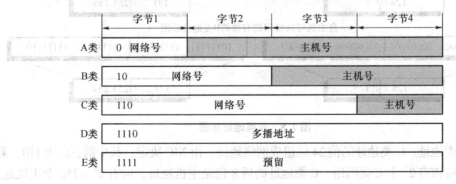

图 7.6 IP 地址的组成结构

（1）A 类地址：前 8 位表示网络地址，取值由 NIC 决定，第一位固定为 0，剩余 7 位。可

表示 $2^7=128$ 个 A 类网络。A 类地址一般分配给政府部门、大型网络或大型机构使用（如 IBM 公司、DEC 公司等），目前已经分配完了。A 类地址的后 24 位是指主机的地址。24 位的主机地址共有 $2^{24}=166\ 777\ 216$ 个主机地址。例如，DEC 这家公司向 NIC 申请，取得一个 A 类地址，那么 DEC 这家公司就可以使用 $2^{24}=16\ 777\ 216$ 个主机地址，当然这 2^{24} 个主机地址的分配和使用就由 DEC 的网络管理员决定。A 类地址的范围是 0.0.0.0~127.255.255.255。

由于网络地址和主机地址全为 0 和全为 1 保留用于特殊目的，所以 A 类地址有效的网络数为 126，每个网络地址包含的主机数应该是 $2^{24}-2$（16 777 214）。A 类地址的有效范围是 1.0.0.1~126.255.255.254，如图 7.7 所示。

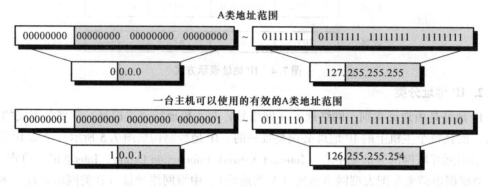

图 7.7　A 类地址范围

（2）B 类地址：B 类地址的前 16 位表示网络地址，由 NIC 决定，其中前两位固定为 10。所以可以表示 2^{14} 个 B 类网络。后 16 位表示机器地址，共有 $2^{16}=65\ 536$ 个主机地址。B 类地址一般分配给中型网络或中型机构使用，目前也已经分配完了。B 类地址的范围为 128.0.0.0~191.255.255.255。与 A 类地址类似（网络号和主机号全 0 和全 1 有特殊作用）有效的网络数是 $2^{14}-2$，有效的主机数是 $2^{16}-2$。地址的有效范围是 128.1.0.1~191.254.255.254。B 类地址范围如图 7.8 所示。

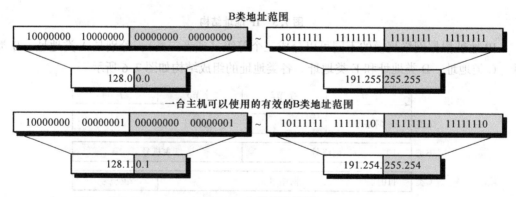

图 7.8　B 类地址范围

（3）C 类地址。C 类地址的前 24 位组成网络地址，由 NIC 决定，其中前三位为 110，剩余 21 位。所以应该有 2^{21} 个 C 类网络。C 类地址的后 8 位是主机地址，应有 $2^8=256$ 个主机地址，C 类地址的范围为 192.0.0.0~223.255.255.255，但是需要扣除网络地址（1 个）和广播地址（1 个），所以有效的网络数为 $2^{21}-2$，有效的主机地址数为 254。一台主机能使用的 C 类地址的有效范围是：192.0.1.1~223.255.254.254。C 类地址范围如图 7.9 所示。

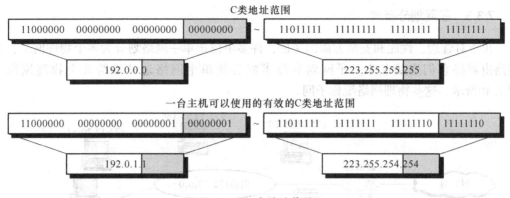

图 7.9　C 类地址范围

（4）D 类地址。D 类地址第一字节的前 4 位为"1110"。D 类地址用于多播，多播就是同时把数据发送给一组主机，只有那些已经登记可以接收多播地址的主机才能接收多播数据包。D 类地址的范围是 224.0.0.0～239.255.255.255。

（5）E 类地址。E 类地址第一字节的前 4 位为"1111"。但它们不能被分配给主机。E 类地址是为将来预留的，同时也可以用于实验目的。

从 IP 地址的分类中，我们可以根据分配的网络地址前 8 位快速判定网络的类型，如表 7.1 所示。

表 7.1　IP 地址网络类型

前 8 位值	类型	说明
0～127	A 类	IP 地址开头是 0～127，就是 A 类网络地址
128～191	B 类	IP 地址开头是 128～191，就是 B 类网络地址
192～223	C 类	IP 地址开头是 192～223，就是 C 类网络地址
224～239	D 类	保留给 Multicast（组播）使用
240～255	E 类	保留给实验用

3. 特殊 IP 地址

对于任何一个网络号，其全为"0"或全为"1"的主机地址均为特殊的 IP 地址。例如，210.40.13.0 和 210.40.13.255 都是特殊的 IP 地址。特殊的 1P 地址有特殊的用途，不分配给任何用户使用，如表 7.2 所示。

表 7.2　特殊 IP 地址表

网络地址	主机地址	地址类型	用途
全 0	全 0	本机地址	启动时使用
有网络号	全 0	网络地址	标识一个网络
有网络号	全 1	直接广播地址	在特殊网上广播
全 1	全 1	有限广播地址	在本地网上广播
127	任意	环回地址	环回测试

7.3.3 子网划分技术

出于对管理、性能和安全方面的考虑,许多单位把单一网络划分为多个物理网络,并使用路由器将它们连接起来。子网划分技术能够使单个网络地址横跨几个物理网络,如图 7.10 所示,这些物理网络统称子网。

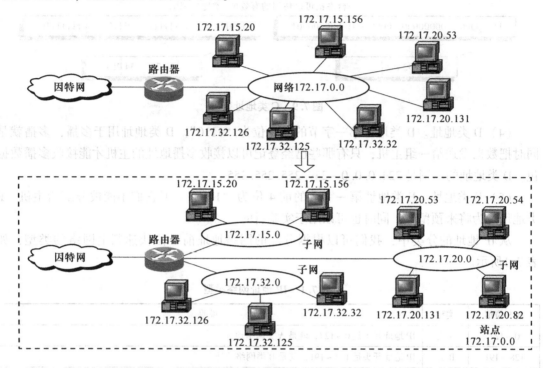

图 7.10　一个大型网划分几个子网

1. 划分子网的原因

(1) 充分使用地址。由于 A 类网络和 B 类网络的地址空间太大,造成在不适用路由设备的单一网络中无法使用全部地址。例如,对于一个 B 类网络 "172.17.0.0" 可以有 $2^{16} - 2 = 65\,534$ 台主机,这么多的主机在单一的网络下是不能工作的。因此,为了能更有效地使用地址空间,有必要把可用地址分配给多个较小的网络。

(2) 划分管理职责。当一个网络被划分为多个子网后,每个子网的管理可由网络管理人员负责,使网络变得更容易控制。每个子网的用户、计算机及其子网资源可以让不同子网的管理员进行管理,减轻了由单人管理大型网络的管理职责。

(3) 提高网络性能。在一个网络中,随着网络用户的增长,主机的增加,网络通信也将变得非常繁忙。而繁忙的网络通信很容易导致冲突、丢失数据包以及数据包重传,因而降低主机之间的通信效益。而如果将一个大型的网络划分为若干个子网,并通过路由器将其连接起来,就可以减少网络拥塞,见图 7.10。这些路由器就像一堵墙把子网隔离开,使本地的通信不会转发到其他子网中,使同一子网之间进行广播和通信,只能在各自的子网中进行。使用路由器的隔离作用还可以将网络分为内外两个子网,并限制外部网络用户对内部网络的访问,以提高内部子网的安全性。

2. 划分子网的方法

IP 地址共 32 个比特，根据对每个比特的划分，可以指出某个 IP 地址属于哪一个网络以及属于哪一台主机。因此，IP 地址实际上是一种层次型的编址方案。对于标准的 A 类、B 类和 C 类地址来说，它们只具有两层结构，即网络号和主机号。

前面已经提过，对于一个拥有 B 类地址的单位来说，必须将其进一步划分成若干较小的网络，否则是无法运行的。而这实际上就产生了中间层，形成一个三层的结构，即网络号、子网号和主机号。通过网络号确定一个站点，通过子网号确定一个子网，而通过主机号则确定了与子网相连的主机地址。因此，一个 IP 数据包的路由器就涉及三个部分：传送到网络、传送到子网、传送到主机。

子网具体的划分法如图 7.11 所示。

图 7.11　子网具体的划分法

为了划分子网，可以将单个网络的主机号分为两个部分，一部分用于子网号编址，另一部分用于主机号编址。

划分子网号的位数取决于具体的需要。若子网所占的比特越多，则可以分配给主机的位数就越少，也就是说，在一个子网中所包含的主机越少。假设一个 B 类网络 172.16.0.0，将主机号分为两部分，其中，8 bit 用于子网号，另外 8 bit 用于主机号，那么这个 B 类网络就分为 254 个子网，每个子网可以容纳 254 台主机。

3. 子网掩码

一个 IP 网络有没有划分成子网，子网号有几位，是通过子网屏蔽码来识别的。子网屏蔽码也称作子网掩码（Subnet Mask）。一个网络有一个子网掩码。图 7.12 给出了两个地址，其中一个是未划分子网中的主机 IP 地址，而另一个是子网中的 IP 地址。这两个地址从外观上没有任何差别，但可以利用子网掩码区分这两个地址。

	网络号		主机号	
未划分子网的 B类地址	172	25	16	51

	网络号		网络号	主机号
划分了子网的 B类地址	172	25	16	51

图 7.12　使用和未使用子网划分的 IP 地址

子网掩码也是一个"点分十进制"表示的 32 位二进制数。通过子网掩码，可以指出一个 IP 地址中的哪些位对应于网络地址（包括子网地址），哪些位对应于主机地址。对于子网掩码的取值，通常是将对应于 IP 地址中网络号和子网号的部分都设置为"1"，对应于主机号的部分都设置为"0"。标准的 A 类、B 类、C 类地址都有一个默认的子网掩码，如表 7.3 所示。

表 7.3 A、B、C 类地址默认子网掩码

地址类型	点分十进制表示	子网掩码的二进制位			
A	255.0.0.0	11111111	00000000	00000000	00000000
B	255.255.0.0	11111111	11111111	00000000	00000000
C	255.255.255.0	11111111	11111111	11111111	00000000

为了识别网络地址，TCP/IP 对子网掩码和 IP 地址进行"按位与"的操作。就是两个比特位之间进行"与"运算，若两个值均为 1，则结果为 1；若其中任意一个值为 0，则结果为 0。针对图 7.12 的例子，在图 7.13 中给出了如何使用子网掩码来识别它们之间的不同。对于标准的 B 类地址，其子网掩码为 255.255.0.0，而划分了子网的 B 类地址，其子网掩码为 255.255.255.0。经过"按位与"运算，可以将每个 IP 地址的网络地址取出，从而知道两个 IP 地址所对应的网络。

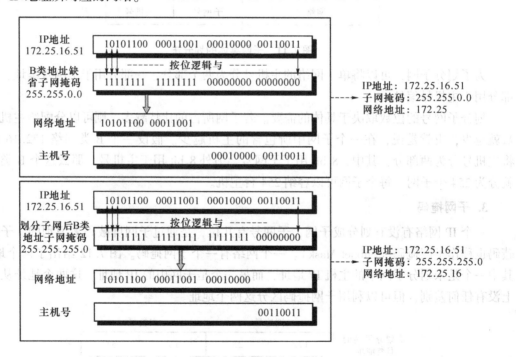

图 7.13 子网掩码作用

以上例子中，得到的子网掩码是属于边界子网掩码，也就是说使用主机号中的整个一个字节用于划分子网，因此，子网掩码的取值不是 0 就是 255。在实际的子网划分中，还会使用非边界子网掩码，使用主机号的某几位用于子网划分，因此，子网掩码除了 0 和 255 外，还有其他数值。

【例 7.1】对于一个 B 类网络 172.25.0.0，若将第三个字节的前三位用于子网编号，而将剩下的位用于主机编号，则子网掩码为 255.255.224.0。由于使用了三位分配子网，所以这个 B 类网络 172.25.0.0 可以划分为 6 个子网，即 172.25.32.0、172.25.64.0、

172.25.96.0、172.25.128.0、172.25.160.0、172.25.192.0。它们的网络地址和主机地址范围如图 7.14 所示，每个子网都有 13 位可用于主机的编号。

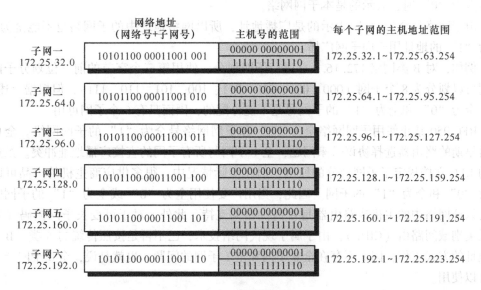

图 7.14 非边界子网掩码使用

【例 7.2】将一个 C 类网络划分为 16 个子网，求子网掩码。

解：要将一个 C 类网络划为 16 个子网，必须从 8 位主机地址中拿出前 4 位作为子网地址，4 位二进制位可以有 16 种组合，正好可以表示 16 个子网地址，所以子网掩码为 255.255.255.240。

网络号码：提起子网掩码，涉及的另一个重要概念是网络号码。网络号码用于标识一个网络或子网。形式上，网络号码一般是 IP 地址中的网络地址和子网地址部分不变，而主机地址部分为 0 的 IP 地址。如一个 B 类网络的网络号码可以是 168.95.0.0，网络地址部分为 168.95，主机地址部分全置 0。

网络中 IP 地址、网络号码和子网掩码的关系为：IP 地址 AND 子网掩码 = 网络号码。

【例 7.3】设子网掩码为 255.255.255.240。判断计算机甲（IP 地址：203.66.47.49）和计算机乙（IP 地址：203.66.47.49）是否在同子网内。

解：将 IP 地址与子网掩码相与看网络号码是否相同。

计算机甲：11001011 01000100 00101111 00110010 203.66.47.50
子网掩码：11111111 11111111 11111111 11110000 255.255.255.240
AND 结果：11001010 01000100 00101111 00110000 203.66.47.48
计算机乙：11001011 01000100 00101111 00110001 203.66.47.49
子网掩码：11111111 11111111 11111111 11110000 255.255.255.240
AND 结果：11001010 01000100 00101111 00110000 203.66.47.48

两个主机的 IP 地址与子网掩码相与的结果都等于 203.66.47.48，也就是网络号码。可见，计算机甲和计算机乙所处网络的网络号码相同，两个计算机在同一子网内。

4. 划分子网的规则

在 RFC（Request For Comments）文档中，RFC 950 规定了子网划分的规范，其中对网络地址中的子网号做了如下规定：

由于网络信号全为"0"代表的是本网络，所以网络地址的子网号也不能全为"0"，子网号全为"0"时，表示的是本子网网络。

由于网络号全为"1"表示的是广播地址，所以网络地址中的子网络也不能全为"1"，全为"1"的地址用于向子网广播。

例如，对 B 类网络 172.16.0.0 进行子网划分，使用第三个字节的前三位划分子网，按计划可以划分为 8 个子网（000、001、010、011、100、101、110、111），但根据上述规则，对于全为"0"和全为"1"的子网号是不能分配的，因而只有 6 个子网可用。

RFC 950 禁止使用子网网络全为"0"和子网网络号全为"1"的子网网络。全 0 子网会给早期的路由器选择协议带来问题，全 1 子网与所有子网的直接广播地址冲突。虽然因特网的 RFC 文档规定了子网划分的原则，但在实际情况中，很多供应商主机的产品可以支持全为"0"和全为"1"的子网。因此，当用户要使用全为"0"或全为"1"的子网时，首先要认证网络中的主机或路由器是否提供相关支持。此外，对于可变长子网掩码（VLSM）和无类别域间路由（CIDR），由于属于现代网络技术，已不再是按照传统的 A 类、B 类和 C 类地址的方式工作，因而不存在全 0 子网和全 1 子网的问题，也就是说，全 0 子网全 1 子网都可以使用。

5. 子网划分实例

为了将网络划分为不同的子网。必须为每个子网分配一个子网号。在划分子网之前，需要确定所需要的子网数和每个子网的最大主机数，有了这些信息后，就可以定义每个子网掩码、网络地址（网络号＋子网号）的范围和主机号范围。划分子网的步骤如下：

（1）确定需要多少子网号来唯一标识网络上的每一个子网。

（2）确定需要多少主机号来标识每一个子网上的每一台主机。

（3）定义一个符合网络要求的子网掩码。

（4）确定标识每一个子网的网络地址。

（5）确定每一个子网所使用的主机地址范围。

【例 7.4】下面以一个具体的实例来说明子网划分的过程，假设要将图 7.15（a）所示的一个 C 类网络划分为图 7.15（b）所示的网络。

由于划分出了两个子网，则每个子网都需要一个唯一的子网号来标识，即需要两个子网号。对于每个子网上的主机以及路由器的两个端口，都需要分配一个唯一的主机号，因此，在计算需要多少主机号来标识主机时，要把所有需要 IP 地址的设备都考虑进去。根据图 7.15（a），网络中有 100 台主机，如果再考虑路由器两个端口，则需要标识的主机数为 102 个。假定每个子网的主机数各占一半，即各有 51 个。

把这个 C 类的网络划分为两个子网，要从代表主机号的第 4 个字节中取出若干位用于划分子网。若取 1 位，根据子网划分规则，无法使用；若取 3 位，可以划分 6 个子网，但子网的增多使得每个子网容纳的主机数减少，6 个子网，每个子网容纳的主机数为 30，而实际的要求是每个子网需要 51 个主机号，若取出两位，可以划分两个子网（01、10），每个子网可容纳 62 个主机号，因此，取出 2 位划分子网是可行的，子网掩码为 255.255.255.192，如

图 7.16 所示。

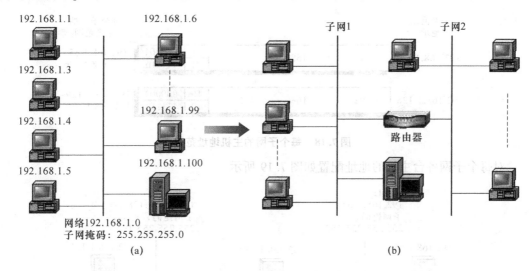

图 7.15 使用路由器将一个网络划分为两个子网

图 7.16 子网掩码计算

确定了子网掩码后,就可以确定可用的网络地址,使用子网号的位数列出可用的组合,由于子网号的位数为 2,则可能的组合为 00、01、10、11。

根据子网划分的规则,全为 0 和全为 1 的子网不能使用,将其删去后剩下 01 和 10 就是可用的子网号,再加上这个 C 类网络原有的网络号 192.168.1,因此,划分出的两个子网的网络地址分别为 192.168.1.64 和 192.168.1.128,如图 7.17 所示。

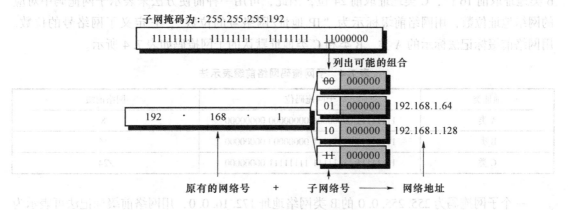

图 7.17 确定子网网络地址

根据每个子网的网络地址就可以确定每个子网的主机地址的范围，如图 7.18 所示。

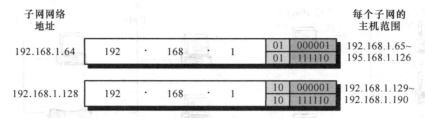

图 7.18　每个子网的主机地址范围

对每个子网各台主机的地址配置如图 7.19 所示。

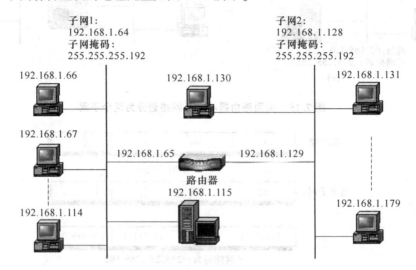

图 7.19　每个子网各台主机的地址配置

6. 可变长子网规划

子网掩码的表示方法有两种：一是"点分十进制"法，二是网络前缀标记法。网络前缀标记法是一种标示子网掩码中网络地址长度的方法。由于网络号是从 IP 地址高字节以连续方式选取的，即从左到右连续地取若干位作为网络号，如 A 类地址取前 8 位作为网络号，B 类地址取前 16 位，C 类地址取前 24 位，因此，可用一种简便方法来表示子网掩码中对应的网络地址位数，用网络前缀标示为"IP 地址/网络号的位数"，它定义了网络号的位数。用网络前缀标记法标示的 A 类、B 类和 C 类地址默认的子网掩码如表 7.4 所示。

表 7.4　子网掩码网络前缀表示法

地址类	子网掩码位	网络前缀
A 类	11111111 00000000 00000000 00000000	/8
B 类	11111111 11111111 00000000 00000000	/16
C 类	11111111 11111111 11111111 00000000	/24

一个子网掩码为 255.255.0.0 的 B 类网络地址 172.16.0.0，用网络前缀标记法可表示为 172.16.0.0/16。若对这个 B 类网络进行子网划分，使用主机号中的前 8 位用于子网编号，

网络号和子网号共计24位，因此，该网络地址的子网掩码为255.255.255.0，使用网络前缀法标示时，子网172.16.5.0可表示为172.16.5.0/24。

以上子网规划是把一类的网络进一步划分为几个规模相同的子网，即每个子网包含相同的主机数。例如，对于一个B类网络使用主机号中的4位（0000～1111）用于子网划分，则可以产生16个规模相等的子网（考虑了全0和全1子网）。但是，子网划分是一种通用的用主机位来表示子网的方法，不一定要求子网规模相等。在实际应用中，某一个网络中需要有不同规模的子网，比如，一个单位中的各个网络包含不同数量的主机就需要不同规模的子网，以避免造成对IP地址的浪费。对于不同规模的子网网络号的划分，需要使用相应的可变长子网掩码（VLSM）技术。

变长子网划分，是一种用不同长度的子网掩码来分配子网网络号的技术，所有的子网掩码号都是唯一的，并能通过对应子网掩码进行区分。对于变长子网的划分，实际上是对已划分好的子网作进一步划分，从而形成不同规模的网络。

例如，一个B类网络为172.16.0.0，需要的配置是1个能容纳32 000台主机的子网，15个能容纳2 000台主机的子网和8个能容纳254台主机的子网。

（1）1个能容纳32 000台主机的子网。

用主机号中的1位（第3字节的最高位）进行子网规划，产生两个子网，即172.16.0.0/17和172.16.128.0/17。这种子网划分允许每个子网有多达32 766台主机（2^{15-2}）。选择172.16.0.0/17作为网络号，它能满足1个子网容纳32 000台主机的需求。

（2）15个能容纳2 000台主机的子网。

若要满足15个子网容纳大约2 000台主机的需求，再使用主机号中的4位对子网网络172.16.128.0/17进行子网划分，就可以划分出16个子网，即172.16.128.0/21，172.16.136.0/21，…172.16.240.0/21，172.16.248.0/21，从这16个子网中选择子网网络就可以满足需求。

（3）8个能容纳254台主机的子网。

为了满足8个子网能容纳254台主机的需求，再用主机号中的3位对子网网络172.16.248.0、21［第（2）步中所划分的第16个子网］进行划分，可以产生8个子网。每个子网的网络地址为172.16.248.0/24，172.16.249.0/24，172.16.250.0/24，172.16.251.0/24，172.16.252.0/24，172.16.253.0/24，172.16.254.0/24，172.16.255.0/24，每个子网可以包含254台主机。

7.3.4 网际控制报文协议

在前面的章节中曾提到IP协议，其主要功能是将数据流组织成包，然后将这些包通过选择不同的路径传送到目的地，事实上，在网络上的包传输的过程中，有许多问题都是IP协议无法解决的，如网络的错误检测、拥塞问题、主机故障问题等，解决这些问题主要是靠国际控制报文协议（ICMP）。

ICMP是英文"Internet Control Message Protocol"的缩写。它是TCP/IP协议的一个子协议，用于在IP主机、路由器之间传递控制消息。控制消息是指网络通不通、主机是否可达、路由是否可用等网络本身的消息。这些控制消息虽然并不传输用户数据，但是对于用户数据的传递起着重要的作用。

在因特网上进行数据传输，主要是靠网关或路由器的路由选择功能完成路径选择和数据的传输，当某个网关或者路由器在传输包时，发现因某些因素，数据包无法继续正常地往下传送到目的地主机时，便可利用 ICMP 来提供错误信息给源主机，此信息也以包的形式来传送，称为 ICMP 包。ICMP 协议的使用是建立在 IP 协议基础上的。换言之，ICMP 协议无法单独运行，我们甚至可以将 ICMP 当作是 IP 协议的一部分，ICMP 的包是嵌在 IP 包中来传送的，IP 包的数据区部分是由整个 ICMP 包组成的。

7.3.5 地址解析协议和反向地址解析协议

1. ARP 协议

ARP 是英文 "Address Resolution Protocol"（地址解析协议）的缩写，我们知道，对于在因特网上的每一台主机而言，都有一个 32 位的 IP 地址代表它，但事实上在网络上两台机器的互相通信是通过其物理地址也就是其网卡的硬件地址来实现的。

以以太网为例，每个以太网卡长度为 48 位，而且每个地址都是唯一的，换句话说，在网络上不允许有重复的硬件地址出现。

在局域网中，网络中实际传输的是帧，帧里面有目标主机的 MAC 地址。在以太外网中，一个主机要和另一个主机直接进行通信，必须知道主机的地址，但这个目标是如何获得的呢？它就是通过地址解析所获得的，所谓 "地址解析" 就是主机在发送帧前将目标 IP 地址转换成 MAC 地址的过程。ARP 协议的基本功能就是根据目标设备的 IP 地址查询目标设备的 MAC 地址，以保证通信顺利进行。

而源主机找到目的主机的物理地址，是通过 ARP 缓存表实现的。ARP 缓存表记录了 IP 地址和物理地址的对应关系。ARP 缓存表是可以查看的，也可以添加和修改。在命令提示符下，输入 "arp – a" 就可以查看 ARP 缓存表中的内容了。用 "arp – d" 命令可以删除 ARP 表中某行的内容，用 "arp – s" 可以手动修改在 ARP 表中指定 IP 地址与 MAC 地址的对应。

2. RARP 协议

Reverse Address Resolution Protocol 简称 RARP 协议。RARP 协议和前面所提到的 ARP 协议，功能刚好相反，ARP 协议的主要功能是将 32 位的 IP 地址转换成物理的硬件地址，而 RARP 协议则是将网络的物理地址转换成 32 位的网络 IP 地址。

RARP 协议主要应用在无硬盘的主机上，如无盘工作站。这类机器由于本身没有激活的网络系统程序，因此也没有网络 IP 地址。因此，如何把无硬盘机的主机和有 IP 地址的服务器连接起来，使得无硬盘机也能取得 IP 网络地址，便是 RARP 协议要解决的问题。

当无硬盘主机在开机或重新激活时，会将该主机的网卡的物理地址（48 位）以广播的方式送到网络所有的主机中，RARP 服务器利用其硬件地址到 IP 地址的转换表，将来源主机硬件地址相对应的 IP 地址返回给来源主机。此时，无硬盘主机便可以利用返回的 IP 地址，通过网络取得来自服务的系统程序。

7.3.6 主机组管理协议

主机组管理协议（Internet Group Management Protocol，IGMP）用于多播路由器和主机之

间进行群组关系的管理，其运行于主机和与主机直接相连的多播路由器之间。IP 协议只是负责网络中点到点的数据包传输，而点到点的数据包传输则要依靠网际来完成。它主要负责报告主机组之间的关系，以便相关的设备（路由器）可支持多播发送。主机通过此协议告诉本地路由器希望加入某个特定多播组，同时路由器通过此协议周期性地查询局域网内某个已知组的成员是否处于活动状态（该局域网是否仍有属于某个多播组的成员），进行所连网络组成员关系的收集与维护。

7.4 传输层

传输层的协议主要有两个：TCP 协议（Transmission Control Protocol，传输控制协议）和 UDP 协议（User Datagram Protocol，用户数据报协议）。它们都为应用层提供数据传输服务。

7.4.1 传输控制协议

TCP 协议是 TCP/IP 协议簇中最重要的协议之一。本书将探讨 TCP 协议的重要功能、传输特性和包格式等。

TCP 协议在 TCP/IP 协议簇中的传输层，传输层中的两个协议 TCP 和 UDP 处于对等地位，分别提供了不同的传输服务方式，但这两个协议必须建立在 IP 协议之上。

通过前面章节的学习可知，IP 协议只是单纯地负责将数据分割成包，并根据指定的 IP 地址通过网络将数据传送到目的地。它必须配合不同的传输服务——TCP 协议（提供面向连接的可靠的传输服务）或 UDP 协议（提供非连接的不可靠的传输服务），才能在发送端和接收端建立主机间的连接，完成端到端的数据传输。

1. TCP 协议的主要功能

TCP 协议的主要功能，用一句话概括就是：TCP 协议提供面向连接的、可靠的数据流式的传输服务。

（1）连接性。连接性表示要传输数据的双方必须事先沟通，在建立好连接之后，才能正式开始传输数据。两台主机之间要想完成一次数据传输，必须经历连接建立、数据传输以及连接拆除三个阶段。

非连接性是指两台主机在进行信息交换之前，无须事先经呼叫来建立通信连接，各个分组独立地各自传送到目的地。

连接性与非连接性的数据传输方式的主要区别如下：

① 路由选择：具有连接性的传输方式，路由的选择仅仅发生在连接建立的时候，在以后的传输过程中，路由不再改变；具有非连接性的传输方式中，每传送一个分组都要进行路由选择。

② 在具有连接性的传输方式中，各分组是按顺序到达的；非连接性的传输方式中，分组可能会失序到达，甚至丢失。

③ 具有连接性的传输方式便于实现差错控制和流量控制；非连接性的传输方式一般不实行流量控制和差错控制。

④ 具有连接性的传输方式一般应用于较重要的数据传输；非连接性的传输方式一般应

用于普通的数据传输。

（2）可靠性。TCP 协议用来在两个端用户之间提供可靠的数据传输服务，其可靠性是 TCP 协议提供的确认重传机制实现的。TCP 协议的确认重传机制可简述如下：

① 接收端接收的数据若正确，则回传确认包给传送端。

② 接收端接收到不正确的数据，则要求传送端重传。

③ 传送端在规定的时间内未收到相应的确认包，则传送端重传该包。

TCP 协议的可靠性控制可以利用图 7.10 所示的操作组合来说明。

（3）数据流量控制。我们讨论 TCP 协议在保证数据传输的可靠性时，发送端每次都要等到收到回应的确认包后，才传送下一个数据包。由于发送端用于等待确认包的时间是闲置的，从而造成整个数据传输效率的低下，造成带宽的浪费，因此，在 TCP 协议中，使用了一种叫滑动窗的技术来解决这一问题。所谓滑动窗可以理解为发送与接收方设置的缓冲区，缓冲区的大小决定了窗口的大小。双方在进行连接时的协商参数就包括了窗口参数。但在通信的过程中，接收端可根据自己的资源情况，随时动态地调整自己的接收窗口，然后告诉对方，使对方的发送窗口和自己的接收窗口一致。

利用滑动窗技术，可以一次先发送多个包后，再等待确认包，如此便可以减少闲置时间，增加传输效率。利用滑动窗技术，还可以对信息在链路上的流量进行控制，通过在发送端设置一个窗口宽度值，来限制发送帧的最大数目，控制链路上的信息流量。窗口宽度值规定了允许发送方发送的最大帧数。

2. TCP 协议的通信端口

当传送的数据到达目的主机后，最终是要被应用程序接收并处理。但是，在一个多任务操作系统环境下（如 Windows、UNIX 等），可能有多个程序同时在运行，那么数据究竟应该被哪个应用程序接收和处理呢？这就需要引入端口的概念。

在 TCP 协议中，端口用一个两个字节长的整数来表示，称为端口号。不同的端口号表示不同的应用程序（或称高层用户）。

端口号和 IP 地址连接在一起构成一个套接字（SOCKET），套接字分为发送套接字和接收套接字。

发送套接字 = 源 IP 地址 + 源端口号

接收套接字 = 目的 IP 地址 + 目的端口号

一对套接字唯一地确定了一个 TCP 连接的两个端点。也就是说，TCP 连接的端点是套接字而不是 IP 地址。

在 TCP 协议中，有些端口号已经保留给特定的应用程序来使用（大多为 256 号之前），这类端口号我们称为公共端口；其他的号码我们称为用户端口。因特网标准工作组规定，数值在 1 024 以上的端口号可以由用户自由使用。

3. TCP 包（TCP 数据报）的格式

（1）TCP 包的位置。我们把在数据链路层上传输的数据单元称为帧，把在网络层上传输的数据单元称为包（Packet）。TCP 包是 IP 包的一部分，而若以以太网为例，IP 包又是以太网帧的一部分。换句话说，IP 包封装了 TCP 包，而以太网的包又封装了 IP 包。封装过程如图 7.20 所示。

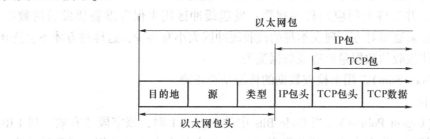

图 7.20　TCP 包的位置

（2）TCP Header。TCP Header 包含了 TCP 协议在数据传输时的字段信息，其格式如图 7.21 所示。

信源端口		信宿端口
发送序号		
确认序号		
数据偏移　保留　码位		窗口
校验和		紧急指针
选项和填充		
数据		

图 7.21　TCP 包头格式

① 信源端口（Source Port）。此字段用来定义来源主机的端口（Port）号码，其和来源主机的 IP 地址相结合后，称为完整的 TCP 传送端地址。

字段大小：16 位。

② 信宿端口（Destination Port）。此字段用来定义目的主机的端口号码，其和目的主机的 IP 地址结合后，称为完整的 TCP 接收端地址。

字段大小：16 位。

③ 发送序号。发送序号也称顺序号码（Sequence Number），该字段用来表示包的顺序号码，利用随机数的方式产生其初始值。

字段大小：32 位。

④ 确认号码（Acknowledge Number）。响应对方传送包的确认号码，其表示希望下一次应该送出哪个顺序号码的包。它是一个对想要接收的包之前的所有包的一个确认。

字段大小：32 位。

⑤ 数据偏移（Data Offset）。由于 TCP 的 Option 字段长度不固定，该字段指出 TCP 数据开始的位置。

字段大小：4 位。

⑥ 保留（Reservation）。此字段保留供日后需要时使用，目前设为 0。

字段大小：6 位。

⑦ 码位（Codes Bits）。此字段由 6 个单一二进制位组成。其主要说明其他字段是否包含了有意义的数据以及某些控制功能。例如，该字段中的 URG 位说明紧急数据指针字段是否有效。

⑧ 窗口（Windows）。此字段用来控制流量，表示数据缓冲区的大小。当一个 TCP 应用

程序激活时，会同时产生两个缓冲区，即接收缓冲区和发送缓冲区。接收缓冲区用来保存发送端发送来的数据，并等待上层应用程序提取；发送缓冲区用来保存准备要发送的数据。TCP 协议利用此字段来通知对方，现在本身的接收缓冲区大小有多少，这样对方才不会送出超过接收缓冲区所能接收的数据量而造成数据流失。

⑨ 校验和（Check Sum）。用来检查数据的传输是否正确。

字段大小：16 位。

⑩ 紧急指针（Urgent Pointer）。当 Code Bits 中的 URG = 1 时，该字段才有效。当 URG 标志设置为 1 时，就向接收方表明，目前发送的 TCP 包中包含有紧急数据，需要接收方的 TCP 协议尽快将它送到高层上去处理。紧急指针的值和顺序号码相加后就会得到最后的紧急数据字节的编号，对端 TCP 协议以此来取得紧急数据。

字段大小：16 位。

⑪ 可选项（Option）。表示接收端能够接收的最大区段的大小，一般在建立联机时规定此值。如果此字段不使用，可以使用任意的数据区段大小。

字段大小：自定。

⑫ 填充字段（Padding）。此字段的目的在于和 Option 字段相加后，补足 32 位的长度。

字段大小：依 Option 字段的设置而有所不同。

7.4.2 用户数据报协议

用户数据报协议，提供了不同于 TCP 的另一种数据传输服务方式，它和 TCP 协议都处于主机传输层。它们之间是平行的，都是构建在 IP 协议之上，以 IP 协议为基础。

1. UDP 的特性

使用 UDP 协议进行数据传输具有非连接性和不可靠性。这和 TCP 协议正好相反。TCP 协议提供面向连接的可靠的数据传输服务，而 UDP 提供面向非连接的，不可靠的数据传输服务，因此，UDP 所提供的数据传输服务，其服务质量没有 TCP 来得高。

UDP 没有提供流量控制，因而省去了在流量控制方面的传输开销，故传输速度快，适用于实时、大量但对数据的正确性要求不高的数据传输。由于 UDP 采用了面向非连接的不可靠的传输方式，因此可能会造成 IP 包未按次序到达目的地，或 IP 包重复甚至丢失，这些问题都需要靠上层应用程序来解决。

2. UDP 协议的通信端口

TCP 协议用通信端口来区分同一主机上执行的不同程序。同样，UDP 也有相同的功能，和 TCP 一样，UDP 也是用一个两个字节长的整数号码来表示不同的程序。在 TCP 协议中，某些端口号已保留给特定的应用程序使用，同样，UDP 协议也有保留端口。这些保留端口号我们称为公共端口，其他的端口号我们称为用户端口。

3. UDP 包头格式与说明

由于 UDP 是面向非连接的不可靠数据传输服务，并且不提供流量控制功能，因而 UDP 协议不需要额外的字段来做数据控制，因而 UDP 的包头要比 TCP 简单得多，如图 7.22 所示。

（1）UDP 包的位置。UDP 包的位置和 TCP 包的位置相同，它是作为 IP 包的数据部分，封装在 IP 包中，而 IP 包又是作为以太网帧的数据部分封装在以太包中。UDP 包在以太网包中的封装如图 7.23 所示。

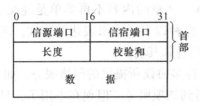

图 7.22　UDP 报文格式

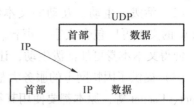

图 7.23　UDP 包在以太网包中的封装

（2）UDP 包的格式。

① 信源端口（Source Port）。此字段用来定义来源主机的 Port 号码，它和来源主机的 IP 地址结合后，成为完整的 UDP 传送端地址。

字段大小：16 位。

② 信宿端口（Destination Port）。此字段用来定义目的主机的 Port 号码，它和目的主机的 IP 地址结合后，成为完整的 UDP 接收端地址。

字段大小：16 位。

③ 信息长度（Message Length）。此字段为 UDP 包的总长度（包含包头及数据区），最小值为 8，表示只有包头而无数据区。

字段大小：16 位。

④ 校验和（Check Sum）。用于检查数据的传输是否正确。

字段大小：16 位。

7.5　应用层

Application Layer（应用层）对应到 TCP/IP 协议模型的协议有很多，常用的有 WWW（World Wide Web，全球信息网）、HTTP（Hypertext Transfer Protocol，超文本传输协议）、DNS（Domain Name System，域名系统）、DHCP（Dynamic Host Configuration Protocol，动态主机配置协议）、FTP（File Transfer Protocol，文件传输协议）、SMTP（Simple Mail Transfer Protocol，简单邮件传输协议）等。这一节我们将简要介绍这些协议。

7.5.1　WWW 与 HTTP

1．WWW

WWW 是目前因特网上最流行、最便捷的信息工具。WWW 这个网络服务，引进了新的网络技术，其中包括以下几点。

（1）引进 Hypertext（超文本）与 Hyperlink（超级链接）的概念。所谓的 Hypertext（超文本），它不是传统由头至尾、循序渐进的阅读方式，而是采用了任意跳跃、由读者主导的方式。若读者对某一标题想进一步去了解，只要在其关键词（有底线表示）上轻轻单击（Click）一下，即可跳到那一个进一步说明的文档中，我们称为下一页（在 WWW 中，文件以页为单位）。这样的文本我们称为超文本，而各文本之间连接的关系我们称为超级链接（Hyperlink）。

（2）活泼、生动、互动的文本特性。通过 WWW，文章的内容不再单单是纯文字了，WWW 的文本可以包含文字、声音、图片、动画等，这种以多媒体来表达的方式，图文并茂，使得文本本身更加活泼生动，让用户在使用时感觉身临其境。

（3）提供了因特网上的服务大整合。在因特网上许多协议所提供的网络服务，如 FTP、Telnet、Usenet 等，原本都要使用其特性的程序，才得到该项服务，但现在不用了，只要通过 WWW，就能把上述服务全部整合在一起。

（4）主从式结构。WWW 是采用主从结构的网络方式，即 Server/Client 方式。使用 WWW 服务的端称为 WWW 的客户端（Client），而提供 WWW 服务的主机（WWW 文本的所在地）称为 WWW 服务器（Server），又称 Web 服务器。

2. HTTP 与 WWW

对于 WWW 而言，HTTP 相当重要，因为它是 WWW 所使用的通信协议。

超文本传输协议（Hypertext Transfer Protocol，HTTP）是 WWW 客户端与 WWW 服务器之间的传输协议。通过这个协议，文字、图片、声音、影像等多媒体信息便可以在客户端与服务器之间传输。

HTTP 对在因特网上 WWW 服务器与用户浏览器之间的 Web 文本传输，是相当重要的通信协议，正因为如此，有些人把 Web 服务器也称 HTTP 服务器。

HTTP 有以下几个特点：

（1）HTTP 传送的数据是 MIME 的格式，MIME 是一种多用途网际邮件扩充协议，最早应用于电子邮件系统，后来也应用于浏览器。它十分适合用来做多媒体传输协议。

（2）HTTP 采用主从式结构，用户通过客户端的浏览器，通过对 URL（Uniform Resource Locator，统一资源定位器）的寻址，连接到 HTTP 服务器。

（3）HTTP 服务器和客户端使用默认的端口 80 来做数据的传输，但假如不是使用 80，则必须在 URL 中注明端口号。

（4）HTTP 提供了验证用户账号和密码的安全机制，用来限制和保护访问特定的目录与文件。

（5）HTTP 提供了数据续传的功能。在数据传递的过程中万一发生中断，一旦联机恢复，数据不必从头传递，只需从中断处继续即可。

（6）HTTP 常用的命令有 GET 和 POST。GET 表示客户端向服务器端口取得数据，也称下载数据。POST 表示客户端将数据传送给服务器端，也称上传数据。

3. URL 与 WWW

当我们使用 WWW 来打开某网站时，常会输入类似 http://×××.×××.×××形式的命令，其中 http 表示 WWW 所使用的通信协议是 HTTP，而这个命令的格式的设置称为 URL。因特网上的网站有几百万个，如何表示要连接的服务器地址？数据以何种方式取得？数据在服务器的哪一个目录中？哪一个文件中？这些答案都可以利用 URL 来解决。

其实，URL 的使用并不仅局限于 HTTP，对于其他服务的命令格式，如 FTP，它也提供支持，因此，URL 的标准格式如下：

Method：//Host（DNS or IP）：[Port]/File_path/File_name

- Method 表示用户要对服务器请求哪种服务类型，常用的如 HTTP、FTP、Telnet 等。
- ://是用来分隔服务类型与服务地址的符号。
- Host（DNS or IP）用来设置服务器的地址，可以使用其 DNS（域名系统）名称或 IP 地址。
- :[Port] 对于 HTTP、FTP、Telnet 等常用服务，在因特网上使用的是公用端口，假定服务器按照标准设置了其端口号，则这部分可以省略，否则必须指定。
- File_path 用来指定资源在服务器内存放的路径。
- File_name 用来指定资源的文件名称和类型。

在 WWW 的使用上，若省略了 File_path/File_name，当连接到 WWW 服务器时，就会自动连接到其首页（Home Page）。

4. WWW 与浏览器

WWW 浏览器（Browser）的主要功能就是提供给用户浏览超文本，通过它，一些文本的多媒体特技就可以轻松地展现在用户面前，如动画等。目前市场上的多媒体浏览器以 Chrome 浏览器和 Firefox 浏览器为主。

5. WWW 的文本格式 HTML

前面所谈到的超文本，到底是如何制造的呢？WWW 的文本是依据 HTML（Hyper Text Markup Language，超文本标记语言）的语法来编辑的。事实上，这是语法，目前并没有真正的标准，因此，同样的 HTML 语法，并不一定适合于全部的浏览器。关于如何编辑 HTML 的文本，由于它属于普通的文字文本，所以通过一般的文本编辑软件即可以对其进行编辑。另外，目前也出现了很多软件专门用来编辑 HTML 文本。如微软公司的 Frontpage、Macromedia 公司的 Dreamweaver 等。

HTML 的语法是以对称的标记来设置各项现实的效果和功能。关于此部分的内容，读者可以参考其他书籍。

7.5.2 DNS

我们在使用 IE 浏览器浏览网页时，会输入网络地址，简称网址。这些网络地址代表着提供 Web 服务的主机在因特网上的地址。但事实上，这些主机地址，是依照其 IP 地址来识别它们的，若没有一个网络地址到 IP 地址的转换工具，那么用户只有记忆这些没有意义的数字，使用就十分不方便了。

1. DNS 概念

为了不必去记忆那些难记的 IP 地址，能够通过有意义的文字来记忆网络地址，便出现了域名系统（Domain Name System，DNS）。DNS 的功能，简单来说，就是通过名称数据库将主机名称转换为 IP 地址，也可反向转换，即将 IP 地址转换为主机名称。

因特网最初使用 Hosts 文件来保存网上所有的信息。这就意味着，当新主机介入因特网时，网上所有主机都必须更新自己的 Hosts 文件。随着因特网规模的扩大，这一任务不可能及时完成。为避免修改主机上的文件，便设计了域名系统。

DNS 使用部分式数据库体系结构，从而避免了在整个网络中用 FTP 传输更新后的主机文件。

2. DNS 的分层管理

从概念上说，DNS 主要包括了两个重要概念：一是层次化，二是采用分布式数据库管理。域名结构是按树型的层次结构对名字空间进行划分，每一个划分称为"域"，最高层为根节点，称顶级域。一个完整的域名是各级域名按低级到高级从左到右排列，中间用"."分隔。根节点中包括了自身的信息以及其下的顶级域名信息，如表 7.5 所示。

表 7.5 常用顶级域名

顶级域名	域名类型	顶级域名	域名类型
com	商业组织	mil	军事部门
edu	教育机构	net	网络支持中心
gov	政府部门	org	各种非营利性组织
int	国际组织	国家代码	各个国家

代表每个国家的顶级域名：cn 代表中国，jp 代表日本，fr 代表法国，uk 代表英国，ca 代表加拿大，au 代表澳大利亚。

从以上 DNS 的结构来看，域名的命名是层次化的，在同一域不可以有相同的主机名称。但主机若处于不同的域中，则主机的名称可以相同。例如：

Yahoo.com　　　　　主机在域 com 中
Yahoo.com.cn　　　主机在域 com.cn 中

3. DNS 组件

要想更好地理解 DNS，还应该对其功能组件有所了解。DNS 的组件有以下几个：

（1）域：域名的最后一部分称为域。如 zzu.edu.cn，在这里 cn 就是域。每个域还可以细分为若干个子域，如 cn 还可以划分为 edu、com 等多个子域。

（2）域名：DNS 将域名定义成主机名和子域，域的一个序列。主机名和子域，域以"."分开，如 zzu.edu.cn 等。

（3）名称服务器：主机上的一个程序，提供域名到 IP 地址的映射。此外，名称服务器还可以指代一台专门用于名称服务器的机器，在上面运行了名称服务器软件供客户查询。

（4）名称解析器：与名称服务器交互的客户软件，有时就简单地称作 DNS 客户。

4. DNS 的工作原理

DNS 的工作过程实际上就是一个域名解析的过程。

一个用户主机至少应知道一台域名服务器的 IP 地址。当用户需要查询某域名的 IP 地址时，就调用解析器，许多操作系统都提供这种解析器软件。解析器将用户指定的域名字符串作为参数放在一个 DNS 客户请求报文中，并使用 UDP 发送给已知的域名服务器，然后等待域名服务器的回答。名称服务器在自己的缓存里寻找匹配项，如果没有找到，则检查自己的数据库。名称服务器在缓存和数据库中都找不到名称的情况下，就向离它最近的另一个名称服务器转发此请求，然后再将结果返回给客户主机。

7.5.3 DHCP

1. DHCP 概念

DHCP 提供动态分配主机 IP 地址的服务。DHCP 服务的目的是减轻对 TCP/IP 网络的规划、管理和维护的负担，解决 IP 地址缺乏问题。DHCP 服务器可以把 TCP/IP 网络集中起来，动态处理工作站 IP 地址的配置。DHCP 提供了自动在 TCP/IP 网络上安全地分配和租用 IP 地址的机制，实现 IP 地址集中式管理基本上不需要网络管理人员的人为干预，而且支持需要网络配置信息的无盘工作站，对需要固定的 IP 系统也提供相应的支持。

2. DHCP 的工作原理

在 TCP/IP 网络中，每当客户机启动时，都要向网络上的 DHCP 服务器提出请求。DHCP 服务器接受这个请求，并在它的数据库中选取 IP 地址分配给客户机，在客户机与服务器之间就形成了一个租约，这个 IP 地址客户机默认的租期是 8 d，到一定时期，客户机还必须请求租约的更新。

建立租约的过程可以分为四步：

（1）DHCP 客户机在本地子网上广播一个探索（DHCP Discover）消息到一个广播地址（255.255.255.255），在这个消息中包括了计算机名及网卡的 MAC 地址。使用这个广播地址意味着这条消息将被网络上的所有主机和路由器接收。但路由器不转发这样的分组到其他网络，以防广播到整个因特网。客户机之所以使用广播消息是因为其不知服务器的 IP 地址，而且本身也没有 IP 地址。

（2）网络的 DHCP 服务器收到客户机的消息后，如果在其数据库（地址池）中有可以分配的 IP 地址，则会用一个提供（DHCP Offer）消息进行响应。在这个消息中包含所提供的 IP 地址、子网掩码、服务器的 IP 地址、租约有效时间和客户的 MAC 地址。

（3）DHCP 客户如果收到这个租约，则广播一个请求（DHCP Request）消息以便响应租约。DHCP 客户可能会收到网络上多个 DHCP 的租约，选择它所获得的第一个租约并给予响应。所以，在响应的消息中将给出被响应的 DHCP 服务器的 IP 地址。如果客户机在 1 min 之内收不到响应，会在一定时段内继续广播消息。重复 4 次广播仍然没有收到租约，则客户机会在保留地址"169.254.0.1~169.254.255.254"中选择一个 IP 地址。

（4）被选择的 DHCP 服务器广播发送 DHCP 确认（DHCP Ack）消息表示批准租约。此后，客户机就可以利用这个租得的租约在网络中进行通信了。

7.5.4 FTP

FTP 是因特网上使用非常广泛的一种通信协议。FTP 可以使因特网用户把文件从一个主机复制到另一个主机上，因而为用户提供了极大的方便和收益。FTP 通常也表示用户执行这个协议所使用的应用程序。FTP 和其他因特网服务一样，也是采用客户机/服务器方式。

1. FTP 的工作原理

FTP 通过两种程序来达到传输文件的目的：一是控制连接程序，一是数据传输程序。当客户端和服务器端建立 FTP 连接时，二者都必须建立上述两种程序。控制连接程序主要负责传输客户端和服务器之间的控制信息；而数据传输程序则必须建立在双方已先完成的控制链接程序基础上，其主要目的是提供数据传输。FTP 的工作过程如图 7.24 所示。

假设客户端要向服务器要求 FTP 服务，首先使用 FTP 的命令在客户端建立控制连接程序；同样地，服务器也会建立控制连接程序，以便和客户端建立控制信息的联络渠道。接着，服务器建立控制连接程序，再通过控制链接程序要求客户端也建立数据传输程序。当数据传输程序建立完成后，双方便可以进行文件传输了。

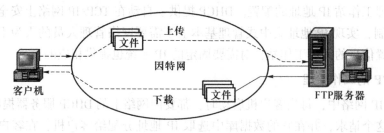

图 7.24　FTP 的工作过程

在数据传输过程中，当数据传输结束时，双方的数据传输程序便会中断，但控制连接程序仍保持着双方的链接，客户端可随时再向服务器提出 FTP 请求。一旦新请求提出后，双方的数据传输程序便会重新建立。

若用户要完全结束文件传输服务，可以先下达 CLOSE 命令，使双方的控制连接程序中断，然后下达 QUIT 命令，便可以完全退出 FTP 服务。

2. FTP 的使用

FTP 的使用方法很简单，启动 FTP 客户端程序先与远程主机建立连接，然后向远程主机发出文件传输命令，远程主机在收到命令后就给予响应，并执行相关操作。目前 Windows 操作系统环境中最常用的 FTP 软件有 CuteFTP、WS-FTP、NetAnt 等。FTP 有一个很大的限制：如果用户未被某一 FTP 主机授权，就不能访问该主机，即用户不能远程登录（Remote Login）该主机。也就是说，如果用户在某个主机上没有注册获得授权，没有用户名和口令，就不能与该主机进行文件传输，但在因特网上有很多 FTP 服务器开放匿名访问权限，即任何用户无须账号和密码都可以匿名登录。

7.6　因特网的基本概述

7.6.1　因特网的定义

因特网又称国际计算机互联网，是目前世界上影响最大的国际性计算机网络。其准确的描述是：因特网是一个网络的网络（a network of network），它以 TCP/IP 网络协议将各种不同类型、不同规模、位于不同地理位置的物理网络连接成一个整体。它也是一个国际性的通信网通集合体，融合了现代通信技术和网络计算机技术，集各个部门、领域的各种信息资源为一体，从而构成网上用户共享的信息资源网。它的出现是世界由工业化走向信息化的必然和象征。

7.6.2　因特网的发展历史

因特网最早源于 1969 年美国国防部高级研究计划局建立的 ARPANET。最初的 ARPANET 主要用于军事研究目的。1972 年，ARPANET 首次与公众见面，由此成为现代计算机网络诞生的标志。ARPANET 在技术上的另一个重大贡献是 TCP/IP 协议的开发和使用。ARPANET 试验并奠定了因特网存在和发展的基础，较好地解决了异种计算机网络之间互联的一系列理论和技术问题。

同时，局域网和其他广域网的产生与发展对因特网的进一步发展起到了重要作用。其中，最有影响的就是美国科学基金会（National Science Foundation，NSF）建立的美国科学基金网NSFNet，它于1990年6月彻底取代了ARPANET而成为因特网的主干网。NSFNet对因特网的最大贡献是使因特网向社会开放。随着网上通信量的迅速增长，1990年9月，由Merit、IBM和MCI公司联合建立了先进网络与科学公司ANS，其目的是建立一个全美范围的T3级主干网，即能以45 Mbps的速率传送数据，相当于每秒传送1 400页文本信息。

近20年来，随着社会、科技、文化和经济的发展，特别是计算机网络技术和通信技术的发展。人们对开发和使用信息资源越来越重视，极大地促进了因特网的发展。在因特网上，按从事的业务分类包括了广告、交通、农业、艺术、书店、化工、通信、计算机、咨询、娱乐、财贸、各类商店、旅馆等100多类，覆盖了社会生活的方方面面，构成了一个信息社会的缩影。

7.6.3 因特网的结构特点

因特网采用了目前最流行的客户机/服务器工作模式，凡是使用TCP/IP协议，并能与因特网的任意主机进行通信的计算机，无论何种类型，采用何种操作系统，均可看成是因特网的一部分。

严格地说，用户并不是将自己的计算机直接连接到因特网上，而是连接到某个网络上，再由该网络通过网络干线与其他网络相连。网络干线之间通过路由器互连，使得各个网络上的计算机都能互相进行数据和信息传输。例如，用户的计算机通过拨号上网，连接到某地的某个因特网服务器提供商（ISP）的主机上，而ISP的主机通过高速干线与本国及世界各国各地区的无数主机相连，这样，用户仅通过一阶ISP主机，便可遍访因特网。由此也可以说，因特网是分布在全球的ISP通过高速通信干线连接而成的网络。

因特网这样的结构形式，使其具有以下几个特点：

（1）灵活多样的入网方式。这是由于TCP/IP成功地解决了不同的硬件平台、网络商品、操作系统之间的兼容性问题。

（2）采用了分布式网络中最为流行的客户机/服务器模式，大大提高了网络信息服务的灵活性。

（3）将网络技术与多媒体技术融为一体，体现了现代多种信息技术互相融合的发展趋势。

（4）方便易行。任何地方仅需通过电话线，普通计算机即可接入因特网。

（5）向用户提供极其丰富的信息资源，包括大量免费使用的资源。

（6）具有完善的服务功能和友好的用户界面，操作简单，无须用户掌握更多的专业计算机知识。

7.6.4 因特网的关键技术

1. TCP/IP 技术

有关TCP/IP的原理在前面已经做过介绍。TCP/IP是因特网的核心，利用TCP/IP协议可以方便地实现多个网络的无线连接。

2. 标识技术

（1）主机 IP 地址。为了确保通信时能互相识别，在因特网上的每台主机都必须有一个唯一的标识，即主机的 IP 地址。IP 协议就是根据 IP 地址实现信息传递的。

（2）域名系统（DNS）和统一资源定位器（URL）。

32 位二进制数的 IP 地址对计算机寻址来说十分有效，但用户使用和记忆都很复杂。为此，因特网引进了字符形式的 IP 地址，即域名。

因特网上的域名由 DNS 统一管理。DNS 是一个分布式数据库系统，由域名空间、域名服务器和地址转换请求程序三部分组成。有了 DNS，凡域名空间中有定义的域名都可以有效地转换为对应的 IP 地址，同样，IP 地址也可以通过 DNS 转换成域名。

WWW 上的每一个网页都有一个独立的地址，这些地址称为 URL，只要知道某网页的 URL，便可直接打开该网页。

（3）用户 E-mail 地址。用户 E-mail 地址的格式为：用户名@主机域名。其中，用户名是用户在邮件服务器上的信箱名，通常为用户的注册名、姓名或其他代号；主机域名则是邮件服务器的域名。用户名和主机域名之间用"@"分隔。例如，hmchang@online.sh.cn 即表示域名为"online.sh.cn"的邮件服务器上的用户"hmchang"的 E-mail 地址。

由于主机域名在因特网上的唯一性，所以，只要 E-mail 地址中用户名在该邮件服务器中是唯一的，则这个 E-mail 地址在整个因特网上也是唯一的。

7.6.5 因特网的体系结构

因特网是世界上最大的计算机网络。它几乎覆盖了整个世界，因此称为国际互联网。它是分布在许多企业、事业单位、公司、学校的局域网，通过路由器和数字数据网（DDN）或无线通信（微波）线路接入因特网形成的网间网，其结构如图 7.25 所示。

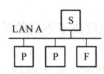
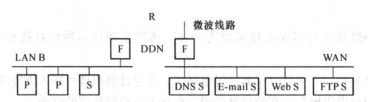

图 7.25　因特网硬件结构
R—路由器；S—服务器；F—防火墙；P—客户机

1. 因特网的硬件结构

在因特网上，接有数以万计的拥有不同结构、不同操作系统的计算机，但它们遵循统一的 TCP/IP 协议簇，完成计算机之间的信息传递。

（1）局域网（LAN）。在因特网上有许多局域网，最有代表性的且性能最好的是 Ethernet。

随着当今高速网络技术和设备的发展，涌现出许多新的技术和设备，如 FDDI（Fiber Distributed Data Interface）、快速以太网（Fast Ethernet）和 ATM（Asynchronous Transfer Mode），其速度以从 10 Mbps 发展到 100 Mbps。这些为因特网上高速大流量传输信息提供了良好的硬件环境。

（2）客户机（Client）。客户机为用户上网操作提供平台。这些客户机并不要求为同购机，都可以通过服务器发送和接收信息，共享服务器上的信息资源。随着因特网软件技术发展和 Java 语言应用，客户机在因特网上为用户提供更为广泛的应用平台。

（3）路由器（Router）。路由器的作用是把两个相似或不同的体系结构的局域网连接起来，构成一个大的局域网或广域网。路由器工作在 OSI 参考模型的网络层上，它对通过的信息按特殊的协议和交换方式进行过滤，并且路由器只允许含有指定的 IP 地址的信息在子网间传递，其工作是智能的。

（4）服务器（Server）。服务器是因特网的核心硬件设备，它为某个子网或整个网络提供信息服务和管理服务。在因特网中，某子网的服务器选用一个高档微机即可，而广域网或整个网则要选用 IBM 大型机或 SUN 公司的专用工作站。对服务器的一般要求是拥有大容量内存、海量的外存和高性能的 CPU 系统，以保证管理软件、服务软件高速运行和各种信息资源存取安全可靠。在因特网上的服务器由于用途不同，可分为不同类型的服务器，如 DNS、E–mail Server、Web Server、FTP Server 等。

（5）调制解调器（Modem）。调制解调器的功能是将来自计算机的数字信息转换成可在远程通信线路上传输的模拟信号，或将接收到的模拟信息转化成数字信号送给计算机。远程用户常用 Modem 和电话线与服务器连接，再和因特网接通，共享网上资源。

（6）远程访问服务器（Remote Access Server）。远程访问服务器主要是为实现网上拨入/拨出应用提供连接，如拨号连接 PPP（Point to Point Protocol）和 SLIP（Serial Line Internet Protocol）就是通过远程访问服务器与调制解调器配合，实现路径选择和协议筛选的。

（7）网关（Gateway）和网桥（Bridge）。网关是把不同体系结构的网络连接在一起的设备。网关的功能是对由网络操作系统的差异引起的不同体系进行互相转换。网桥是连接相同的或相似的体系结构网络的设备。它完成数据链路层的功能，需要有相同的逻辑控制协议（LLC），但可有不同的介质访问控制协议（MAC）负责将数据传送到另一个网络。

（8）防火墙（Firewall）。防火墙是为了保障网络信息的安全而采取的措施。它是由软件系统和硬件设备组成的屏障。防火墙的功能是防止非法入侵、非法使用资源，并能记录所有可能的事件，还能执行赋予的安全管理措施。

2. 因特网的软件结构

因特网软件结构与 WWW 结构模式密切相关。WWW 技术的基本结构方式为浏览器/服务器的工作模式（客户机/服务器），如图 7.26 所示。

因特网软件结构以 HTML/Java 语言、HTTP 协议和 URL 为基础，通过 WWW 浏览器发出请求，WWW 服务器做出响应建立连接，实现用户的信息访问。另外还可以通过公共网关接口（CGI）实现对外部应用软件的连接访问。

如图 7.26 所示，可看出软件大体由四部分组成：网络操作系统、客户端软件（包括浏览器软件、Java 软件）、服务器软件（包括 WWW 服务器软件、Java 软件）以及安全管理软件。

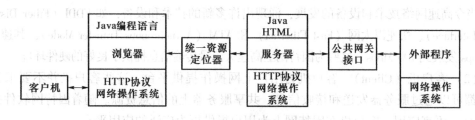

图 7.26 因特网软件结构

（1）WWW 浏览器（WWW Browser）。网络浏览器是 WWW 服务的客户端程序，它负责与 WWW 服务器建立连接，发送 WWW 的访问请求、处理 HTML 超媒体文件、提供客户图形用户界面（GUI）等。

（2）URL。因特网是一个极其庞大的网络，当通过 WWW 客户机访问因特网上的资源时，必须有一个名字和地址来标识这些资源，这个名字就是 WWW 的 URL。

（3）WWW 服务器（Web Server）。在因特网上有许多可使用的高层协议，分别以相应的服务软件完成特定的任务，如电子邮件、FTP、Gopher（一个分布式的文件检索和获取系统）、Telnet 和 WAIS（广域信息服务）等，HTTP 协议综合了这些协议以提供更有效的查询定位。基于 HTTP 协议的 WWW 服务器软件比较多，但工作原理相同。

（4）CGI 管理软件。CGI 是运行在服务器上的一段程序，它为 Web Server 建立一种与外部应用软件联系的方法。当服务器接收到来自某一用户的访问请求后，它把相关请求信息综合到一个环境变量中，然后去启动一个网关程序（通常为 CGI 脚本程序），CGI 检查这些环境变量，并和外部应用程序一起完成任务后回送相应请求。

（5）Web 数据库。在因特网上设计出界面友好的数据库应用程序，除了要有工具软件支持外，使用 Web 浏览器采用填表方法构造用户界面无疑是受欢迎的。

通常因特网还可以看作是由若干大网组成的超级网络。

7.7 物联网

7.7.1 物联网概述

1. 国际国内有关信息技术的几件大事

近 10 多年来，从决策层来看，出现了几件大事：

（1）数字地球。1998 年 1 月 31 日，美国前副总统戈尔做了题为《数字地球：展望 21 世纪我们这颗行星》的报告，首次提出了"数字地球"的新概念，促进了信息高速公路的发展。

（2）物联网。2005 年 11 月，国际电信联盟（ITU）在突尼斯举行的信息社会世纪峰会上，发布了《ITU 互联网报告：物联网》，正式提出了物联网概念。

（3）智慧地球。2008 年，IBM 公司首次提出了"智慧地球"发展战略。公司建议奥巴马政府投资这一智慧型基础设施。2009 年，奥巴马政府积极回应这一提议，并主张把这一概念上升为美国国家战略。

（4）感知中国。2009年8月7日，我国时任总理温家宝在视察无锡微纳传感网工程技术中心时，提出在无锡建立"感知中国"示范中心，要求"早日谋划未来，早一点攻破核心技术"。2009年10月，无锡市成立了无锡物联网产业研究院。

（5）欧洲行动计划。2009年6月18日，欧盟在比利时首都布鲁塞尔提交了《物联网——欧洲行动计划》的公告。指出物联网是主要的经济与社会资源，并提出14项行动计划，决心以实际行动引领物联网时代。

（6）智能日本。2004年，日本提出"U-Japan"战略，也就是建设"4U网络"，即Uniquitous（无所不在）、Universal（无所不包）、User-oriented（用户指南）、Unique（独特）之网络，实现所有人与人、物与物、人与物之间的连接。2009年8月，日本又把"U-Japan"升级为"I-Japan"战略，即"智能日本"（Intelligent Japan）计划。日本把传感器列为国家重点发展项目之一，期望通过物联网技术的产业化，实现自主创新，改革经济社会，并减轻因人口老龄化带来的医疗、养老等社会负担。

2. 促进物联网发展的技术和社会背景

（1）信息技术背景。物联网（The Internet of Things，IOT）概念最早于1999年由美国麻省理工学院的科研专家首先提出。最初是将传感器、电子标签用于商业方面。这项技术一旦和互联网结合，即显示出强大的生命力，所以物联网是在计算机、互联网之后的技术延伸。物联网之所以如此快地出现在人们的眼前，传感器、射频识别器件（Radio Frequency Identification Device，RFID）、计算机和互联网的快速发展起到了决定性作用。

计算机信息技术的发展，其历程大致如下：20世纪50年代为第一代电子管计算机；到1965年，出现了第二代大型电子计算机（晶体管，哈佛大学）；1980年，出现了第三代PC计算机（集成电路）；1995年，互联网进入社会；2010年，我国研制的超级计算机"天河一号"，计算速度达到4 700万亿次/s，居当年世界第一位。在通信方面，从固定电话到移动电话，从模拟手机到数字4G手机，从互联网通信到卫星通信、激光通信、微波通信等，发展速度难以想象。这些都成为物联网诞生的必要条件。

（2）金融危机背景。可以说金融危机催生了物联网革命。从历史上看，每次经济危机都推动了新的技术革命。1857年的世界经济危机，引发了电气技术革命；1929年的世界经济危机，又催生了以电子、航空和核能为代表的新技术革命。新技术的出现和产业重组，成为摆脱危机、推动经济增长的动力。从2007年底起由美国次贷危机引发的国际金融危机，影响之大，时间之长，对全世界经济造成了严重打击。为了应对金融危机，从2008年起，世界各国，特别是美国、欧洲、中国等国家和地区，相继出台对策，以挽救面临困境的企业和经济。各国提出采用新技术、新的产业结构来应对危机。物联网就是这种政治背景下的必然产物。图7.27所示为物联网形成示意图。

3. 我国物联网现状与发展趋势

自从2009年8月我国创建"感知中国"示范中心起，从国家到地方，从科研院所到企业，都加快了物联网技术和产业的研发。2009年11月，由中国移动、大唐移动、同方股份、中科院软件所、清华大学、北京邮电大学的科研院所和企业共同组建了中关村物联网产业联盟。2010年1月，江苏昆山传感器产业基地成立。广东成立了射频识别技术标准化技术委员会。2010年3月，中国政府工作报告第一次写入"加快物联网的研究应用"。2010年7月，上海启动建设"上海物联网中心"。

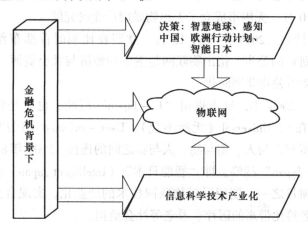

图 7.27 物联网形成示意图

无锡从2009年起确立为国家物联网产业示范基地。这一重大决策，像春雷一样响彻江南大地。无锡率先成立了以刘海涛教授为领军人物的无锡物联网产业研究院，成立了无锡国家传感信息中心管理委员会。2010年6月，江南大学组建了全国第一家物联网工程学院，成立了传感网大学科技园。先后有十几所全国重点大学在无锡设立研发中心或研发项目，如上海交通大学的"三网合一"、南京大学的"感知生命"、南京信息工程大学的感知气象、电子科技大学的光纤传感器等。世界知名高校，如剑桥大学、麻省理工学院等的科研人员也进驻园区。中国电信、中国移动在无锡成立了物联网研究院。到2010年年底，全市已成立了物联网企业259家，拥有物联网研发高级人才近1 000名，签约物联网项目214项；确立了80多个重大示范项目，如感知太湖、智能交通、防入侵工程、平安家居、生态农业、现代物流等；已有12个项目进入应用阶段，如无锡机场防入侵自动监控系统、太湖水智能监测系统以及在无锡运营的中国首座220 kV智能变电站，均采用了物联网技术，将各个关键部位用传感器与互联网相连，可进行自我诊断、判别和修复。太湖云计算信息技术公司在物联网工程中已发挥重大作用，在私有云解决方案、共有云服务、虚拟桌面云解决方案以及智慧商务电子等方面不断取得成果，仅2010年就实现了2 000万元的销售收入。无锡物联网产业在物联网设备制造、软件产品开发、系统集成、网络及运营服务四大领域已取得显著成效。从2010年2月到2011年2月的1年间，实现销售收入365亿元。到2020年，预计可达到5 000亿元/年。

为了快速推进我国物联网建设和创新，工业和信息化部提出了四项指导原则：

（1）突破物联网关键核心技术，实现科技创新。结合物联网特点，研发和推广应用技术，加强行业和领域物联网技术解决方案的研发与公共服务平台建设。

（2）制订我国物联网发展规划，全面布局。重点发展高端传感器、微机电系统、智能传感器和传感网节点、传感器网关、超高频射频识别、有源射频识别器件等，重点发展相关终端和设备以及软件、信息服务。

（3）推动典型物联网应用示范，带动发展。通过示范应用项目的引导，带动物联网产业发展。深度开发物联网采集的信息资源，提升物联网应用过程产业链的整体价值。

（4）加强制定物联网国际国内标准，保障发展。做好顶层设计，形成技术创新、标准和知识产权协调互动机制。建设标准验证、测试和仿真等标准服务平台。加快关键标准的制定、实施和应用，将国内自主创新研究成果推向国际。

4. 物联网的应用领域

按照国际电信联盟的描述，物联网所要实现的目标是以下三者的统一。

（1）物体与物体（Thing to Thing，T2T）的信息互联。

（2）人与物体（Human to Thing，H2T）的信息互联。

（3）人与人（Human to Human，H2H）之间的信息互联。

可见，物联网可以做到在任何时间对任何物品、环境、人、企业、商业等实现互联互通。

从技术上来说，物联网是在互联网基础上实现传感信息技术、通信技术和计算机技术三者为一体的智能网络。图7.28所示为物联网一体化网络的示意图。

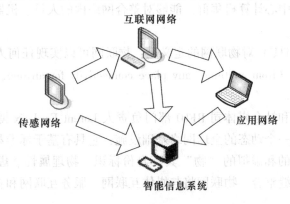

图7.28 物联网一体化网络的示意图

物联网由于上述基本特征，应用领域非常广泛，如工业、农业、军事、环境、交通、物流、医疗、电网、学校等。下面略举几例：

监测太湖，智慧水利。太湖水的治理是国家的重点项目，但多年来一直找不到好的治理方法。物联网技术的出现，使该项目出现了转机。从2009年起，作为无锡的示范工程，运用物联网方法，在太湖上建造了20多个蓝藻监测点。目前实时监测效果很好。

能源监控。为了实现节电、节水的目的，江南大学从2005年起就率先启用物联网技术。在全校3 000多亩（1亩≈666.67米^2）的校园内，设置了许多传感节点，通过互联网实时控制，达到节能减排的目的。目前江南大学的经验已在江苏，乃至全国的高校逐步推广。

智能交通。在交通方面，运用物联网技术可以实现不停车收费。北京朝阳区在某园区内试行无人驾驶公交、广东东莞实现汽车车位预约系统等。

智能物流。实现对货物配送、监控、信息处理、自动识别、采购、存储、包装、运输、加工、销售等环节的智能管理。

农业生产。运用物联网技术，可以监测并采集风、光、水、电、热、农药等数据，随时对各项因素实施监控和调节，保证农作物免受灾害。

7.7.2 物联网的定义与内涵

互联网使地球上的人们都连接在了一个网络上，而通过机器与机器互联（M2M），使机器也进入了网络中，那么下一步就应该是各种物体与物体之间的联网了，这就是物联网的最初动因。

物联网的一般定义是：通过射频识别器件（RFID）、红外感应器、传感器、全球定位系统、激光扫描器等信息传感设备，按约定的协议，把任何物品与互联网相连接，并进行信息交换和通信，以实现智能化识别、定位、跟踪、监控和管理的一种网络。也就是说，物联网的概念是在互联网概念的基础上，将其用户端延伸和扩展到任何物品与物品之间，并进行信息交换和通信的一种网络。具体地说，物联网就是把传感器嵌入电网、铁路、桥梁、隧道、公路、建筑、供水系统、大坝、油气管道等各种物体中，然后将这个物联网与现有的互联网整合起来，形成一个更大的泛在网，实现人类社会与物理系统的整合。在这个整合网络中，存在能力超级强大的中心计算机集群，能够对整合网络内的人员、机器、设备和基础设施进行实时的管理和控制。

国际电信联盟（ITU）对物联网的定义是：物联网可以实现任何人在任何时间和任何地点对任何东西的访问（from anytime, any place connectivity for anyone, we will now have connectivity for anything）。

欧盟委员会信息和社会媒体司 RFID 部门负责人 Lorent Ferderix 博士给出了欧盟对物联网的定义：物联网是一个动态的全球网络基础设施，它具有基于标准和互操作通信协议的自组织能力，其中物理的和虚拟的"物"具有身份标识、物理属性、虚拟的特性和智能的接口，并与信息网络无缝整合。物联网将与媒体互联网、服务互联网和企业互联网一起，构成未来的智能互联网。

从实现物联网技术角度理解：物联网是指物体通过智能感应装置，经过传输网络，到达指定的信息处理中心，最终实现物与物、人与物之间的信息交互处理的智能网络。从应用物联网层面理解：物联网是指把世界上所有的物体都连接到一个网络中，形成物联网，然后物联网再与现有的互联网结合，实现人类社会与物理系统的整合，达到以更加精细和动态的方式来管理生产与生活的目的。

1. 物联网的本质特征

1）全面感知

全面感知就是通过各种类型的传感器实时感知被测物理对象的状态。它是各种感知技术的广泛应用。在物联网里部署了海量的多种类型传感器，每个传感器都是一个信息源，不同类别的传感器所捕获的信息内容和信息格式不同。传感器获得的数据具有实时性，按一定的频率周期性地采集环境信息，不断更新数据。

2）可靠传递

可靠传递就是通过各种网络与互联网的融合，将物体的信息实时准确地传递出去。它是一种建立在互联网上的泛在网络。物联网技术的重要基础和核心仍旧是互联网，通过各种有线和无线网络与互联网融合，将物体的信息实时准确地传递出去。在物联网上的传感器定时采集的信息需要通过网络传输，由于其数量极其庞大，形成了海量信息，信息在传输过程中，为了保障数据的正确性和及时性，必须适应各种异构网络和协议。

3) 智能处理

智能处理就是利用云计算、模糊识别等各种智能计算技术，对海量的数据和信息进行分析与处理，以实现对物体智能化控制。物联网不仅仅提供了传感器的连接，其本身也具有智能处理的能力，能够对物体实施智能控制。物联网将传感器和智能处理相结合，利用云计算、模式识别等各种智能技术，扩充其应用领域。从传感器获得的海量信息中分析、加工和处理出有意义的数据，以适应不同用户的不同需求，发现新的应用领域和应用模式。

根据以上对物联网本质特征的概括，可以将物联网以网络形式表示为图7.29。

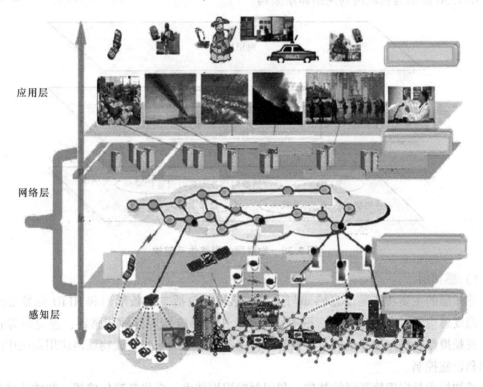

图 7.29　网络形式表示的物联网

2. 物联网与互联网的区别

物联网与互联网具有三方面的区别：

（1）互联网的结构可分为核心交换部分和边缘部分。核心交换部分由许多路由器互联的广域网、城域网和局域网组成；边缘部分的用户设备常称为端系统。端系统接入的方式有两种：有线接入和无线接入。有线接入方法有三种：一是通过网卡接入局域网，再进入主干网，最后进入互联网；二是应用 ADSL（非对称数字用路线路）接入设备，通过电话交换网接入互联网；三是利用 Modem 接入设备，通过有线电视网接入互联网。无线接入也有三种方法：或用无线网卡接入互联网，或通过无线城域网接入互联网，或通过无线自主网接入互联网。而物联网应用系统是运行在互联网核心交换结构基础上的。

（2）互联网用户是通过端系统的计算机或手机、PDA 访问互联网以实现各种业务的。而物联网中的传感器节点则要通过无线传感器网络的汇聚点接入互联网。若用 RFID 芯片，则通过读写器与控制主机连接，再由主机接入互联网。所以，物联网应用系统是通过传感器网络或 RFID 应用系统接入互联网的。

（3）从互联网所提供的服务功能来看，主要是实现人与人之间的信息交流与共享，在互联网端节点之间传输的各种文件，都是在人的控制下完成的。而物联网的端系统应用的是传感器、RFID 等，因而物联网感知的数据是从传感器感知或者 RFID 读写器自动读出的。可见，在系统数据采集方法上，互联网与物联网是有区别的。

3. 物联网的体系结构及各层的主要技术

图 7.30 所示为物联网的网络体系架构。

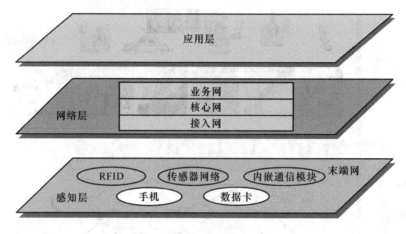

图 7.30 物联网的网络体系架构

1）感知层

感知层的主要功能是信息感知与采集。感知层包括二维条形码和 RFID 标签等读写设备，温度感应器、声音感应器、振动感应器、压力感应器等各种传感器，麦克风等拾音设备，视频摄像头等图像获取设备，智能化传感器网络节点等，完成物联网应用系统中的数据感知和设施控制。

感知技术是实现物联网的基础。利用射频识别技术、现代新型传感器、智能传感器完成对客观物质世界的感知。射频识别器件（RFID）通过射频信号自动识别目标对象并获取相关数据，识别过程无须人工干预，可应用于各种恶劣的工作环境。各种传感器是节点感知物理世界的感觉器官。传感器不仅可以感知热、力、光、声、电等常规物理量，未来的传感器还可以感知色彩、味道、位移、浓度等参量，传感器为物联网应用系统的处理、传输、分析等提供最原始的数据信息。随着电子技术的不断发展，传统的传感器正逐步实现微型化、智能化、信息化和网络化。

2）网络层

网络层由接入网、核心网、业务网组成。接入网由基站节点或汇聚节点和接入网关等组成，完成末梢各节点的组网控制和数据融合与汇聚，或者完成向末梢节点下发信息的转发等功能。也就是在末梢节点之间完成组网后，如果末梢节点需要上传数据，则将数据发送给基站节点，基站节点收到数据后，通过接入网关完成和承载网络的连接；当应用层需要下传数据时，接入网关收到承载网络的数据后，由基站节点将数据发送给末梢节点，从而完成末梢节点与承载网络之间的信息转发和交互。

接入网的功能主要由大量各类传感器节点组成的自治网络传感网来承担。传感网技术是集分布式数据采集、传输和处理于一体的网络系统，具有低成本、微型化、低功耗、适合移动目标的灵活组网方式等特点。物联网正是利用通过分布在各个角落和物体上形形色色的传感器节点以及它们组成的传感网来感知整个物理世界的。传感网涉及传感网体系结构和底层协议、协同感知技术、自检测自组织能力、传感网数据安全等关键技术。

核心网是网络层的核心承载网络，承担物联网感知层与应用层之间的数据通信任务。主要包括现行的 2G、3G/B3G、4G 移动通信网等通信网络，或者是互联网，或者是无线高保真（Wi-Fi）、无线宽带接入标准 IEEE 802.16（WiMAX）、无线城域网（Wireless Metropolitan Area Network，WMAN），有的场合还包括企业专用网，等等。

3）应用层

应用层由各种应用服务器组成，其主要功能是对采集的数据进行汇聚、转换、分析等。应用层还要为用户提供物联网应用的接口，如客户端浏览器等服务。应用层还包括对海量数据进行的智能处理的云计算功能。

因为网络中存在大量冗余数据，会浪费通信带宽和能量消耗，也会降低数据采集效率和及时性，为此，必须对数据进行融合和压缩处理。所谓数据融合，是指将多种数据或信息进行处理，组合出高效且符合用户要求的信息的过程。在传感网应用中，多数情况只关心监测结果，并不需要收到大量原始数据，数据融合是处理这类问题的有效手段。

物联网中有大规模的海量数据需要处理，为了节省成本和实现系统的可扩展性，云计算的概念被提出来。所谓云计算，就是通过网络将庞大的计算处理程序自动分拆成无数个较小的子程序，再交由多个服务器所组成的庞大系统处理后回传给用户。云计算是分布式计算技术的一种，可以从狭义和广义两个角度理解。狭义云计算是指 IT（信息技术）基础设施的交付和使用模式，指通过网络以按需、易扩散的方式获得所需的资源；广义云计算是指服务的交付和使用模式，指通过网络以按需、易扩散的方式获得所需的服务。这种服务可以是与 IT 软件、互联网相关的，也可以是任意其他的服务，它具有超大规模、虚拟化、可靠安全等独特功效。

7.8 云计算概述

7.8.1 云计算的定义

云计算是一种 IT 世界基础设施的变迁，但是如何准确地定义它呢？事实上，很难用一句话说清楚到底什么才是真正的云计算。2009 年 1 月 24 日，Jeremy Geelan 在云计算杂志上发表了一篇题为《21 位专家定义云计算》的文章，其结果是 21 位专家给出了 21 种定义。到底什么是云计算呢？

维基百科对云计算的解释是：云计算是一种互联网上的资源利用新方式，可为大众用户依托互联网上异构、自治的服务进行按需即取的计算。由于资源是在互联网上，而在计算机流程图中，互联网常以一个云状图案来表示，因此可以形象地类比为云计算，"云"同时也是对底层基础设施的一种抽象概念。

加州大学伯克利分校的学者将云计算定义为：云计算包含互联网上的应用服务及在数据中心提供这些服务的软、硬件设施。互联网上的应用服务一直被称作软件即服务（Software as a Service，SaaS），所以我们使用这个术语。而数据中心的软、硬件设施就是我们所谓的"云"。

江南计算技术研究所的司品超等则认为：云计算是一种新兴的共享基础架构的方法。它统一管理大量的物理资源，并将这些资源虚拟化，形成一个巨大的虚拟化资源池。云是一类并行和分布式的系统，这些系统由一系列互联的虚拟计算机组成。这些虚拟计算机是基于服务级别协议（供应者和消费者之间协商确定）被动态部署的，并且作为一个或多个统一的计算资源存在。与传统单机、网络应用模式相比，云计算具有虚拟化技术、动态可扩展、按需部署、高灵活性、高可靠性、高性价比六大特点。

看了这几个定义后，我们对云计算有了大概的了解。其实云计算到底是什么，还取决于人们所关注的兴趣点。不同的人群看待云计算会有不同的视角和理解。我们可以把人群分为云计算服务的使用者、云计算系统规划设计开发者和云计算服务的提供者三类。

如果从云计算服务的使用者角度来看，云非常简单，一切的一切都在云里边，它可以为使用者提供云计算、云存储以及各类应用服务。作为云计算的使用者，不需要关心云里面到底是什么、云里的 CPU 是什么型号的、硬盘的容量是多少、服务器在哪里、计算机是怎么连接的、应用软件是谁开发的等问题，而需要关心的是随时随地可以接入、有无限的存储可供使用、有无限的计算能力为其提供安全可靠的服务和按实际使用情况计量付费。云计算最典型的应用就是基于因特网的各类业务。

云计算的成功案例包括：Google 的搜索、在线文档 Google Docs、基于 Web 的电子邮件系统 Gmail，微软的 MSN、Hotmail 和必应（Bing）搜索，Amazon 的弹性计算云（EC2）和简单存储服务（S3）业务，等等。

简单来说，云计算是以应用为目的，通过互联网将大量必需的软、硬件按照一定的形式连接起来，并且随着需求的变化而灵活调整的一种低消耗、高效率的虚拟资源服务的集合形式。而对于云计算来说，它更应该属于一种社会学的技术范畴。相比于物联网的对原有技术进行升级的特点，云计算则更有"创造"的意味。它借助不同物体间的相关性，把不同的事物进行有效的联系，从而创造出一个新的功能。

云计算的一个核心理念就是通过不断提高"云"的处理能力，进而减少用户终端的处理负担，最终使用户终端简化成一个单纯的输入/输出设备，并能按需享受"云"强大的计算处理能力。云计算的中心思想是将大量用网络连接的计算资源统一管理和调度，构成一个计算资源池，向用户提供按需服务。云计算的特征主要表现在以下几个方面：

（1）超大规模。"云"具有相当的规模，Google 云计算已经拥有 100 多万台服务器，Amazon、IBM、Microsoft、Yahoo 等的"云"均拥有几十万台服务器。"云"能赋予用户前所未有的计算能力。云业务的需求和使用与具体的物理资源无关，IT 应用和业务运行在虚拟平台之上。云计算支持用户在任何有互联网的地方，使用任何上网终端获取应用服务。用户所请求的资源来自规模巨大的云平台。

（2）高可扩展性。"云"的规模超大，可以动态伸缩，满足应用和用户规模增长的需要。

（3）虚拟化。云计算是一个虚拟的资源池，用户所请求的资源来自"云"，而不是固定的有形的实体。用户只需要一台笔记本或者一部手机，就可以通过网络服务来实现自己需要的一切，甚至包括超级计算这样的任务。

（4）高可靠性。用户无须担心个人计算机的崩溃会导致数据的丢失，因为其所有的数据都保存在云里。

（5）通用性。云计算没有特定的应用，同一个"云"可以同时支撑不同的应用运行。

（6）廉价性。由于"云"的特殊容错措施，可以采用极其廉价的节点来构成云。云计算将数据送到互联网的超级计算机集群中处理，个人只需支付低廉的服务费用，就可完成数据的计算和处理。企业无须负担日益高昂的数据中心管理费用，从而大大降低了成本。

（7）灵活定制。用户可以根据自己的需要定制相应的服务、应用及资源，根据用户的需求，"云"来提供相应的服务。

7.8.2 云计算与物联网的关系

很多时候，云计算与物联网这两个名词是同时出现的，大家在直觉上认为这两个技术是有关系的，但总是没有很清楚的认识。有的地方一提到物联网就想到传感器的制造和物联信息系统。其实云计算和物联网两者之间本没有什么特殊的关系，物联网只是今后云计算平台的一个普通应用，物联网和云计算之间是应用与平台的关系。物联网的发展依赖于云计算系统的完善，从而为海量物联信息的处理和整合提供可能的平台条件，云计算的集中数据处理和管理能力将有效地解决海量物联信息的存储与处理问题。

没有云计算平台支持的物联网，其实价值并不大，因为小范围传感器信息的处理和数据整合是很早就有的技术，如工控领域的大量系统都是这样的模式，没有被广泛整合的传感器系统是不能被准确地称为物联网的。所以云计算技术对物联网技术的发展有着决定性的作用，没有统一数据管理的物联网系统将丧失其真正的优势。物物相连的范围是十分广阔的，可能是高速运动的列车、汽车甚至是飞机，也可能是家中静止的电视、空调、茶杯，任何小范围的物物相连都不能被称为真正的物联网。

对于云计算平台来说，物联网并不是特殊的应用，只是其所支持的所有应用中的一种而已。云计算平台对待物联网系统与对待其他应用是完全一样的，并没有任何区别，因为云计算并不关心应用是什么。

但是，随着全球物联网的发展，云计算被赋予了更广的定义：从连接计算资源到连接所有的人和机器，计算能力将进一步增强，走向更高层次的规模化和智能化。

小结

协议在计算机网络中一般是指相互通信的双方或多方对如何进行信息交换一致同意的一套规则。计算机通信网采用分层的协议体系结构。

TCP/IP协议是一个协议簇，TCP协议和IP协议是其中两个最重要的协议。IP协议称为网际协议，用来给各种不同的局域网和通信子网提供一个统一的互连平台。TCP协议称为传输控制协议，用来为应用程序提供端到端的通信和控制功能。在TCP/IP协议中，依据其提供的功能和服务，将其分成四个层次：网络访问层、网络层、传输层和应用层。

网络访问层主要包括网络物理连接部分，提供物理的网络连接以及提供服务给网络层使用。

网络层包含的协议主要有四个：IP协议（网际协议、网间网协议）、ICMP协议（网络控制信息协议)、ARP 协议（地址解析协议）和 RARP 协议（反向地址解析协议）。

传输层主要包括两种协议：传输控制协议（Transmission Control Protocol，TCP）和用户数据协议（User Datagram Protocol，UDP）。TCP 传输控制协议主要提供面向连接的可靠的数据流式的传输服务。UDP 用户数据协议主要提供非连接的不可靠的数据传输服务。

应用层负责提供各种应用程序协议给用户使用，而这些程序或协议必须以 TCP 或 UDP 协议为基础。较常用的应用程序协议有文件传输协议（FTP）、简单邮件传输协议（SMTP）、远程登录协议、文件传输协议（FTP）、简单网络管理协议（SNMP）以及域名系统（DNS）等。

IP 地址是一个 4 字节的数字，这个数字代表了网络和主机的地址。根据网络规模的不同，IP 地址可以分成三个等级（或三类）：分别是 A 类地址、B 类地址和 C 类地址。

DNS 的功能就是通过名称数据库将主机名称转换为 IP 地址（也可反向转换），将 IP 地址转换为主机名称，使用户不必再去记忆那些难记的 IP 地址。

因特网是一个网络的网络。它是一个以 TCP/IP 协议为基础的各种不同类型、不同规模、位于不同地理位置的物理网络连接而成的一个整体，是一个网络的网络。因特网提供的基本服务有 WWW 服务、电子邮件服务、远程登录服务、文件传输服务、网络新闻服务、网络公告牌服务等。除此之外，因特网还提供诸如网络电话、实时聊天、网络寻呼等一些新兴的服务。

互联网使地球上的人们都连接在了一个网络上，而通过机器与机器互联（M2M），使机器也进入了网络中，那么下一步就应该是各种物体与物体之间的联网了，这就是物联网兴起的原因。云计算是以应用为目的，通过互联网将大量必需的软、硬件按照一定的形式连接起来，并且随着需求的变化而灵活调整的一种低消耗、高效率的虚拟资源服务的集合形式。云计算与物联网互为依托。

习 题

一、填空题

1. 所谓 TCP/IP 协议，实际上是一个协议簇，TCP 协议和 IP 协议是其中两个最重要的协议。IP 协议称为_____协议，用来给各种不同的局域网和通信子网提供一个统一的互联平台。TCP 协议称为_____协议，用来为应用程序提供端到端的通信和控制功能。

2. IP 协议实现两个基本功能：_____和_____。它有两个很重要的特性：_____性和_____性。

3. 不可靠性是指 IP 协议没有提供对数据流在传输时的_____控制。它是一种不可靠的"尽力传送"的_____类型协议。但是利用_____协议所提供的错误信息再配合更上层_____协议，则可以提供对数据传输的可靠性控制。

4. IP 地址是由一个_____地址和一个_____地址组合而成的_____位的地址，而且每个主机上的 IP 地址必须是唯一的。全球 IP 地址的分配由_____负责。

5. C 类地址的前_____位组成网络地址，其中前两位是 11，剩余 22 位，所以应该有 2^{22} = 4 194 304 个 C 类网络。但是在 C 类地址的前 4 位中，1110 保留给_____，1111 保留给_____，所以真正可用的 C 类网络地址数为应有的网络地址数减去保留的地址数，即_____个网络地址。

6. C类地址的后 8 位是主机地址，应有 $2^8=256$ 个主机地址，但是需要扣除_____地址和_____地址，所以真正可用的 C 类网络的主机地址，最多可以有_____个。

7. ICMP 是_____的缩写。它是 TCP/IP 协议簇的一个子协议，用于在 IP 主机路由器之间传递_____消息。

8. 所谓"地址解析"就是主机在发送帧前将_____地址转换成_____地址的过程。

9. TCP 协议的主要功能用一句话概括就是_____服务。

10. DNS 的功能，简单地说，就是通过名称数据库将_____转换为_____。

11. 电子邮件在发送与接收过程中都要遵循 SMTP、POP3 等协议，这些协议确保了电子邮件在各种不同系统之间的传输，其中，_____负责电子邮件的发送，而_____则用于接收因特网上的电子邮件。

12. 因特网是一个网络的网络。它以_____网络协议将各种不同类型、不同规模、位于不同地理位置的物理网络连接成一个整体。

13. 因特网采用了目前最流行的_____工作模式。

14. 现在在因特网上最热门的服务就是_____服务，已经成为很多人在网上查找、浏览信息的主要手段。

15. 物联网是通过_____，按约定的协议，把任何物品与_____相连接，并进行信息_____，以实现智能化识别、定位、跟踪、监控和管理的一种网络。

二、选择题

1. TCP/IP 协议对（ ）做了详细的约定。
   A. 主机寻址方式、主机命名机制、信息传输规则、各种服务功能
   B. 各种服务功能、网络结构方式、网络管理方式、主机命名方式
   C. 网络结构方式、网络管理方式、主机命名方式、信息传输规则
   D. 各种服务功能、网络结构方式、网络管理方式、信息传递规则

2. IP 地址的格式是（ ）个用点号分隔开来的十进制数字。
   A. 1   B. 2   C. 3   D. 4

3. IP 地址是由一组（ ）比特的二进制数字组成的。
   A. 8   B. 16   C. 32   D. 64

4. IP 地址中，关于 C 类 IP 地址的说明正确的是（ ）。
   A. 可用于中型规模网络
   B. 在一个网络中最多只能连接 256 台设备
   C. 此类 IP 地址用于多目的的地址传送
   D. 此类地址保留为今后使用

5. 下面 4 个 IP 地址，属于 D 类地址的是（ ）。
   A. 10.10.5.168   B. 168.10.0.1
   D. 224.0.0.2   D. 202.119.130.80

6. IPv4 版本的因特网总共可以有（ ）个 A 类地址网络。

    A. 65 000　　　　　　B. 200 万　　　　　　C. 126　　　　　　D. 128

7. 在 IP 协议中用来进行组播的 IP 地址是（　　）地址。

    A. A 类　　　　　　B. C 类　　　　　　C. D 类　　　　　　D. E 类

8. （　　）既标识了一个网络，又标识了该网络上的一台特定主机。

    A. 主机名　　　　　B. MAC 地址　　　　C. IP 地址　　　　　D. 物理地址

9. 要构建一个可连接 10 个主机的网络，如果该网络采用划分子网的方法，则子网掩码为（　　）。

    A. 255.255.255.0　　　　　　　　　　B. 255.255.248.0

    C. 255.255.255.240　　　　　　　　　D. 255.255.224.0

10. 如果子网掩码是 255.255.192.0，那么（　　）主机必须通过路由器才能与主机 129.23.144.16 通信。

    A. 129.23.191.21　　　　　　　　　　B. 129.23.127.222

    C. 129.23.130.33　　　　　　　　　　D. 129.23.148.127

11. 因特网的主要组成部分包括（　　）。

    A. 通信线路、路由器、服务器和客户及信息资源

    B. 客户机与服务器、信息资源、电话线路、卫星通信

    C. 卫星通信、电话线路、客户机与服务器、路由器

    D. 通信线路、路由器、TCP/IP 协议、客户机与服务器

12. 从因特网使用者的角度看，因特网是一个（　　）。

    A. 信息资源网

    B. 网际网

    C. 网络设计者搞的计算机互联网络的一个实例

    D. 网络黑客利用计算机网络大展身手的舞台

13. 域名系统是使用下面的（　　）协议。

    A. SMTP　　　　　　B. FTP　　　　　　C. DNS　　　　　　D. TELNET

14. 因特网的域名中，顶级域名 gov 代表（　　）。

    A. 教育机构　　　　B. 商业机构　　　　C. 政府部门　　　　D. 军事部门

15. WWW 的超链接中定位信息所在位置使用的是（　　）。

    A. 超文本（Hypertext）技术

    B. 统一资源定位器（Uniform Resource Locators，URL）

    C. 超媒体（Hypermedia）技术

    D. 超文本标记语言 HTML

16. 连接河南工业大学的主页 WWW.Haut.edu.cn，下面（　　）的操作不对。

    A. 在地址栏中输入 WWW.Haut.edu.cn

    B. 在地址栏中输入 http://www.Haut.edu.cn

    C. 在"开始"→"运行"中输入 http://www.Haut.edu.cn

    D. 在地址栏中输入 gopher://Huat.edu.cn

17. 访问 WWW 网时，使用的应用层协议为（　　）。

    A. HTML　　　　　　B. HTTP　　　　　　C. FTP　　　　　　D. SMTP

18. 某用户在域名为 wuyouschool.com.cn 的邮件服务器上申请了一个账号，账号名为 huang，则该用户的电子邮件地址是（   ）。
   A. wuyouschool.com.cn@huang   B. huang@wuyouschool.com.cn
   C. huang%wuyousch001.com.cn   D. wuyouschool.com.cn%huang

19. ISDN 是一种开发型的网络，但提供的服务不包括（   ）。
   A. 端到端的连接   B. 传输声音和非声音的数据
   C. 支持线路交换   D. 支持模拟传输

20. 云计算具有（   ）、动态可扩展、按需部署、高灵活性、高可靠性、高性价比六大特点。
   A. 虚拟化技术   B. 可信计算技术
   C. 异构计算技术   D. 并行计算技术

三、判断题（正确的打√，错误的打×）

1. TCP/IP 协议是传输控制协议和网络协议的简称，它是一组国际网协议，用于实现不同的硬件体系结构和各种操作系统的互联。（   ）
2. TCP 协议用于在应用程序之间传输数据，IP 协议用于在程序、主机之间传输数据。（   ）
3. 无论是什么网络，其网络协议都是 TCP/IP 协议。（   ）
4. 通过 IP、域名（DN）、域名系统（DNS）、每一台主机在因特网上都被赋予了不同的地址。（   ）
5. IP 地址包括网络号和主机号，所有的 IP 地址都是 24 位的唯一编码。（   ）
6. 与电话号码一样，IP 地址是由因特网网络中心统一分配的。（   ）
7. 子网掩码可以用于判断两个 IP 地址是否属于同一网络。（   ）
8. 有一个主机的 IP 地址是 192.168.300.203。（   ）
9. 用 UDP 协议进行数据传输具有非链接性和不可靠性。（   ）
10. 测试 TCP/IP 协议配置工具是 Ipconfig。（   ）
11. 因特网是当今世界上最大的网络，更确切地说，是网络的网络。（   ）
12. 因特网就是所说的万维网。（   ）
13. 域名（DN）即为连接到因特网上的计算机所指定的名字。（   ）
14. WWW 是利用超文本和超链接技术组织和管理信息、浏览或信息检索的系统。（   ）
15. 由于因特网上的 IP 地址是唯一的，所以一个人只能有一个 E-mail 账号。（   ）
16. 远程登录，就是允许用户用自己的计算机通过因特网连接到很远的另一台计算机上，利用自己的键盘操作别人的计算机。别人的计算机可以限制当前用户使用的权限。（   ）
17. FTP 服务是遵守文件模式的服务。（   ）
18. Outlook Express 安装完毕后就能收发电子邮件。（   ）
19. 我们既可以从因特网上下载文件，也可以上传文件到因特网。（   ）
20. 局域网只有通过代理服务器才能链接因特网。（   ）
21. 云计算平台对待物联网系统与对待其他应用是完全一样的，并没有任何区别。（   ）

第 8 章 网络管理与安全

网络管理是对组成网络的各种软硬件设施的综合管理。本章主要介绍有关网络管理和简单网络管理协议方面的基本知识，同时对网络安全技术的概念、存在的威胁、安全服务等进行了描述，并介绍了防火墙技术及防病毒技术的原理、实现及分类等。

8.1 计算机网络管理技术

与传统的小型局域网相比，现代企业内部网（Intranet）呈现出更大的复杂性和开放性。随着网络规模的日益扩大和网络结构的日益复杂，网络失效、性能欠缺、配置不当、安全性差等问题随之出现，因此迫切需要有效而完整的网络管理机制来监测、控制和管理网络的资源与服务。从某种意义上说，网络系统整体运作的有效性在很大程度上取决于网络管理的有效性，而网络管理策略和网络管理技术是影响网络管理有效性的两个重要方面。

8.1.1 网络管理概述

网络管理就是通过规划、配置、监测、分析、扩充和控制计算机网络来保证网络服务的有效实现。典型的网络管理系统主要包括管理站、管理节点、管理信息和管理协议四大要素，如图 8.1 所示。

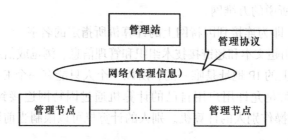

图 8.1 网络管理系统的基本模型

管理站完成相应的管理工作，它实际上是一台运行特殊管理软件的普通计算机。管理站可以自动或按照用户的规定去轮询（Polling-only）被管理设备中的相关信息，或向被管理设备发出管理指令，以达到对被管理设备进行监测和控制的目的。管理节点可以是主机、路由器、网桥等，是可与外界交流状态信息的任何设备。管理节点运行管理代理软件，其功能是负责收集被管理设备的信息、响应管理站发来的轮询指令以及执行管理站发来的管理操作指令，还可以根据用户设定的变量阈值在被管理设备出现问题时产生自陷（Trap，指被管理设备在发生某些严重错误时，由其管理代理主动向管理站发送的通知）。

从被管理设备中收集状态信息还有一种基于中断（Interrupt-based）的方法。因为方法的主要缺陷在于获得信息的实时性差，尤其是错误信息的实时性差，如果轮询时间间隔太小，那么将产生太多不必要的通信量，从而降低网络管理的效率；如果轮询间隔太大，并且在轮询时顺序不对，那么关于一些大的灾难性的事件的通知又会太慢，这就违背了积极主动的网络管理原则。当有异常事件发生时，基于中断的方法可以立即通知网络管理工作站，然而，这种方法也是有缺陷的。首先，产生错误或自陷需要系统资源，如果自陷必须发送大量的信息，那么被管理设备可能不得不消耗更多的时间和系统资源来产生自陷，从而影响它对其他功能的执行；其次，如果几个同类型的自陷事件接连发生，那么大量网络带宽可能将被相同的自陷信息所占用，尤其当自陷是关于网络拥挤问题的时候，事情就会变得特别糟糕。

将以上两种方法结合起来，面向自陷的轮询方法（trap-directed polling）可能是执行网络管理最有效的方法。一般来说，网络管理工作站通过轮询在被管理设备中的代理来收集数据，并且在管理站的控制台上用数字或图形的表示方法来显示这些数据。被管理设备中的代理可以在任何时候向网络管理工作站报告错误情况，而并不需要等到管理工作站为获得这些错误情况而轮询它的时候才会报告。

网络中每个被管理的设备都具有一个或多个变量来描述其状态，这些变量被存放在一个叫管理信息库（Management Information Base，MIB）的数据结构中。从概念上说，一个网络的管理系统只能有一个管理信息库，但管理信息库可以是集中存储的，也可以是分布存储在各个网络设备中。网络管理员只要查询有关的管理信息库，即可获得有关网络设备的工作状态和工作参数。

8.1.2 网络管理功能

OSI 网络管理标准对开放系统的网络管理定义了 5 个基本的功能域：配置（Configuration）管理、故障（Fault）管理、性能（Performance）管理、安全（Security）管理、记账（Accounting）管理。它们只是网络管理最基本的功能。这些功能都需要通过与其他开放系统交换管理信息来实现。

1. 配置管理

网络配置是指网络中每个设备的功能、相互间的连接关系和工作参数。它反映了网络的状态。

网络的配置管理功能主要包括：网络资源及其活动状态、网络资源之间的关系、新资源的引入与旧资源的删除。从管理控制的角度看，网络资源可以分为三个状态：可用的、不可用的与正在测试的。从网络运行的角度看，网络资源又可以分为两个状态：活动的与不活动的。

在 OSI 网络管理标准中，配置管理部分可以说是最基本的内容。配置管理是网络中对管理对象的变化进行动态管理的核心。当配置管理软件接到网络管理员或其他网络管理功能设施的配置变更请求时，配置管理服务首先确定管理对象的当前状态并给出变更合法性的确认，然后对管理对象进行变更操作，最后要验证变更确实已经完成。

2. 故障管理

故障管理是用来维持网络正常运行的。网络故障管理包括及时发现网络中发生的故障，找出网络产生故障的原因，必要时启动控制功能来排除故障。故障管理的控制活动包括故障设备的诊断测试活动、故障修复或恢复活动、启动备用设备等。

故障管理是网络管理功能中与设备故障的检测、设备故障的诊断、故障设备的恢复和排除有关的网络管理功能，其目的是保证网络能够提供连续、可靠的服务。

3. 性能管理

性能管理是连续地评测网络运行中的主要性能指标，以检验网络服务是否达到了预定的水平，找出已经发生或潜在的瓶颈，报告网络性能的变化趋势，为网络管理决策提供依据。

典型的网络性能管理可以分为两部分：性能监测与网络控制。性能监测是指网络工作状态信息的收集和整理，而网络控制则是为改善网络设备的性能而采取的动作和措施。

4. 安全管理

安全管理功能是用来保护网络资源的安全。安全管理活动能够利用各种层次的安全防卫机制，阻止非法入侵等不安全事件的发生。安全管理功能能够快速检测出未授权的资源使用，并查处侵入点，对非法侵入活动进行审查与追踪，能够使网络管理人员恢复部分受破坏的文件。

非法侵入活动包括未授权的用户企图修改其他合法用户的文件，修改硬盘或软件配置，修改访问优先权，关闭正在工作的用户，以及任何其他对敏感数据的访问企图。安全管理系统收集有关数据并产生报告，由网络管理中心的安全事务处理程序进行分析、记录、存档，并根据情况采取相应的措施，如给入侵者以警告信息，取消其使用网络的权利，等等。

5. 计账管理

对于公用分组交换网络与各种网络信息服务系统来说，用户必须为使用网络的服务而交费。网络管理系统则需要对用户使用网络资源的情况进行记录并核算费用。

用户使用网络资源的费用有许多不同的计算方法，如主叫付费、被叫付费与主被叫分担费用等。

在大多数企业内部网中，内部用户使用网络资源并不需要交费，但是记账功能可以用来记录用户对网络的使用时间、统计网络的利用率与资源使用情况等内容，因此，记账管理功能能在企业内部网中也是非常有用的。

8.1.3 网络管理结构

网络管理系统的体系结构是决定网络管理性能的重要因素之一，通常可以分为集中式和非集中式两类体系结构。

（1）集中式网络管理体系结构采用单一的网络管理系统监控整个网络，是目前大多数中小型网络普遍采用的方案。整个网络系统由一个中央管理系统（管理工作站）负责监控，通常由一个管理站和多个管理节点组成，如图8.2所示。目前，集中式网管体系结构通常把单一的管理方式分成两部分：管理平台和管理应用。管理平台主要用来收集管理节点的状态信息并进行简单的计算,而管理应用则利用管理平台提供的信息进行决策和执行更高级的功能。

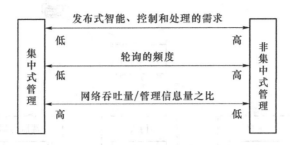

图 8.2　网络管理的体系结构

集中式网络管理在特定的环境下可以发挥出较大的功效,但是这种结构也存在着许多不足,尤其是用于管理大型的异构网络时更是如此,如网管系统难以适应网络的规模和复杂度,为传递网管数据占用网络带宽过大且有效性差等,其中最明显的缺陷是网络管理站一旦失效,整个系统就会崩溃,管理节点因必须等待管理站指令而难以恢复正常。

(2) 非集中式网络管理体系结构包括层次方式和分布式。层次方式采用管理方的管理方(Manager of Manager,MOM)的概念,以域为单位,每个域有一个管理方,它们之间的通信通过上层 MOM 进行,不直接通信。层次方式相对来说具有一定的伸缩性,通过增加一级 MOM,层次可进一步加深。分布式端对端的体系结构,整个系统有多个管理方,多个对等的管理方同时运行于网络中,每个管理方负责管理系统中一个特定部分(域),管理方之间可以相互通信或通过高级管理方进行协调。将管理方分布在网络的几个工作站上,增加了管理的可靠性和健壮性,同时通信方面的要求也降低了。

8.1.4　简单网络管理协议

网络管理协议一般为应用层协议,它定义了网络管理信息的类别及其相应的确切格式,并提供网络管理站和网络管理节点间进行通信的标准或规则。目前使用的网络管理协议主要有基于 TCP/IP 的简单网络管理协议(SNMP)、基于 OSI 的公共管理信息协议(CMIP)及桌面管理接口(DMI)。SNMP 是 Internet 组织为适应 Internet 的发展而制定的网络管理协议,它提供的管理操作简单而实用,采用"取/存"的运作机制进行操作。管理者可以通过"取"操作从被管理对象获取所需的管理信息,也可以通过"存"操作对被管理对象的值进行修改和设置,从而达到对被管理对象进行监视和控制的目的。目前的 SNMP 在完成一般网络管理工作的基础上,朝着进一步提高安全性和进行层次化管理的方向发展,新版本的 SNMP(SNMPv3)已经能够满足一般网络管理在内容和安全性上的要求。图 8.3 所示为简单网络管理。

SNMP 推出后便以其简单和易于实现而取得了巨大的成功,使得这一原本"暂时"的网络管理解决方案成为事实上的工业标准。

CMIP 是 ISO 制定的公共管理信息协议,主要针对 OSI 七层协议参考模型而设计,用来提供标准的公共管理信息服务(CMIS)。

DMI 定义了一种管理模式。该模式由管理应用程序、服务层、管理信息文件(MIF)数据库及被管理软件和硬件组成。新版本的 DMI 通过支持远程过程调用来支持远程管理。

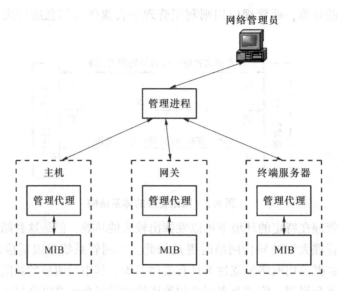

图 8.3　简单网络管理

随着 Internet 技术的广泛应用，Intranet 也正在悄然取代原有的企业内部局域网。异种平台的存在以及网络管理方法和模型的多样性，使得网络管理软件开发和维护的费用很高，培训管理人员的时间很长，因此人们迫切需要寻求高效、方便的网络管理模式来适应网络高速发展的新形势。随着 Web 及其开发工具的迅速发展，基于 Web 的网络管理技术也应运而生。基于 Web 的网络管理解决方案主要有以下几方面优点：

（1）地理上和系统间的可移动性。系统管理员可以在 Intranet 上的任何站点或 Internet 的远程站点上利用 Web 浏览器透明存取网络管理信息。

（2）统一的 Web 浏览器界面方便了用户的使用和学习，从而可节省培训费用和管理开销。

（3）管理应用程序间的平滑链接。可以通过标准的 HTTP 协议将多个基于 Web 的管理应用程序集成在一起，实现管理应用程序间的平滑链接。

利用 Java 技术能够迅速对管理软件进行升级。Java 是一种跨平台的面向对象的编程语言，特别适合于分布式计算环境。采用 Java 来开发集成管理工具具有以下优点：平台无关、高度集成化、安全性和协议无关性。

网络管理平台是实现网络管理功能的一种软件产品，它运行于一定的计算机平台上，组成一个网络管理系统（NMS）。

目前，典型的网络管理软件主要有 HP 公司的 Open View、IBM 公司的 Net、SUN 公司的 SunNet Manager、Cabletron 与 DEC 公司的 Ploy Center 等。它们在支持本公司网络管理方案的同时，都可以通过 SNMP 对网络设备进行管理。

8.2　网络安全

近年来，Internet 技术广泛用于各行各业，形成各自的 Intranet 或 Extranet 网络，为资源共享、信息交换和分布处理提供了良好的环境。Internet 与 Intranet 的主要区别在于允许谁访问信息。在 Intranet 网络上只允许授权的雇员访问，当允许商业伙伴或用户在不涉及安全性的前提下从外界访问网络时，称为 Extranet；而在 Internet 网络上，允许任何人从外界访问。

网络的性能、可靠性、可用性及信息安全等是组建、运行网络不可忽视的问题。这些问题通常都是由网络管理系统负责处理的，它借助于相应的软、硬件实现对网络活动和资源的规划、组织、监视、记账和控制。ISO 把网络管理划分为五个领域，包括故障、性能、配置、记账和安全管理，其中安全管理是网络管理的一项重要工作，它负责控制网络访问，包括防止未授权者访问网络资源及网络管理系统。这一节我们就来讨论网络安全管理的基本概念、网络所面临的基本安全问题和网络安全系统应能提供的基本服务。

8.2.1 网络安全基本概念

网络安全是指借助于网络管理，使网络环境中信息的机密性、完整性及可使用性受到保护，其主要目标是确保经网络传输的信息到达目的计算机时没有任何改变或丢失，因此必须确保只有被授权者才可以访问网络。机密性定义了哪些信息不能被窥探、哪些网络资源不能被未授权者访问。完整性是指系统资源或信息不能被未授权者替换或破坏。可用性意味着一个网络资源在每当用户需要时就可以使用。信息安全就是指如何防止信息的偶然泄露或恶意泄露，防止信息被未授权者修改、破坏，或防止信息无法处理等方面的技术。为此，需要对整个网络及有关资源进行保护，需要提供适当的机制，便于发送者和接收者对发送的信息进行认证，防止从外界干涉整个网络环境。

任何信息系统的安全性都可以从以下四个方面进行衡量：

（1）用户身份认证，是指在用户访问网络前，验证其身份是否合法。
（2）授权，是指允许用户以什么方式访问网络资源，即用户访问网络的权限。
（3）责任，以经数据检查跟踪得到的事件记录为证据判别访问者责任。
（4）保证，是指系统达到什么级别的可靠程度。

为了实现上述四个方面的安全措施，我们可以分别采用物理的（确保系统资源和信息物理上的安全性）、程序性的（为用户如何访问网络提供明确的方法）和逻辑的（使用软件机制实现安全措施）方法实现信息与系统的安全。从可用性角度考虑，网络需要提供退回、恢复到原来状态和意外事故处理服务。保密性、完整性通过提供专门的安全服务实现。

安全不仅是技术问题，而且也是管理问题。这意味着通常需要制定一个组织内部使用的有效的安全管理规定和策略，要有相应的管理委员会和组织机构去执行。

8.2.2 网络安全存在的威胁

研究网络安全问题，首先要研究对网络安全构成威胁的主要因素。我们将对网络安全构成威胁的因素大致归纳为以下六个方面。

1. 网络防攻击问题

要保证运行在网络环境中的信息系统的安全，首先要保证网络自身能够正常工作。也就是说首先要解决如何防止网络被攻击；或者网络虽然被攻击了，但是由于预先采取了攻击防范措施，仍然能够保持正常工作状态。

在 Internet 中，对网络的攻击可以分为服务攻击与非服务攻击。服务攻击是指对网络中

提供某种服务的服务器发起攻击，造成该网络服务器的"拒绝服务"，网络工作不正常。例如，攻击者可能会设法使一个网络的 WWW 服务器瘫痪，或修改它的主页，使得该网站的 WWW 服务失效或不能正常工作。非服务攻击是指攻击者可能使用各种方法对网络通信设备（如路由器、交换机）发起攻击，使网络通信设备工作严重阻塞或瘫痪。

研究网络可能遭到哪些人的攻击，攻击类型和手段可能有哪些，如何及时检测并报告网络被攻击，建立相应的网络安全策略与防护体系，是网络防攻击技术要解决的主要问题。

2. 网络安全漏洞与对策问题

网络信息系统的运行涉及计算机硬件与操作系统、网络硬件与网络软件、数据库管理系统、应用软件以及网络通信协议等。这些硬件与软件资源都会存在一定的安全问题，它们不可能百分之百没有缺陷和漏洞。用户开发的各种应用软件可能会出现更多能被攻击者利用的漏洞。这些缺陷和漏洞在产品的研制与测试阶段大部分会被发现与解决，但总是会遗留下一些问题，这些问题只能在使用过程中不断被发现。

网络攻击者研究这些安全漏洞，然后把这些安全漏洞作为攻击网络的首选目标。这就要求网络安全人员主动去了解各种网络资源可能存在的安全问题，利用各种软件与测试工具主动检测网络可能存在的各种安全隐患，并及时提出解决对策与措施。

3. 网络中的信息安全保密问题

网络中的信息安全保密主要包括信息存储安全与信息传输安全两个方面。

（1）信息存储安全是指如何保证静态存储在连网计算机中的信息不会被未授权的网络用户非法使用的问题。网络中的非法用户可以通过猜测用户口令或窃取口令的办法，或者设法绕过网络安全认证系统，冒充合法用户，非法查看、下载、修改、删除未授权访问的信息，使用未授权的网络服务。信息存储安全通常采用用户访问权限设置、用户口令加密、用户身份认证、数据加密与节点地址过滤等方法。

（2）信息传输安全是指如何保证信息在网络传输过程中不被泄露与不被攻击。信息在从信息源传输到信息目的节点的过程中，可能会遇到四种攻击类型。

① 信息被截获。信息从信息源节点传输出来，中途被攻击者非法截获，信息的目的节点没有收到应该收到的信息，因而造成信息的丢失。

② 信息被窃听。信息从源节点传输到了信息目的节点，但中途被攻击者非法窃听。

③ 信息被篡改。信息从信息源节点传输到信息目的节点中途被攻击者非法截获，攻击者在截获的信息中进行修改或插入欺骗性信息，然后将篡改后的错误信息发送给信息目的节点。

④ 信息被伪造。信息源节点并没有信息要传送到信息目的节点，攻击者冒充信息源节点用户，将伪造的信息发送给信息目的节点，信息目的节点收到的是伪造的信息。

保证网络系统中的信息安全的主要技术是数据加密和解密。目前，人们通过加密和解密算法、身份认证、数字签名等方法，来实现信息存储与传输的安全性。

4. 网络内部安全防范问题

除了以上列出的几种可能对网络安全构成威胁的因素外，对网络安全的威胁也可能来自网络内部。一个问题是如何防止信息源节点用户对所发送的信息事后不承认，或者是信息目的节点接收到信息之后不认账，即出现抵赖问题。"防抵赖"是对网络中的信息传输安全进行保障的重要内容之一。如何"防抵赖"也是电子商务应用中必须解决的一个重要问题。另一个问题是如何防止内部具有合法身份的用户有意或无意地做出对网络和信息安全有害的行为。如有意或无意泄露管理员口令，私自和外部网络连接，越权查看、修改和删除有关文件，越权修改网络配置，私自将带有病毒的软盘或游戏盘在网络中使用，等等。这类问题会经常出现，并且危害性极大。

解决来自网络内部的不安全因素必须从技术与管理两个方面入手，一是通过网络管理软件随时监控网络运行状态与用户工作状态，二是对重要资源的使用状态进行记录与审计。同时，制定和不断完善网络使用与管理制度，加强用户培训和管理。

5. 网络防病毒问题

网络病毒的危害是人们不可忽视的现实。网络防病毒是保护网络与信息安全的重要问题之一。它需要从工作站和服务器两个方面的防病毒技术与用户管理技术来着手解决。

6. 网络数据备份与恢复、灾难恢复问题

在实际的网络运行环境中，如果出现网络故障造成数据丢失，数据能不能恢复？这是在网络信息系统安全设计中必须注意的问题。一个实用的网络信息系统的设计中必须有网络数据备份、恢复手段和灾难恢复策略与实现方法的内容，这也是网络安全研究的一个重要内容。

8.3 防火墙技术

防火墙是在内部网和外部网之间、专用网与公共网之间建立起的安全保护屏障，从而保护内部网免受外部网非法用户的侵入。防火墙可以是纯硬件的，也可以是纯软件的，还可以是软、硬件结合的。防火墙允许用户"同意"的人和数据进入自己的网络，同时将未经认可的访问者和数据拒之门外，最大限度地阻止网络中的黑客入侵行为，防止自己的信息被更改、复制和毁坏。

8.3.1 防火墙的作用与局限性

防火墙通常有两种基本的设计策略：允许任何服务除非被明确禁止；禁止任何服务除非被明确允许。第一种的特点是好用但不安全，即对用户使用服务限制少导致对某些安全服务威胁的漏报；第二种的特点是安全但不好用，即能够最大限度地保护系统安全但限制了多数的服务使用户感觉不便。通常多数防火墙是在两种策略之间采取折中策略。

1. 防火墙的作用

防火墙的作用主要包括以下几个方面：

1) 防火墙是网络安全的屏障

防火墙是信息进出网络的必经之路。它可以检测所有经过数据的细节，并根据事先定义好的策略允许或禁止这些数据通过。由于只有经过精心选择的应用协议才能通过防火墙，外部的攻击者不可能利用脆弱的协议来攻击内部网络，所以网络环境变得更加安全。

2) 防火墙可以强化网络安全策略

通过以防火墙为中心的安全方案配置，能将所有安全软件（如口令、加密、身份认证及审计等）配置在防火墙上。与将网络安全问题分散到各个主机上相比，防火墙的集中安全管理更经济。例如，在网络访问时，一次性加密口令系统和其他的身份认证系统完全可以不必分散在各个主机上，而是集中在防火墙上。

3）对网络存取和访问进行监控审计

防火墙能够记录所有经过它的访问，并将这些访问添加到日志记录中，同时也能提供网络使用情况的统计数据。防火墙还能对可疑动作进行适当的报警，并提供网络是否受到监测和攻击的详细信息。另外，防火墙还能收集网络使用和误用情况，为网络安全管理提供依据。

4）防止内部信息外泄

利用防火墙对内部网络的划分，可实现内部网络重点网段的隔离，从而限制局部重点或敏感网络安全问题对全局网络造成的影响。防火墙可以隐蔽那些透露内部细节的服务，如Finger、DNS等，使攻击者不能得到内部网络的有关信息。

2. 防火墙的局限性

防火墙技术虽然是内部网络最重要的安全技术之一，可使内部网在很大程度上免受攻击，但不能认为配置了防火墙之后所有的网络安全问题都迎刃而解了。防火墙也有其明显的局限性，许多危险是防火墙无能为力的。

1）防火墙不能防范内部人员的攻击

防火墙只能提供周边防护，并不能控制内部用户对内部网络滥用授权的访问。内部用户可窃取数据、破坏硬件和软件，并可巧妙地修改程序而不接近防火墙。内部用户攻击网络正是网络安全最大的威胁。

2）防火墙不能防范绕过它的连接

防火墙可有效地检查经由它进行传输的信息，但不能防止绕过它传输的信息。例如，如果站点允许对防火墙后面的内部系统进行拨号访问，那么防火墙就没有办法阻止攻击者进行的拨号入侵。

3）防火墙不能防御全部威胁

防火墙能够防御已知的威胁。如果是一个很好的防火墙设计方案，可以防御新的威胁，但没有一个防火墙能够防御所有的威胁。

4）防火墙难于管理和配置，容易造成安全漏洞

防火墙的管理及配置相当复杂，要想成功维护防火墙，就要求防火墙管理员对网络安全攻击的手段及其与系统配置的关系有相当深入的了解。防火墙的安全策略无法进行集中管理，一般来说，由多个系统（路由器、过滤器、代理服务器、网关、堡垒主机）组成的防火墙，是难于管理的。

5）防火墙不能防御恶意程序和病毒

虽然许多防火墙能扫描所有通过的信息，以决定是否允许它们通过防火墙进入内部网络，但扫描是针对源、目标地址和端口号的，而不扫描数据的确切内容。因为在网络上传输二进制文件的编码方式很多，并且有太多不同结构的病毒，因此防火墙不可能查找出所有的病毒，也就不能有效地防范病毒类程序的入侵。目前已经有一些防火墙厂商将病毒检测模块集成到防火墙系统中，并通过一些技术手段解决由此而产生的效率和性能问题。

8.3.2 防火墙的类型及体系结构

目前市场上的防火墙产品形式多样。有以软件形式运行在普通计算机之上的，也有以固件形式设计在路由器之中的。

1. 防火墙的类型

以防火墙的软、硬件形式来分，防火墙可以分为软件防火墙和硬件防火墙两类。

（1）软件防火墙运行于特定的计算机上，它需要客户预先安装计算机操作系统的支持，一般来说这台计算机就是整个网络的网关，俗称"个人防火墙"。软件防火墙就像其他的软件产品一样需要在计算机上进行安装和设置才可以使用。网络版软件防火墙最出名的莫过于 Check–point。使用这类防火墙，需要网管对相应的操作系统平台比较熟悉。

（2）硬件防火墙一般分传统硬件防火墙和芯片级防火墙两类，它们最大的差别在于是否基于专用的硬件平台。传统硬件防火墙是在 PC 架构计算机上运行一些经过裁剪和简化的操作系统构成的，最常用的有老版本的 UNIX、Linux 和 FreeBSD 系统。由于此类防火墙依然采用非自己的内核，因此会受到操作系统本身的安全性影响。芯片级防火墙基于专门的硬件平台，没有操作系统。专有的 ASIC 芯片使它们比其他种类的防火墙速度更快，处理能力更强，性能更高，如 NetScreen、Cisco 的硬件防火墙产品基于专用操作系统，因此防火墙本身的漏洞比较少，不过价格相对比较高。

按照防火墙在网络中部署的位置可以分为边界防火墙、个人防火墙和混合式防火墙三类。

（1）边界防火墙是最传统的一种，部署在内、外部网络的边界上，所起的作用是对内、外部网络实施隔离，保护内部网络。这类防火墙一般都是硬件类型的，价格较贵，性能较好。

（2）个人防火墙安装于单台主机中，防护的也只是单台主机。这类防火墙应用于广大个人用户，通常为软件防火墙，价格最便宜，性能也最差。

（3）混合式防火墙即"分布式防火墙"或者"嵌入式防火墙"，它是一整套防火墙系统，由若干个软、硬件组成，分布在内、外部网络边界和内部各主机之间，既对内、外部网络之间的通信进行过滤，又对网络内部各主机间的通信进行过滤。它属于最新的防火墙技术之一，性能最好，价格也最贵。

防火墙按技术可分为包过滤技术、代理技术和状态检测技术三类。

（1）包过滤技术是对通过防火墙的数据包进行检测，只有符合过滤规则的数据包才允许穿过防火墙。

（2）代理技术是通过在一台特殊的主机上安装代理软件，使只有合法的用户和数据才能通过防火墙对网络进行访问。

（3）状态检测技术是在包过滤的基础上对进出的数据包的状态进行检测，使只有合法的数据才能通过防火墙。

2. 防火墙的体系结构

通常，防火墙是路由器、计算机和配有适当软件的网络设备的多种组合。由于网络结构多种多样，各站点的安全要求不尽相同，故目前还没有一种统一的防火墙设计标准。防火墙的体系结构也有很多种,防火墙具体采用何种结构取决于防火墙设计的思想和网络的实际情况,不同结构的防火墙带给网络的安全保障和影响是不同的。根据结构的不同,防火墙系统可分为传统防火墙系统、分布式防火墙系统和混合型防火墙系统三种。

1) 传统防火墙系统

传统防火墙设置在网络边界,在内部企业网和外部互联网之间构成一个屏障,进行网络存取控制,我们可称为边界防火墙(Perimeter Firewall)。边界防火墙基本体系结构有四种类型:包过滤防火墙、双宿主主机体系结构防火墙、屏蔽主机体系结构防火墙和屏蔽子网体系结构防火墙。

(1) 包过滤防火墙。包过滤防火墙是通过在路由器上根据某些规则对数据包进行过滤来实现对网络的安全保护。

包过滤路由器首先以其收到的数据包头信息为基础建立一定数量的信息过滤表。数据包头信息含有数据包源 IP 地址、目的 IP 地址、传输协议类型(TCP、UDP、ICMP 等)、协议源端口号、协议目的端口号、连接请求方向、ICMP 报文类型等。当一个数据包满足过滤表中的规则时允许数据包通过,否则禁止通过。包过滤防火墙可以用于禁止外部不合法用户对内部的访问,也可以用来禁止访问某些服务类型,且对用户透明。但包过滤技术不能识别危险的信息包,无法实施对应用级协议的处理,如无法区分同一个 IP 的不同用户,也无法处理 UDP、RPC 或动态的协议。

(2) 双宿主主机体系结构防火墙。双宿主主机(Dual–Homed Host)位于内部网和因特网之间,实际上是一台拥有两个 IP 地址的 PC 或服务器,它同时属于内、外两个网段所共有,起到了隔离内、外网段的作用。一般来说,这台机器上需要安装两个网卡,分别对应属于内、外不同网段的两个 IP 地址。

防火墙内部的系统能与双宿主主机通信,防火墙外部的系统也能与双宿主主机通信,但是内部与外部系统之间不能直接相互通信。这种体系结构非常简单,一般通过安装能够转发服务请求的代理程序来实现,或者通过用户直接登录到该主机来提供服务,能提供级别很高的控制。安装了代理程序的主机又被称为堡垒主机(Bastion Host)。双宿主主机体系结构也存在一些缺点,即用户账号本身会带来很多的安全问题,而登录过程也会让用户感到麻烦。

(3) 屏蔽主机体系结构防火墙。屏蔽主机体系结构由一台包过滤路由器和一台堡垒主机组成,其中堡垒主机被安排在内部局域网中,同时在内部网和外部网之间配备了屏蔽路由器。在这种体系结构中,外部网络必须通过堡垒主机才能访问内部网络中的资源,而内部网络中的计算机则可以通过屏蔽路由器访问外部网络中的资源。

在这种方式的防火墙中,堡垒主机安装在内部网络上,通常在路由器上设立过滤规则,并使这个堡垒主机成为从外部网络唯一可直接到达的主机,这确保了内部网络不受未被授权的外部用户的攻击。堡垒主机与其他主机在同一个子网中,一旦堡垒主机被攻破或被越过,整个内部网络和堡垒主机之间就再也没有任何阻挡了,它完全暴露在 Internet 之上,因此堡垒主机必须是高度安全的计算机系统。

屏蔽主机防火墙实现了网络层和应用层的安全,因而比单纯的包过滤或应用网关代理更安全。在这一方式下,过滤路由器是否配置正确是这种防火墙安全与否的关键,如果路由器遭到破坏,堡垒主机就可能被越过,使内部网完全暴露。

在屏蔽路由器和防火墙上应设置数据包过滤功能,过滤原则可为下列之一:

① 允许除堡垒主机外的其他主机与外部网络连接，这些连接只是相对于某些服务的，并在路由器中设置了过滤。

② 不允许来自内部主机的所有连接，即其他主机只能通过堡垒主机使用代理服务。

(4) 屏蔽子网体系结构防火墙。与屏蔽主机体系结构相比，屏蔽子网体系结构添加了周边网络，在外部网络与内部网络之间加上了额外的安全层。

在这种体系结构中，有内外两个路由器，每一个都连接着周边网络，称为非军事化区（Demilitarized Zone，DMZ），一般对外的公共服务器、堡垒主机放在该子网中，并使子网与 Internet 及内部网络分离。内部网络和外部网络均可访问屏蔽子网，但禁止它们穿过屏蔽子网通信。在这一配置中，即使堡垒主机被入侵者控制，内部网络仍受到内部包过滤路由器的保护，而且可以设置多个堡垒主机运行各种代理服务。在屏蔽子网体系结构中，堡垒主机和屏蔽路由器共同构成了整个防火墙的安全基础。如果黑客想入侵由这种体系结构构筑的内部网络，则必须通过两个路由器，这就增加了难度。

建造防火墙时，一般很少采用单一的技术，通常采用解决不同问题的多种技术的组合形式。其他结构的防火墙系统都是上述几种结构的变形，目的都是通过设定过滤和代理的层次使检测层次增多，从而增加安全性。这种组合主要取决于网管中心向用户提供什么样的服务，以及网管中心能接受什么等级的风险。采用哪种技术主要取决于经费、投资的大小或技术人员的技术、时间等因素。

2) 分布式防火墙系统

边界防火墙部署在内网与外网的边界上，通过一个或一组设备即可保护网络内部安全。但随着网络规模的不断扩大，边界防火墙已不能满足越来越复杂的网络结构的需求，于是出现了不能抵御来自内部网络的攻击、在网络边界造成访问瓶颈、效率不高、故障点多等不足。

针对边界防火墙存在的缺陷，专家提出了分布式防火墙方案，其最大的特点是将内网中的各子网看成和外网一样的不安全，从而保护各内网安全，堵住内网攻击漏洞。分布式防火墙一般包括网络防火墙、主机防火墙和中心管理三部分。网络防火墙部署于内部网与外部网之间以及内网的子网之间，支持内部网可能有的 IP 和非 IP 协议，不仅保护内网不受外网的安全威胁，而且也能保护内网各子网之间的访问安全。主机防火墙对网络中的服务器和桌面系统进行防护。中心管理是一个防火墙管理软件，能够对网络中的所有防火墙进行统一管理，安全策略的分发及日志的汇总都是中心管理具备的功能。

3) 混合型防火墙系统

混合型防火墙力图结合传统防火墙和分布式防火墙的特点，利用分布式防火墙的一些技术对传统的防火墙技术加以改造，依赖于地址策略将安全策略分发给各个站点，由各个站点实施这些规则。

混合型防火墙的代表是 Check Point 公司的 Firewall–1 防火墙。它通过装载到网络操作中心上的多域服务器来控制多个防火墙用户模块。多域服务器有多个用户管理加载模块，每个模块都有一个虚拟 IP 地址，对应着若干防火墙用户模块。安全策略通过多域服务器上的用户管理加载模块下发到各个防火墙用户模块。防火墙用户模块执行安全规则，并将数据存放到对应的用户管理加载模块的目录下。多域服务器可以共享这些数据，使防火墙多点接入成为可能。

混合型防火墙系统融合了传统和分布式防火墙系统的特点，将网络流量分配给多个接入点，降低了单点工作强度，安全性、管理性更强，因此比传统和分布式防火墙系统效能都高。但其网络操作中心是一个明显的系统瓶颈，一旦它发生了故障，整个防火墙也将停止运作，因此同传统防火墙系统一样存在着单失效点的问题。

8.3.3 防火墙产品及选购

在市场上，防火墙的售价极为悬殊，从几万元到数十万元，甚至到百万元。因为各企业用户使用的安全程度不尽相同，因此厂商所推出的产品也有所区分，甚至有些公司还推出类似模块化的功能产品，以符合各种不同企业的安全要求。

当一个企业或组织决定采用防火墙来实施保卫自己内部网络的安全策略之后，下一步要做的就是选择一个安全、实惠、合适的防火墙。

防火墙是一种综合性技术，涉及计算机网络技术、密码技术、安全技术、软件技术、安全协议等多方面，国外主要产品有 Check Point 公司的 Firewall-1、Cisco 公司的 PIX、Microsoft 公司的 ISA、Sun Microsystems 公司的 Sunscreen、Milkway 公司的 Black Hole、IBM 公司的 Tivoli SecureWay Firewall，等等。国内品牌有东方龙马、清华紫光、联想网御、华堂、华依、ADNS 恒宇视野等。下面简单介绍几种防火墙。

1. Cisco 的 PIX 防火墙

PIX 防火墙是一款基于硬件的企业级防火墙，由美国 Cisco 公司推出，其内核采用的是基于自适应安全算法（Adaptive Security Algorithm）的保护机制，把内部网络与未经认证的用户完全隔离。每当一个内部网络的用户访问 Internet 时，PIX 防火墙就从用户的 IP 数据包中卸下 IP 地址，用一个存储在 PIX 防火墙内已登记的有效 IP 地址代替它，把真正的 IP 地址隐藏起来。PIX 防火墙还具有审计日志功能，并支持 SNMP 协议，用户可以利用防火墙系统包含的具有实时报警功能的网络浏览器产生报警报告。

PIX 防火墙最大的特点是速度快，它的包转换速度高达 170 Mbps，同时可处理 6 万多个连接。如果在 Cisco 路由器的 IOS 中集成防火墙技术，用户则无须另外购置防火墙，可降低网络建设的总成本。而且它还可以通过网络远程下载，提供一种动态的网络安全保护。

2. Check Point 的 Firewall-1

Check Point 是美国的一家大型软件公司，曾经率先提出安全企业连接开放平台（OPSEC）概念，为计算机提供了第一个企业级安全结构。Check Point Firewall-1 是一个老牌的软件防火墙产品。目前的最新产品 Check Point Firewall-1v4.1，是一款优秀的企业级防火墙。

Check Point Firewall 采用集中管理下的分布式客户机/服务器结构和状态检测技术，能够为远程访问提供安全保障，为远程的使用者提供多种安全的认证机制以存取企业资源。在通信被允许进行之前，Firewall-1 认证服务可安全地确认它们身份的有效性，而不需要修改本地客户端的应用软件。认证服务是完全地被集成到企业整体的安全策略内，并能由 Firewall-1 的图形界面为使用者提供集中管理。

所有的认证都能由防火墙日志浏览（Log Viewer）来监视和追踪。新版本的 Firewall-1 主要增强的功能是在安全区域支持 Entrust 技术的数字证书（Digital Certificate）解决方案，以公用密钥为基础,使用 X.509 的认证机制 IKE。Firewall – 1 支持 LDAP 目录管理,可帮助使用者定义包罗广泛的安全政策。

目前该产品支持的平台有 Windows NT、Windows 9X/2000、Sun Solaris、IBM AIX、HP – UX 等,并且能通过 HP OpenView 等大型网络管理软件集中管理。

3. Microsoft 的 ISA

Microsoft Internet Security & Acceleration Server(ISA)是微软公司推出的应用级软件防火墙,可与 Windows 系统无缝衔接,具备良好的数据识别、IP 包过滤、代理功能、NAT 功能,并且能支持 VPN、身份认证、病毒扫描功能。

4. 国产防火墙

国产防火墙品牌众多,如清华紫光、东软、东方龙马、联想网御、华堂、华依、ADNS 恒宇视野等,多数品牌具有 10 Mbps/100 Mbps 防火墙和千兆防火墙,以适应中小企业和大型企业的网络安全需求。一般都是通过对国外防火墙产品的综合分析,针对我国的具体应用环境,结合国内外防火墙领域里的最新发展而开发,并通过公安部检测和认证,具备包过滤、双向地址转换、实施入侵检测等功能,能够提供良好的网络管理界面对内网、外网和 DMS 区进行管理,并可对防火墙用户进行认证以保证防火墙本身的安全。

国产防火墙的优点是本土化,服务方便,能够根据企业具体情况进行定制开发,使产品更符合企业需求,性价比高,常用在政府、教育、制造业领域。

从目前的防火墙市场来看,国内外防火墙厂商基本上都可以很好地支持防火墙的基本功能,包括访问控制、网络地址转换、代理认证、日志审计等。但是随着网络攻击的增加,以及用户对网络安全要求的日益提高,防火墙必须有进一步的发展。

从应用和技术发展趋势来看,如何增强防火墙的安全性,提高防火墙的性能,丰富防火墙的功能,将成为防火墙厂商下一步所必须面对和解决的问题。

防火墙将从目前的静态防御策略向智能化方向发展。未来智能化的防火墙应能实现自动识别并防御各种黑客攻击手法及其相应变种攻击手法;在网络出口发生异常时能自动调整与外网的连接端口;能够根据信息流量自动分配、调整网络信息流量及协同多台物理设备工作;自动检测防火墙本身的故障并能自动修复,具备自主学习并制定识别与防御方法的能力。

多功能也是防火墙的发展方向之一。鉴于目前路由器和防火墙价格都比较高,组网环境也越来越复杂,一般用户总希望防火墙可以支持更多的功能,满足组网和节省投资的需要。未来网络防火墙将在现有的基础上继续完善其功能并不断增加新的功能。如保证传输数据安全的 VPN、隐藏内部网络地址的网络地址转换功能(NAT)、双重 DNS 功能、防病毒功能、内容扫描功能等。

综上所述,未来的防火墙会全面考虑网络安全、操作系统安全、应用程序安全、用户安全和数据安全的综合应用,将是智能化、高速度、低成本和功能更加完善、管理更加人性化的网络安全产品。

8.4 防病毒技术

8.4.1 计算机病毒的定义

我国于 1994 年颁布的《计算机信息系统安全保护条例》中明确指出:"计算机病毒,

是指编制或者在计算机程序中插入的破坏计算机功能或者毁坏数据,影响计算机使用,并能自我复制的一组计算机指令或者程序代码。"

与生物学上的病毒类似,计算机病毒也具备寄生性、传染性和破坏性等主要特征,只不过不同的是,计算机病毒是一些别有用心的人利用计算机软、硬件所固有的安全上的缺陷有目的地编制而成。计算机病毒会伺机发作,并大量地复制病毒体,感染本机的其他文件和网络中的其他计算机而带来巨大的损失。

总的来说,计算机病毒的危害主要表现在三大方面:一是破坏文件或数据,造成用户数据丢失或毁损;二是抢占系统网络资源,造成网络阻塞或系统瘫痪;三是破坏操作系统等软件或计算机主板等硬件,造成计算机无法启动。计算机病毒具有以下几个特点:

(1) 寄生性:计算机病毒不能独立存在,只能附着在其他程序之中,不易被人发觉,只有当执行这个程序时,病毒才起破坏作用。被嵌入的程序叫作宿主程序。

(2) 传染性:传染性是病毒的基本特征。正常的计算机程序一般是不会将自身的代码强行连接到其他程序之上的,而计算机病毒却可以通过各种渠道,如可移动磁盘、计算机网络等,从已被感染的计算机扩散到未被感染的计算机,使被感染的计算机工作失常甚至瘫痪。

(3) 潜伏性:计算机病毒程序进入系统之后一般不会马上发作,而是对其他系统文件进行传染,一旦满足其触发条件,则对系统进行破坏,如在屏幕上显示指定信息,或执行格式化磁盘、删除磁盘文件、对数据文件做加密、封锁键盘以及使系统死锁等破坏系统的操作。

(4) 隐蔽性:隐蔽性是计算机病毒最基本的特征。通过此特征,病毒可以在用户没有察觉的情况下扩散到大量的计算机中,并且使对病毒的查杀工作变得非常困难。

(5) 破坏性:破坏性是计算机病毒造成的最显著的后果。无论病毒激活后是占用大量系统资源,还是破坏文件,甚至毁坏计算机硬件,都会给用户正常使用计算机带来很大的影响。一般将没有恶意破坏性的程序称为良性病毒,此类病毒有可能会占用大量系统资源,但不会对系统造成巨大的破坏。除了部分良性病毒以外,剩下的绝大多数都是造成严重后果的恶性病毒,如破坏系统分区、删除文件等。

(6) 可触发性:因某个事件或数值的出现,诱使病毒实施感染或进行攻击的特性称为可触发性。设计者在病毒程序中预定一个或几个触发条件,如某个特定的时间、特定的文件或病毒内置的计数器达到一定次数等,触发机制会在病毒运行的时候检查触发条件是否满足,如果满足,启动感染或破坏动作,病毒进行感染或攻击;如果不满足,病毒继续潜伏。

(7) 变异性(衍生性):掌握病毒原理的人可以对病毒进行任意改动,从而可以衍生出多种不同于原版本的新病毒,而有些计算机病毒在发展、演化过程中自身也可以产生变种,这就是计算机病毒的变异性,也称衍生性。

(8) 不可预见性:虽然不同病毒有些操作是共有的,如驻留内存、更改中断等,但由于病毒的代码千差万别,并且随着更多的计算机病毒新技术的出现,对未知病毒检测的难度逐步增大,这些都决定了病毒的不可预见性。

8.4.2 计算机病毒的分类

从发现第一个病毒以来,世界上究竟有多少种病毒,说法不一。据国外统计,计算机病毒以 10 种/周的速度递增，另据我国公安部统计，国内以 4~6 种/月的速度递增。按照科学的、系统的、严密的方法给病毒分类是为了更好地了解它们。按照计算机病毒的特点及特性，有许多种分类方法，而同一种病毒可能就有多种不同的分法。

1. 按照攻击操作系统类型分类

计算机病毒按照攻击操作系统类型可分为以下几类：

（1）攻击 DOS 系统的病毒：此类病毒出现最早，种类及其变种也最多，2000 年前我国出现的计算机病毒基本上都是这类病毒，占病毒总数的 99%。尽管 DOS 技术在 1995 年以后基本上处于停滞状态，但攻击 DOS 的病毒的数量及其传播仍在发展，只是比较缓慢而已。

（2）攻击 Windows 系统的病毒：从 1995 年以后，由于 Windows 的图形用户界面（GUI）和多任务操作系统深受用户的欢迎，因此逐渐取代 DOS，成为微型计算机的主要操作系统，从而也成为病毒攻击的主要对象。目前发现的首例破坏计算机硬件的 CIH 病毒就是一个 Windows 9X 病毒。

（3）攻击 UNIX 系统的病毒：随着病毒技术的发展，当初认为安全的 UNIX 和 Linux 系统也成为病毒攻击的目标，如 1997 年出现的首例攻击 Linux 系统的病毒——Bliss（上天的赐福）病毒，以及 2001 年出现的首例能够在 Windows 和 Linux 下传播的 Win32.Winux 病毒。由于目前 UNIX 和 Linux 系统应用都非常广泛，并且应用在许多大型服务器上，所以 UNIX 病毒的出现对信息安全带来了严重的威胁。

（4）攻击 OS/2 系统的病毒：1996 年发现的 AEP 病毒是第一个真正针对 OS/2 操作系统的病毒，它能够将自身依附在 OS/2 的可执行文件后面进行感染，改变了以往的恶意程序不具备病毒感染性这一基本特征的状况。虽然 AEP 病毒比较简单，但也预示着 OS/2 系统现在已经成为病毒攻击的目标。

（5）攻击 Macintosh 系统的病毒：针对 Mac 系统进行攻击的病毒有 Mac.Simpsons，它是使用 Apple Script 编写的病毒程序，主要通过 Mac OS 的 Outlook Express 或 Entourage 邮件程序向通讯录中的用户地址自动发送大量垃圾邮件，邮件主题为"Secret Simpsons episodes!"，并携带名为"Simpsons Episodes"的附件。使用者一旦执行该附件，病毒就会继续发送垃圾信息。此外，Simpsons 病毒还会启动 IE 浏览器，连接到 http://www.snpp.com/episodes.html 网站。

（6）其他操作系统上的病毒：如手机病毒、PDA 病毒等。2000 年 6 月在西班牙发现的 VBS.Timofonica 病毒是第一例手机病毒，它通过运营商的移动系统向该系统内的任意用户发送骂人的短消息。随着智能终端的普及，针对这类应用系统的病毒也会越来越多。

2. 按照寄生和传染途径分类

计算机病毒按照寄生和传染途径可分为引导型病毒、文件型病毒、混合型病毒和宏病毒。

（1）引导型病毒：引导型病毒通过感染软盘或硬盘的引导扇区，在系统启动时运行病毒代码。

（2）文件型病毒：文件型病毒主要以感染文件扩展名为 .com、.exe 和 .ovl 等可执行程序为主。

（3）混合型病毒：混合型病毒综合了引导型病毒和文件型病毒的特性，使其传染性以及存活率都有所增强。不管以哪种方式传染，只要中毒就会经开机或执行程序而感染其他的磁盘或文件，此种病毒也是最难杀灭的。

（4）宏病毒：宏病毒是一种寄存于微软公司 Word 和 Excel 等文档或模板的宏中的计算机病毒，编写容易，破坏性强。一旦打开这样的文档，宏病毒就会被激活，转移到计算机上，并驻留在 Normal 模板上，以后所有自动保存的文档都会"感染"上这种宏病毒，在病毒发作时，轻则影响正常工作，重则破坏硬盘信息，设置格式化硬盘，危害极大。

3. 按照攻击方式分类

由于计算机病毒本身必须有一个攻击对象以实现对计算机系统的攻击，因此计算机病毒所攻击的对象是计算机系统可执行的部分。

（1）源码型病毒：该病毒攻击高级语言编写的程序，在源程序编译之前就插入其中，经编译成为合法程序的一部分。

（2）嵌入型病毒：嵌入在程序的中间，它只能针对某个具体程序进行感染，如 dBASE 病毒。

（3）外壳型病毒：是目前最常见的文件型病毒，它寄生在宿主程序的前面或后面，并修改程序的第一个执行指令，使病毒先于宿主程序执行，这样病毒随着宿主程序的使用而传染扩散。这种病毒的检测最为简单，一般测试文件的大小即可知。

（4）操作系统型病毒：这种病毒用它自己的程序意图加入或取代部分操作系统进行工作，具有很强的破坏力，可以导致整个系统的瘫痪，如圆点病毒和大麻病毒在运行时，用自己的逻辑部分取代操作系统的合法程序模块，根据病毒自身的特点和被替代的操作系统中合法程序模块在操作系统中运行的地位与作用以及病毒取代操作系统的取代方式等，对操作系统进行破坏。

4. 按照传播途径分类

计算机病毒的传播主要是通过复制文件、传送文件和运行程序等方式进行的，主要有以下两种传播途径：

（1）存储介质：病毒可通过感染常用的存储介质，如软盘、光盘、U 盘、存储卡、硬盘等，感染系统及已安装的软件或程序，然后再通过被传染的存储介质去传染其他系统。通过存储介质感染的病毒也称单机病毒。

（2）网络病毒：网络病毒是通过网络数据通道来进行传播的，如通过邮件、浏览网页、局域网共享文件、网络下载，以及通过 ICQ 等即时通信软件进行传播。网络病毒的传染能力较强，破坏力也较大。

8.4.3　计算机病毒原理

目前的计算机病毒几乎都是由引导模块、传染模块和表现模块三部分组成的。引导模块借助宿主程序将病毒主体从外存加载到内存，以便传染模块和表现模块进入活动状态。传染模块负责将病毒代码复制到传染目标上去。表现模块判断病毒的触发条件，实施病毒的破坏功能，是病毒间差异最大的模块。常见的计算机病毒有引导型病毒、文件型病毒、宏病毒、蠕虫、木马和脚本病毒等，了解这些病毒的原理及预防措施能够使用户远离病毒的威胁。

1. 引导型病毒

引导型病毒是最早出现在 IBM PC 兼容机上的病毒，也是 20 世纪 90 年代中期最流行的病毒类型。引导型病毒主要感染软盘的引导扇区（Boot Sector）和硬盘的主引导扇区或引导扇区，改写引导扇区的内容，将病毒的全部或部分逻辑取代正常的引导记录，而将真正的引导区内容隐藏在磁盘的其他地方。这样，当计算机启动时，病毒可以在系统文件装入内存之前先进入内存，获取系统控制权，待病毒程序执行后，再将控制权交给真正的引导区内容，使这个带病毒的系统看似正常运转，其实病毒已隐藏在系统中伺机传染和发作。

引导型病毒按其寄生对象的不同可分为 MBR（主引导区）病毒和 BR（引导区）病毒两类。MBR 病毒也称分区病毒，寄生在硬盘分区主引导程序所占据的硬盘 0 头 0 柱面第 1 个扇区中，如大麻（Stoned）、2708 等。BR 病毒是寄生在硬盘逻辑 0 扇区或软盘逻辑 0 扇区（0 面 0 道第 1 个扇区）中，如 Brain、小球病毒等。

引导扇区型病毒预防主要有以下几个方面：
（1）保证用干净的软盘和硬盘来引导系统。
（2）安装具有实时监控引导扇区或者能够查杀引导型病毒的杀毒软件。
（3）通过启用某些主板提供的引导区病毒保护功能（Virus Protect）来对系统引导扇区进行保护。

对于引导扇区型病毒的查杀最常用的是使用杀毒软件，也可以用手工的方式进行查杀，如在平时备份干净的硬盘主引导信息，当病毒发作时，用干净的软盘启动电脑进入系统 DOS，然后用备份的引导扇区信息替换感染病毒的引导扇区信息。

2. 文件型病毒

文件型病毒是指寄生在文件中的以文件为主要感染对象的病毒。广义的文件型病毒包括可执行文件病毒、源码病毒和宏病毒，而狭义的文件型病毒单指感染 .com 和 .exe 等可执行文件的病毒，本部分内容仅指狭义上的文件型病毒。

1）典型的文件型病毒

典型的文件型病毒如 DOS 病毒中的"耶路撒冷"和"黑色星期五"，Windows 病毒中著名的是 CIH 病毒。

（1）"耶路撒冷"和"黑色星期五"。这两者都通过感染 .com 和 .exe 文件，在系统执行可执行文件时取得控制权，修改 DOS 中断，在系统调用时进行感染，并将自己附加在病毒文件中，使文件长度增加。

（2）CIH 病毒。CIH 病毒是 Win32 病毒的一种，也是第一个可以破坏硬件的病毒，其宿主是 Windows 95/98 系统下的 PE 格式可执行文件（.exe 文件），在 DOS 平台和 Windows NT 平台中病毒不起作用。PE（Portable Executable，可移植的可执行文件），是 Windows 32 环境自带的可执行文件格式，可移植的可执行文件意味着即使 Windows 运行在非 Intel 的 CPU 上，Windows 32 平台的 PE 解释器也能识别和使用该文件格式。

CIH 病毒利用 Windows 9X 针对系统内存保护不利的弱点进行攻击感染，其最主要的特征是可以利用某些类型主板 BIOS 开放的可重写的特性向其 Flash BIOS 端口写入乱码，从而破坏硬件，并且使硬盘数据、硬盘主引导记录、系统引导扇区、文件分配表被覆盖，造成硬盘数据特别是 C 盘数据丢失，是一款破坏性极强的恶性病毒。2000 年 4 月 26 日，CIH 病毒发作，在中国内地破坏的计算机总数约 36 万台，造成直接或间接的经济损失超过 10 亿元人民币。

2）文件型病毒分类

文件型病毒主要分为寄生型病毒、覆盖型病毒和伴随型病毒三类。

(1) 寄生型病毒。寄生型病毒是将病毒代码加入正常程序中，原来程序的功能部分或全部被保留，常常会改变文件原有的长度，如"耶路撒冷"和"黑色星期五"病毒。CIH病毒也属于寄生型病毒，但它是利用可执行文件存在的很多没有使用的部分，将病毒代码分散插入宿主文件中，使宿主文件大小不变，是一款隐蔽性较好的病毒。

(2) 覆盖型病毒。覆盖型病毒是直接用病毒程序替代被感染的程序，不改变文件的长度，好的覆盖型病毒是通过覆盖不影响宿主程序运行的功能代码，使被感染程序也能运行。覆盖型病毒最难清除，因为即使清除了病毒代码，原有的程序中被覆盖的内容也永远不能恢复了，只能删除此程序。

(3) 伴随型病毒。伴随型病毒不改变被感染的文件，而是创建一个伴随文件，当运行被感染文件时，控制权会转到伴随文件上，病毒代码执行完后，控制权再回到被感染文件上。典型的伴随型病毒如"金蝉"病毒，它在感染.exe文件时会生成一个同名的.com伴随体，在感染.com文件时把原来的.com文件改为同名的.exe文件，并产生一个与源文件同名的伴随体。

3）文件型病毒的预防

文件型病毒的预防主要有以下几个方面：

(1) 及时备份。及时备份是预防所有病毒类型的有效方法，通过备份的系统和数据，能够干净地恢复原有的环境。常用的备份工具如Ghost可以对整个磁盘或某个分区进行备份，而利用某些系统自带的备份程序也可以完成对重点保护文件的备份，如Windows系统自带的备份程序Ntbackup.exe，在【运行】窗口中键入该程序名将其打开（第一次打开该程序需按照向导指示执行），选择要备份的项目，如驱动器、文件夹或文件，选择备份保存的位置和名称后，即可生成.bkf备份文件。

恢复备份时双击该文件，选择要恢复的相关参数即可恢复备份。Ntbackup.exe的好处是具备正常、副本、增量、差异和每日五种备份类型供使用者根据实际需要选择，非常方便。

(2) 利用杀毒软件对所有外来的文件进行查杀后再打开，并利用病毒防火墙对系统进行实时监控，还要结合病毒行为检测技术判断出当前内存中被执行的程序是否是病毒程序，或者是否带有病毒特征，一旦发现有可疑情况，就立刻终止其进程的操作，同时消灭其中的可疑代码，或者给出提示，这样就可以比较有效地预防文件型病毒，对其他病毒也是如此。

(3) 对于可执行程序的简单免疫措施：与注射某种病毒的免疫疫苗使肌体对该病毒产生自然抵抗能力类似，为避免重复感染，某些计算机病毒感染时会判断要感染的程序是否已有感染标记，如果没有，说明其未被感染过，这时便对宿主程序进行感染并写入标记，反之，如果宿主程序已有感染标记，病毒则放弃感染。如果在编写程序的时候，在可能被感染的区域写上与病毒相同的代码，就能够迷惑计算机病毒，使程序避免被感染。除此之外，也可以通过给程序加防毒壳的办法来避免其被病毒感染。

现在网上已经有很多专门针对某病毒的免疫器，如Autorun病毒免疫器、QQ病毒免疫器、熊猫烧香病毒免疫器等，用户可以根据实际需求下载安装，使系统免于遭受相应的病毒威胁。病毒免疫效果虽好，但由于一般只能根据已知的某些病毒进行免疫，因此具有局限性。

3. 宏病毒

宏病毒是利用 Word/Excel/Power Point VBA（Visual Basic for Applications）进行编写的程序，只要运行了微软的 Office 应用程序的计算机就可能传染宏病毒。多数宏病毒都具有发作日期，病毒发作时轻则影响用户正常工作，重则破坏硬盘信息，甚至格式化硬盘，危害极大。而且宏病毒的宿主程序是非可执行程序，因此一般的用户对 Word 等文档的病毒防范意识较弱，容易给宏病毒造成可乘之机。

宏病毒一般通过感染模板使所有通过该模板生成的文档都成为带毒文档。以 Word 中的宏病毒为例，微软在 Word 中集成了一些包含相应类型文档格式的模板以便于用户使用，并允许用户通过添加宏来制定符合自己所需格式的模板，其中建立 Word 文档最常用的模板为 Normal.dot，其中包含了打开、关闭等操作的宏。用户一旦打开含有宏病毒的文档，就会激活宏病毒转移到计算机上，并驻留在 Normal 模板上。从此以后，所有自动保存的文档都会感染上这种病毒，而且如果其他用户打开了感染病毒的文档，宏病毒又会转移到其他的计算机上。常见的宏病毒包括"台湾一号"（Tw no.1）、"七月杀手"（July Killer）及"美丽莎"（Melissa）等。

"美丽莎"是一款感染 Word 97/2000 的病毒，通过邮件传播，病毒发作时首先降低主机的宏病毒保护等级，感染通用模板 Normal.dot，然后在 Windows 注册表项"HKEY_CURRENT_USER \ Software \ Microsoft \ Office"中添加值为"… by Kwyjibo"的表项"Melissa?"，即写入感染标记。最后，病毒打开用户的电子邮件地址，向前 50 个用户发送附加了带毒文件的电子邮件。邮件接收用户打开邮件中的带毒文件后，病毒继续感染，重复以上动作，直至在短时间内阻塞邮件服务器，严重影响网络的正常通信，并且该病毒在传播过程中还会泄露用户和文档信息。"美丽莎"病毒曾于 1999 年 3 月席卷欧美国家计算机网络，给个人、企业和政府部门造成了巨大的经济损失。

对于宏病毒防范的措施包括以下几方面：

（1）提高 Word/Excel 的宏的安全级别。打开 Word/Excel 窗口，单击菜单上的"工具"→"宏"→"安全性"，打开设置窗口，选择安全级为"高"或"非常高"。

（2）删除可疑的宏。打开 Word/Excel 窗口，单击菜单上的"工具"→"宏"→"宏"，查看是否有既不是用户自己定义的也不是 Word/Excel 默认提供的宏，如果有可疑的宏则将其删除。

（3）备份 Normal.dot 模板。打开 Word/Excel 窗口，单击菜单上的"文件"→"另存为"，在"保存文件类型"中选择"文档模板"（*.dot），可以看到 Normal.dot 文件，将其选中备份即可，一旦发现宏病毒则可以用此备份来覆盖被感染的模板以消除宏病毒。对于其他模板的备份可以通过系统盘 \ Program Files \ Microsoft Office \ Templates 找到相应的模板并进行备份。

（4）对于打开时提示有宏操作的文件应小心处理，一般要禁止宏运行。如果是 Word 文档可以用不调用宏功能的写字板打开，将内容复制到 Word 中，这样文档中就不再包含宏了。

（5）由于宏病毒发作时会感染模板，因此可以对模板的保存进行监控，防止宏病毒写入，如在 Word 打开后，单击菜单上的"工具"→"选项"，选中"保存"选项卡，设置对模板保存的提示。

4. 蠕虫

蠕虫（Worm）是一种独立的可执行程序，主要由主程序和引导程序组成（引导程序实际上是主程序或一个程序段自身的一个副本），主程序负责收集与当前计算机联网的其他计算机的信息，利用对方的系统缺陷在远程计算机上建立引导程序，从而通过引导程序将蠕虫带入它所感染的每一台计算机中。

与病毒相似，蠕虫也具有传染性和可复制性，但不同的是，病毒代码不能独立存在，必须寄生于宿主文件才能进行传染和激活，而蠕虫是独立的可执行程序，通过自身复制在互联网环境下进行传播，两者间主要的区别如表8.1所示。

表 8.1 病毒与蠕虫的主要区别

属性	病毒	蠕虫
存在形式	寄生在宿主程序中	独立的可执行程序
复制机制	病毒代码插入宿主程序中	自身复制
传染机制	宿主程序运行	指令代码利用系统漏洞直接攻击
传染目标	本地文件	网络上的其他计算机
触发传染	用户使用宿主程序	程序本身
影响重点	文件系统	网络与系统的性能
计算机用户角色	病毒传播的关键环节	无关
防范措施	将病毒代码从宿主程序中摘除	为系统打补丁
对抗主体	计算机用户、反病毒厂商	系统提供商、网络管理员

1) 蠕虫的工作过程

蠕虫一般的工作过程其实就是对要感染的目标主机进行漏洞入侵的过程，主要分为扫描、攻击与复制三个步骤。

(1) 扫描：蠕虫随机选取一段 IP 地址，然后对该地址段的主机逐台发送漏洞扫描信息，直到收到成功的反馈信息，确定目标主机。

(2) 攻击：按照扫描到的漏洞对目标主机实施漏洞攻击，取得主机系统的控制权。

(3) 复制：在感染主机和目标主机之间建立传输通道，通过文件传输的方法将蠕虫副本复制到目标主机中。

2) 蠕虫的特性

蠕虫具有以下几个特性：

(1) 主动攻击。从蠕虫的工作过程可以看出，与一般的病毒需要计算机用户打开宿主程序后才能传染的技术不同，蠕虫释放后，从搜索漏洞到利用漏洞攻击系统，再到复制副本，整个流程全部由蠕虫自身主动完成，并不需要用户参与。

(2) 传播方式多样化。蠕虫可以利用操作系统和应用程序的各种漏洞进行攻击，主要包括系统、邮件和网页漏洞，而相应的蠕虫也分为系统漏洞蠕虫、邮件蠕虫和网页蠕虫，使用户在并不知情的情况下受害。常见的蠕虫有利用系统 RPC 溢出漏洞的"冲击波"，利用系统 LSASS 溢出漏洞的"震荡波"，利用 SQL 溢出漏洞的"SQL 蠕虫王 Slammer"，利用邮件

MIME 漏洞的 MyDoom，利用 IE 浏览器漏洞的"尼姆达"等。

（3）传播更快更广。蠕虫病毒比传统的计算机病毒具有更大的传染性，它不仅传染本地的计算机系统，而且可以借助网络中的共享文件、电子邮件、恶意网页以及存在大量漏洞的服务器进行广泛传播。其传播速度可以达到传统病毒的几百倍，甚至在几个小时之内就可以蔓延全球，造成难以估量的损失。

（4）隐蔽性更强。传统的计算机病毒需要用户主动打开宿主文件才能激活，因此一般的用户对收到的文件都比较小心，轻易不会打开来历不明的文件，这在一定程度上也限制了病毒的传染。但是，蠕虫往往并不需要用户参与其中，如邮件蠕虫在用户在浏览邮件主题时已经运行，并不需要用户打开感染邮件，而通过与网页技术结合，蠕虫也可以在用户并不知情的情况下驻留主机内存并伺机触发。

（5）技术更先进。如今多数的蠕虫已经不是传统意义上的蠕虫，多数都结合了木马和病毒技术，发展成为蠕虫病毒，破坏力更大，如结合了病毒技术的邮件蠕虫"尼姆达"，结合了木马技术的"红色代码"等。2006 年在国内轰动一时的"熊猫烧香"恶性病毒就是一款集病毒和蠕虫特色为一身的感染型蠕虫病毒。它能够感染系统中 .exe、.com、.pif、.src、.html 和 .asp 等文件，还能中止瑞星、毒霸、江民、卡巴斯基等大量的反病毒软件进程，删除用户用 Ghost 进行备份的扩展名为 .gho 的文件，并将被感染的用户系统中所有 .exe 可执行文件全部被改成熊猫举着三根香模样的图标，破坏力极强。

3）蠕虫病毒的预防

面对快速复制和疯狂传播的蠕虫，尽早发现并对感染了蠕虫的主机进行隔离和恢复是防止蠕虫泛滥，避免造成损失的关键。对蠕虫进行查杀除了使用网络版杀毒软件进行全网监控和全网查杀以外，还有以下几项常用技术：

（1）修补系统漏洞。管理员应实时了解系统更新情况，及时下载系统漏洞补丁以防止蠕虫利用漏洞进行攻击。

（2）防火墙策略。设置防火墙，禁止除服务器端口之外的其他端口开放，切断蠕虫的传输通道和通信通道。

（3）系统安全设置。严格设置网络共享文件夹访问权限，如将访问权限设置为"只读"，设置访问账号和密码，并定期查看，限制蠕虫利用访问权限进行复制。

定期检查系统中的账户，一旦发现不明账户则立即删除，并严格禁止使用 Guest 账户。

根据密码策略给账户设置尽可能复杂的密码，避免出现弱密码被蠕虫利用来攻击系统。

如果在共享文件夹中出现不明文件则将其立即删除，不要打开可疑文件，以免被蠕虫感染。

（4）入侵检测系统。结合入侵检测系统的使用，可以使管理员发现蠕虫探测行为并及时发出告警信息，防止蠕虫大面积扩散。

总之，针对蠕虫的预防其实就是一场与入侵技术进行较量的过程，一定要结合多项安全技术全面进行防范。

5. 木马

木马是恶意程序中的一种，与蠕虫一样，一般归于广义病毒的一个子类。与病毒相比，木马一般不具有自我复制和感染性，但具有寄生性，可以捆绑在合法程序中得到安装和启动,其最终目的是对目标主机实施远程控制和窃取用户信息。

木马的传播方式除了利用邮件、软件下载、网页传播和实时通信软件传播以外,还可以通过病毒和蠕虫进行传播。目前出现的各种恶意程序已经很难将其纯粹地归为病毒、蠕虫或木马,多数的恶意程序都是至少结合了其中两项或三项的技术,如某些病毒在传染破坏系统的同时还在系统中植入木马程序,以便控制者以后可以继续方便地控制该主机,而借助蠕虫技术则可使木马传播得更加迅速和广泛。

木马的隐藏性是其最大的特性。木马常常将自己隐藏成系统文件使用户难以发现,或者将木马的服务端伪装成系统服务从而逃避用户的查看。有的木马将自己加载在 win. ini 和 system. ini 系统文件中;有的木马利用高端口号进行通信,从而避免被用户的端口扫描查看到;还有的木马隐藏在注册表的启动项中,如含有"Run"的项和键值;有的木马程序与其他程序绑定,在其他程序运行时,木马就侵入了系统。总之,木马的隐藏技术是多种多样的,我们只有全面地掌握了木马的隐藏技术,才能够彻底地预防和查杀木马。

6. 脚本病毒

脚本(Script)病毒也称网页病毒,是基于 VB Script(VBS)、Java Script 和 PHP 脚本程序语言编写的程序,通过微软的 Windows 脚本宿主(Windows Scripting Host,WSH)来启动执行并感染其他文件。典型的脚本病毒如爱虫病毒、新欢乐时光病毒等都是用 VBS 编写的,称作 VBS 脚本病毒。脚本病毒通常与网页相结合,将恶意的病毒代码内嵌在网页中,使用户在浏览网页的时候即可激活病毒,轻则修改用户注册表,更改默认主页或强迫用户上网访问某网站,重则格式化用户硬盘,造成数据损失。

1)脚本病毒的特点

常见的 VBS 脚本病毒具有以下特点:

(1)编写简单:初级的病毒爱好者也可以在很短的时间内编出一个脚本病毒。

(2)传播快:通过 HTML/ASP/JSP/PHP 网页文件、邮件附件或其他方式,病毒可以在很短的时间内传遍世界。

(3)破坏力大:不仅破坏用户系统文件和性能,而且可以使邮件服务器崩溃、网络阻塞。

(4)感染性强:由于脚本可以直接解释执行,因此病毒可以通过自我复制的方式感染其他文件,不像 PE 病毒那样要做复杂的文件格式处理。

(5)变种多:由于 VBS 病毒源码可读性非常强,且病毒源码获取容易,所以只要稍微改变一下病毒的结构或修改一下特征值,就可生成新的病毒,逃过杀毒软件的查杀。

(6)欺骗性强:脚本病毒通常采用欺骗性的手段使用户打开他以为安全的文件,如与木马的隐藏相似,利用系统不显示后缀的特性,对邮件的附件采用双后缀,如 baby. jpg. vbs,使用户看到显示的 baby. jpg 误以为是 JPG 图片而打开,从而激活病毒。

2)脚本病毒的预防

(1)由于绝大部分脚本病毒的复制和传播都需要用到文件系统对象 File System Object,因此可单击"开始",在运行窗口中键入"Regsvr32 /u scrrun. dll"并单击"确定"按钮后即可禁用 FSO 对象,而键入"Regsvr32 scrrun. dll"则可恢复访问 FSO 对象。

(2)由于 VB Script 代码是通过 WSH 来解释执行的,因此可以在系统中卸载 WSH。以 Windows 2003 为例,在"资源管理器"窗口菜单中选择"工具"→"文件夹选项"→"文件类型",在"已注册的文件类型"列表中选择"VBS VBScript Script 文件",单击"删除"

按钮将其从列表中删除（也可以通过此功能将后缀名为"VBS、VBE、JS、JSE、WSH、WSF"项全部删除以禁止相应的脚本文件运行）。

（3）由于通过网页传播的脚本病毒需要 ActiveX 的支持，因此应在 IE 中进行安全配置。打开 IE，单击浏览器菜单中的"工具"→"Internet 选项"→"安全"→"自定义级别"，将"ActiveX 控件和插件"下的所有功能全部设为"禁用"（或将安全级别重置为"安全级——高"）。

（4）由于多数脚本病毒都通过邮件传播，因此应禁止系统中 Outlook 及 Outlook Express 等邮件系统中的自动收发邮件功能。

（5）其他措施包括显示系统文件的扩展名、提高网络连接的安全级别、利用杀毒软件等，与一般的病毒预防措施一致，不再重复。

小 结

网络管理是网络质量体系中的一个关键环节，网络管理的质量会直接影响网络的运行质量。网络管理可以借助于相应的管理软件与硬件来实现网络的安全，保证用户能够安全、方便地使用网络，实现网络资源共享。简单网络管理协议是在应用层上进行网络设备间通信的管理，它可以进行网络状态监视、网络参数设定、网络流量的统计与分析、发现网络故障等。因为它的使用与开发极为简单，所以得到了普遍的应用。

网络安全是指借助网络管理，使网络环境中信息的机密性、完整性及可使用性受到保护，其主要目标是确保经网络传输的信息到达目的计算机时没有任何改变或丢失，因此，必须确保只有被授权者才可以访问网络。

近年来，网络攻击技术有了新的发展趋势，使借助 Internet 运行业务的机构面临着前所未有的风险，通过本章对网络攻击的新动向进行分析，读者能够认识、评估，并减小这些风险。新发现的安全漏洞每年都要增加一倍，管理人员不断用最新的补丁修补这些漏洞，而且每年都会发现安全漏洞的新类型。入侵者经常能够在厂商修补这些漏洞前发现攻击目标，所以人们对防火墙的依赖越来越强烈，它是人们用来防范入侵者的主要保护措施。但是越来越多的攻击技术可以绕过防火墙，选择一款好的防火墙，或正确设置网络安全项是非常重要的。

计算机病毒，是指编制或者在计算机程序中插入的破坏计算机功能或者毁坏数据、影响计算机使用，并能自我复制的一组计算机指令或者程序代码。常见的计算机病毒有引导型病毒、文件型病毒、宏病毒、蠕虫、木马、脚本病毒等，了解这些病毒的原理及预防措施能够使用户远离病毒的威胁。

 习 题

一、填空题

1. 典型的网络管理系统主要包括_____、_____、_____和_____四大要素。
2. 网络管理系统的体系结构是决定网络管理性能的重要因素之一，通常可以分为_____式和_____式两类体系结构。
3. 完整地考虑网络安全应该包括三个方面的内容：_____、_____与_____。
4. 网络防火墙是一种_____技术，在某个机构的网络（内部网络）和外部网络之间设置_____，用于阻止对_____资源的非法访问。

5. Internet 中，对网络的攻击可以分为服务攻击与非服务攻击。服务攻击是指对网络中提供某种服务的服务器发起攻击，造成该网络服务器_____，网络工作不正常。非服务攻击是指攻击者可能使用各种方法对_____发起攻击，使网络严重阻塞或瘫痪。

6. Intranet 是一种_____网，其中的内部信息必须严格加以保护，只有那些有访问权限的人才能访问它，因此，Intranet 必须通过_____与 Internet 连接起来。

7. 一般来说，Intranet 由四个部分组成：_____、_____、_____与_____。

8. 防火墙通常有两种基本设计策略：_____任何服务除非被明确禁止；_____任何服务除非被明确允许。

9. 计算机病毒，是指编制或者在计算机程序中插入的_____或者_____，影响计算机使用，并能_____的一组计算机指令或者程序代码。

二、选择题

1. 网络管理的功能有（   ）。
   A. 性能分析和故障检测　　　　B. 安全性管理和计费管理
   C. 网络规划和配置管理　　　　D. 以上都是

2. 下列选项中为网络管理协议的是（   ）。
   A. DES　　　B. UNIX　　　C. SNMP　　　D. RSA

3. 下列关于计费管理的说法错误的是（   ）。
   A. 计费管理能够根据具体情况更好地为用户提供所需资源
   B. 在非商业化的网络中不需要计费管理功能
   C. 计费管理能够统计网络用户使用网络资源的情况
   D. 使用户能够查询计费情况

4. 在网络管理中，一般采用的管理模型是（   ）。
   A. 管理者/代理　　　　　　　B. 客户机/服务器
   C. 网站/浏览器　　　　　　　D. CSMA/CD

5. 网络的不安全性因素有（   ）。
   A. 非授权用户的非法存取和电子窃听　　B. 计算机病毒的入侵
   C. 网络黑客　　　　　　　　　　　　　D. 以上都是

6. 计算机病毒是指能够侵入计算机系统中潜伏、传播、破坏系统正常工作的一种具有繁殖能力的（   ）。
   A. 指令　　　B. 程序　　　C. 设备　　　D. 文件

7. 下面关于网络信息安全的一些叙述，不正确的是（   ）。
   A. 网络环境下的信息系统比较复杂，信息安全问题也更加难以得到保障
   B. 电子邮件是个人之间的通信手段，有私密性，不使用软盘一般不会传染计算机病毒
   C. 防火墙是保障单位内部网络不受外部攻击的有效措施之一
   D. 网络安全的核心是操作系统的安全性，它涉及信息在存储和处理状态下的保护问题

8. 防火墙一般由分组过滤器和（   ）两部分组成。
   A. 应用开关　　　B. 网桥　　　C. 杀毒软件　　　D. 防病毒卡

9. 网络防火墙的作用是（　　）。
   A. 建立内部信息和功能与外部信息和功能之间的屏障
   B. 防止系统感染病毒与非法访问
   C. 防止黑客访问
   D. 防止内部信息外泄
10. 企业内部网又称（　　）。
   A. Internet　　　B. Intranet　　　C. Wan　　　D. Lan
11. 计算机病毒具备（　　）、传染性和破坏性等主要特征。
   A. 易感性　　　B. 寄生性　　　C. 免疫性　　　D. 多态性

三、判断题（正确的打√，错误的打×）

1. 在 OSI 网络管理标准中，性能管理是最基本的内容。（　　）
2. 网络管理就是对网络中各层的资源进行管理。（　　）
3. 当发送电子邮件时，有可能被感染计算机病毒。（　　）
4. 认证服务是用来确定网络中信息传送的源节点用户和目的节点用户的身份是真实的，以保证信息的真实性。（　　）
5. 主动防御的核心技术是信息加密技术。（　　）
6. 通过代理服务器，用户可以连接到任何网络。（　　）
7. 以防火墙的软、硬件形式来分，防火墙可以分为软件防火墙和硬件防火墙两类。
（　　）
8. 掌握计算机病毒原理的人可以对病毒进行任意改动，从而可以衍生出多种不同于原版本的新病毒。（　　）

参 考 文 献

［1］ 樊昌信，曹丽娜．通信原理［M］.6 版．北京：国防工业出版社，2006.
［2］ 邢彦辰，范立红，等．计算机网络与通信［M］.2 版．北京：人民邮电出版社，2012.
［3］ 廉飞宇．计算机网络与通信［M］.4 版．北京：电子工业出版社，2015.
［4］ 谢钧，谢希仁．计算机网络教程［M］.5 版．北京：人民邮电出版社，2018.
［5］ 李永忠．计算机网络测试与维护［M］．西安：西安电子科技大学出版社，2018.
［6］ 罗娅．计算机网络基础［M］．北京：清华大学出版社，2011.
［7］ 张少军．计算机网络与通信技术［M］.2 版．北京：清华大学出版社，2017.
［8］ 潘虎．云计算理论与实践［M］．北京：电子工业出版社，2016.
［9］ 张为民．物联网与云计算［M］．北京：电子工业出版社，2012.
［10］ 易建勋．计算机网络设计［M］.3 版．北京：人民邮电出版社，2016.
［11］ 杨陟卓．网络工程设计与系统集成［M］.3 版．北京：人民邮电出版社，2014.
［12］ 石炎生．计算机网络工程实用教程［M］.2 版．北京：电子工业出版社，2012.
［13］ 石淑华．计算机网络安全技术［M］.4 版．北京：人民邮电出版社，2016.